国家金融与发展实验室
National Institution for Finance & Development

RESEARCH ON CHINA'S
FINANCIAL HOLDING COMPANY IN THE NEW ERA

新时代
中国金融控股公司研究

连平 等 著

中国金融出版社

责任编辑：王效端　王　君
责任校对：张志文
责任印制：裴　刚

图书在版编目（CIP）数据

新时代中国金融控股公司研究/连平等著. —北京：中国金融出版社，
2018.12

ISBN 978 - 7 - 5049 - 9873 - 6

Ⅰ. ①新…　Ⅱ. ①连…　Ⅲ. ①金融公司—控股公司—研究—中国

Ⅳ. ①F832.3

中国版本图书馆CIP数据核字（2018）第262452号

新时代中国金融控股公司研究（Xinshidai Zhongguo Jinrong Konggu
Gongsi Yanjiu）

出版
发行　中国金融出版社

社址　北京市丰台区益泽路2号
市场开发部　　（010）63266347，63805472，63439533（传真）
网上书店　http://www.chinafph.com
　　　　　　　（010）63286832，63365686（传真）
读者服务部　　（010）66070833，62568380
邮编　100071
经销　新华书店
印刷　北京市松源印刷有限公司
尺寸　169毫米×239毫米
印张　21
字数　260千
版次　2018年12月第1版
印次　2018年12月第1次印刷
定价　68.00元
ISBN 978 - 7 - 5049 - 9873 - 6
如出现印装错误本社负责调换　联系电话（010）63263947

作者简介

连 平

交通银行首席经济学家。经济学博士，教授，博士生导师。

中国首席经济学家论坛理事长、中国金融 40 人论坛常务理事和资深研究员、中国银行业协会行业发展研究委员会主任、国家金融与发展实验室理事，享受国务院政府特殊津贴。多次出席国务院总理主持的专家座谈会。

主要研究领域涉及宏观经济运行与政策、国际金融和商业银行。发表文章 480 余篇，出版著作 14 部，主持完成国家级、省部级以上研究课题 20 余项。《利率市场化：谁主沉浮》专著获中国银行业发展研究优秀成果评选（2014 年）特等奖。荣获媒体颁发的"明星经济学家""领袖经济学家""最佳预言家""最具财富经济学家""国际金融菁英人物"等称号。

仇高擎

曾任交通银行发展研究部（金融研究中心）副总经理、首席研究员，高级经济师，中国注册会计师协会非执业会员（CPA）。在专业报刊发表文章 50 余篇，具体负责及参与完成省部级研究课题多项，参与编撰专著若干部。主要研究领域为金融改革与监管、商业银行战略规划与改革转型、货币信贷与货币政策。牵头或参与的研究课题多次获中国银行业协会行业发展研究年度优秀课题和上海市金融联合会年度优秀课题一、二、三等奖。曾任交通银行稽核部稽核员，发展研究部研究员、高级经理，桂林分行副行长、党委委员，发展研究部总经理助理。

鄂永健

交通银行金融研究中心首席金融分析师、高级经理，金融学博士。主要研究领域为国际金融、货币理论和政策、商业银行经营管理。在《世界经济》《财经研究》《世界经济文汇》《经济评论》等国家级核心期刊发表论文多篇，独立承担或作为主要成员参与多项国家级和省部级课题。

邓志超

经济学博士，交通银行与上海社科院世界经济研究所培养博士后。上海市经济学会副秘书长、金融开放研究院专委会主任；复旦大学访问学者，上海师范大学金融学特聘教授；金融博士后，新闻与传播博士后。于《中国金融》《世界经济研究》《南大商学评论》等多本学术期刊发表论文数十篇。独立承担或参与国家重大课题、重点课题，省部级课题等多项研究课题。

王振宇

杭州电子科技大学互联网金融与跨境电商研究中心主任，上海社科院世界经济博士研究生，新浪财经专栏作家。曾经在某国有银行省分行从事国际业务，自2013年开始研究互联网金融，重点关注直销银行，曾主持课题《交通银行浙江省分行互联网金融战略研究》。

尹义华

上海财经大学金融学博士。主要研究领域为行为金融学，在《财经研究》《经济管理》等国家权威杂志发表多篇论文，曾参与导师团队多项国家自然科学基金课题申报及研究工作，并独立承担上海市及上海财经大学多项课题研究。

刘 涛

经济学博士。主要研究领域为国际金融、商业银行投行业务、银行战略转型等。长期就职于商业银行研究部门。在《金融研究》《金融经济学研究》《中国金融》《世界经济文汇》等国内核心期刊发表论文多篇。

武 雯

交通银行金融研究中心高级研究员。理学硕士。主要研究领域为银行业战略管理、经营策略、绿色金融等。曾任职中银国际证券研究所证券分析师，获2012年度、2013年度电力设备及新能源板块新财富最佳分析师第五位、第四位。参与的研究课题多次获中国银行业协会行业发展研究年度优秀课题和上海市金融联合会年度优秀课题一、二等奖。在《中国金融》《银行业》《新金融》等国内核心期刊发表论文多篇。

刘 健

经济学博士。交通银行金融研究中心研究专员。主要研究领域为国际金融、商业银行经营管理等。在《世界经济》《国际金融研究》等核心期刊发表论文多篇。主持完成 2 项省部级课题，作为主要成员参与多项国家级课题。

阮刚铭

管理学博士。交通银行在站博士后。主要研究领域为商业银行战略管理、商业银行授信授权研究、上市公司微观治理等。在《金融研究》《中国银行业》等国内期刊发表论文多篇。

徐为山

管理学博士，交通银行博士后。现供职于交通银行资产负债管理部，主要研究领域为商业银行综合经营、资产负债管理。

序 言 一

习总书记在第五次全国金融工作会议上指出，今后一个时期金融工作的主要任务是"紧紧围绕服务实体经济、防控金融风险、深化金融改革三项任务"，并明确要求"规范金融综合经营和产融结合"。作为一种微观金融组织形式，金融控股公司既是当前国内外金融机构开展综合经营的主要模式，也是实体企业开展产融结合的一种重要方式。中外各类金融控股公司多年来的经营管理实践证明：经营规范、管控高效的金融控股公司可以成为国家提升金融服务实体经济质效的重要载体，而金融控股公司本身的各种潜在风险及其对经济社会的可能影响亦不容忽视。如何正确看待和规范发展金融控股公司，是做好今后一个时期中国金融改革和发展工作的一项重要课题。

金融综合经营在国外一般被称为混业经营。从国际上看，大部分发达国家和部分新兴经济体的金融业均实行混业经营，目前的主导模式是金融控股公司。2008—2009 年国际金融危机期间，混业经营及金融控股公司一度饱受诟病，甚至被认为是导致金融危机的重要原因之一。今天来看，尽管混业经营本身存在这样那样的潜在风险和问题，但显然并非金融危机的"元凶"。相反地，那些开展混业经营的金融控股集团，如花旗和汇丰等，反而表现出更强的抵御风险和危机应对能力。为此，金融危机后，高盛、摩根斯坦利等美国投行积极寻求转型成为金融控股公司并成功获取了商业银行牌照，通过开展存款等传统商业银行业务扩大了资金来源与盈利渠道，美联储以及存款保险机构也开始将它们纳入监管与保障救助范围，大大提升了后者的危机应对能力。

经过持续多年的发展、规范和调整，当今主要发达国家的金融控股公司，其公司治理、组织架构、营运流程等较为完善，与金融控股公司相关的法律法规、监管架构、监管方法等也较为健全。比较而言，中国金融业在开展综合经营方面仍处于试点与探索阶段，金融控股公司是否适合在中国大规模发展至今仍存在争议。"橘生淮南则为橘，生于淮北则为枳"。当前，我国的各类金控集团业务种类庞杂，管理架构复杂，普遍跨市场经营，部分金融控股公司在内部公司治理机制、风险管控体系上存在不少问题，风险隐患不容忽视。加之目前国内相关法律法规和监管体系尚不健全与完善，在此情况下，如果任由各类金融控股公司"野蛮生长""大干快上"，势必会给金融控股公司自身乃至整个经济金融带来较为严重的问题和风险。习总书记在2017年4月政治局会议上提出了"统筹监管金融控股公司"的要求。目前，有关金融控股公司的治理整顿正在紧锣密鼓推进之中，人民银行也正积极牵头推进金融控股公司相关管理办法的制定工作。从整体、系统和长远的视角来看，金融业综合经营在全球范围内并非特例，金融控股公司的出现也绝非偶然。作为一种微观金融组织形式，金融控股公司在提升金融服务实体经济的能力、整合金融资源、开展金融创新、协调金融功能、提高服务效率、分散经营风险等方面具有积极作用。在治理整顿国内金融控股公司过程中，需要秉承战略思维、系统思维，注重长效机制的建立和健全，推动金融控股公司走上规范发展的"正轨"，在确保安全、风险可控的前提下，充分发挥其支持实体经济发展的功能。

作为国家金融与发展实验室重点课题《"十三五"时期金融改革——中国金融控股公司研究》的研究成果，连平同志领衔交通银行研究团队撰写的这本著作，可以说是应时之作。全书对我国金融控股公司的实践和理论进行分析研究，探讨了金融控股公司未来的发展路径、监管设计、运行模式及其内部运营管理和风险控制等一系列问题。这份成果为金融控股公司的监管设计提供了可资借鉴的理论基础和经验参考，也为金融控股公司本身的经营管理、稳健运行和风险管理提供了实践指导。

本书有四个方面的研究创新。一是对近年来各类金融控股公司的现状及问题、风险进行了系统、全面的梳理，对中国发展金融控股公司的必要性和可能面临的问题和挑战进行了深入剖析。二是研究探讨了银行组建金融控股公司可促进银行资源流向非银行子公司和发展直接融资的机理，分析了金融控股公司在推动中国发展直接融资市场、优化融资结构、促进金融体系内部良性循环中的重要作用。三是从中国实际出发，提出了规范发展金融控股公司的总体思路，对金融控股公司的运行模式、监管架构、立法体系、分类监管等提出了系统性、整体性的框架设计，特别是深入探讨了中国金融控股公司如何更好地稳健运行、规范发展和防范风险。四是对中国金融控股公司自身的组织架构、管理模式、公司治理、内部协调以及风险内控等体制机制问题提出了操作上的建议。

2018 年是我国改革开放 40 周年，我国已迈入中国特色社会主义新时代，新一轮改革开放的大幕已经开启，中国金融业正面临数十年未有之大变局，银行业新一轮深度转型正在推进之中。在新时代背景下，本书的研究成果有助于为中国金融控股公司的监管治理和稳健发展提供专业性和致用性的参考，有利于促进金融体系进一步完善和健全，进而为金融体系更好地服务实体经济、防控金融风险、深化金融改革贡献一份力量！

是为序！

彭 纯

2018 年 8 月 2 日

序 言 二

近年来，随着我国金融业改革开放不断深入，产融结合作为金融与实体经济直接结合的形式，也有了新的发展；大量非金融企业通过设立、并购、参股等方式投资金融机构，形成了产融结合的新潮流。

从国际经验看，产融结合通常经由两条路径实现，一条是"由融到产"，即金融业向实体产业渗透，这种模式以日本为主要代表；另一条是"由产到融"，即实体产业投资于金融机构，这种模式在美国较为普遍。在我国，由于金融业投资实业受到法律限制，遂使"由产到融"成为主流模式。

产融结合是经济和金融发展到一定阶段的产物。它有利于实体企业多元化资产配置，有利于其通过集团内部实业板块和金融板块的协同配合，提升盈利能力和综合竞争力。产融结合也有利于金融机构扩大资本来源，提高资本充足水平，进一步增强服务实体经济的能力。

客观地说，产融结合也是一把"双刃剑"，发展得好，可以实现实体产业和金融业双赢，反之，则可能给双方带来风险。国

1

内国外，概莫能外。在我国，长期存在着部分非金融企业忽视自身主营业务、盲目向金融业扩张的现象，这无疑助长了金融业"脱实向虚"的不良倾向；有些实体企业内部交易复杂、账面资本虚增和主营业务空置，本就蕴含着一系列潜在风险，一旦涉足金融，便会使其内部风险向金融系统外溢；有的企业以非自有资金进行虚假注资或循环注资，吹大泡沫；更有少数非金融企业将金融机构作为其实体板块的"提款机"，显著增大了实体板块和金融板块之间风险的交叉感染。如此等等，都有孕育、触发，甚至放大系统性金融风险的危险。

如何推动产融结合规范、有序、良性发展，是我国金融改革和发展面临的新课题。我认为，选择适当的产融结合模式，或能帮助我们尽可能规避产融结合的风险。目前，国内的产融结合主要有三种理论模式，其一是"司库"模式，即企业通过成立财务公司，将企业内部资金进行集中收付与调度，向本集团成员企业提供金融服务。其二是"司库＋供应链信用模式"，即企业依托金融服务主业、突出主业，利用产业链金融增加资源协同配置效应。其三是金融控股公司模式，即企业通过成立金融控股公司来对金融板块进行统一管理，强化金融与实体板块的协同。在实践中，多数大型企业集团的产融结合都是多种模式并存的。

第五次全国金融工作会议明确提出要"规范金融综合经营和产融结合"。将综合经营和产融结合放在一起进行统筹监管，可见两者关系之密切。当前，大部分开展产融结合的非金融企业均投资入股（控股或参股）多家金融机构，涉足不止一个金融领域，从而形成了事实上的金融综合经营。即便是目前仅投资入股一家金融机构、涉足一个金融领域，掌控整个方向的实体企业，也有进一步扩展到多个金融业务领域的雄心。因此，规范产融结合与规范金融综合经营不可分割，两者的监管必须统筹、协调。

金融控股公司既是金融综合经营的一种模式，又是产融结合的重要载体。以金融控股公司的形式开展产融结合，有利于将企业集团内的实业板块和金融板块进行有效隔离，防止相互之间的风险传递、抑制内部交易，同时又能以股权为纽带，推动实现以融促产、以产带融的"双赢"。实体企业通过设立金融控股公司来整合金融板块，不仅可以在战略、财务、风险、人事等方面对金融板块进行整体、统一的管理，也有利于不同金融机构之间强化协调配合，更好地发挥协同效应。这在提高金融板块综合实力的同时，也有利于更好地为其实体板块提供综合化、多元化的金融服务。

更为重要的是，从监管规范的角度来看，以金融控股公司的形式开展产融结合，使得其母公司归属金融系统，从而使得其服从金融法规制约并接受金融监管当局监管，显然有利于宏微观审慎监管的全面实施，最大限度地防范系统性金融风险发生。

毋庸置疑，当前，经济金融界对产融结合颇多诟病，其中最关键的一条，就是指责其游离于监管之外。在不设立金融控股公司的情形下，企业集团同时是其所属实业子公司和金融子公司的母公司，有的企业集团本身甚至也经营具体业务，这就难以确定集团母公司的金融属性，从而使得资本充足率、流动性要求等金融监管利器都无以施其技。非金融企业设立金融控股公司开展产融结合，将为我们解决这一难题。以金融控股公司的形式实施产融结合，使得金融监管当局顺理成章地成为其管理者，监管当局不仅能够通过金融控股公司的股东管理，对企业集团的金融板块和实业板块分布加以严格规范和监管，防止内部利益输送，还可以对金融控股公司所属的各金融类子公司的综合经营进行规范和监管。因此，推进金融控股公司发展，应是今后促进产融结合的主要路径。

规范发展产融结合是一项系统工程。当前，我国产融结合和金融控股公司的发展、监管和治理都还处于初级阶段，无论是监管部门还是有志于发展金融控股公司的机构，都亟需专业、客观、理性、全面的深入研究，更亟需得到切实可行的建议，正因如此，我非常愿意向大家推荐由交通银行首席经济学家、国家金融与发展实验室常务理事连平教授领衔，由诸多理论素质良好且实践经验丰富的研究者共同完成的国家金融与发展实验室重大课题《"十三五"时期中国金融改革——中国金融控股公司研究》。本书在对我国金融控股公司规范发展进行了全面深入探讨的同时，还从产融结合与金融控股公司关系的角度，对规范发展产融结合进行了分析。

这部专著亮点颇多，其中最引起我共鸣者有如下两点建议。一是本书建议对涉及两个以上金融领域的非金融企业集团，明确要求其成立金融控股公司，并以此控股公司作为接受金融监管的责任主体。我以为，这构成对产融结合进行治理和监管的必要机构前提。二是本书建议从实体和金融两个层面对国资背景的产融结合加强协同监管。这一建议无疑触及了我国当前的监管痛点。

在金融服务实体经济的大方向进一步明确的背景下，大力发展产融结合、稳妥推动金融控股公司发展，无疑是我国未来金融改革和发展的重要方向，本书的出版，一定会为我国金融业的这一发展提供正能量。在此，我向作者们表达祝贺，更希望看到大家有更多的好作品问世。

李　扬

2018 年 8 月 24 日

内容摘要

国家"十三五"规划纲要明确提出"统筹监管系统重要性金融机构、金融控股公司和重要金融基础设施"。出于引导行业规范发展、保障金融体系稳定、避免出现监管空白的考虑，本书将金融控股公司定义为：在银行、证券、保险、基金、信托、期货、金融租赁等两个或两个以上金融领域拥有牌照、实际经营或者实际控制该行业企业的金融集团，都可称作金融控股公司。该定义能够确保从统计上将所有涉足两个及以上细分金融领域的所有企业纳入统计和监管范围。该定义同时明确了金融控股公司的金融属性，即金融控股公司属于金融机构，不是非金融实体企业。由于各国经济、金融环境及监管政策、法律规定等各异，导致不同国家金融控股公司的运行模式、监管模式各不相同。经济金融环境影响金融控股公司的发展演变，同时金融控股公司的运行模式也对各国经济金融产生着重要影响。

近年来，随着中国金融业综合经营的快速发展，金融控股公司日益增多。实体企业产融结合也加快推进，有部分实体企业经营一定范围的金融业务，从而不同程度地参与金融控股公司。从参与金融控股公司的母公司属性来看，国内可大致分为五类：金融系、央企系、地方系、民营系、互联网系。从运行模式来看，中国金融控股公司大体上可分为纯粹型和事业型两类金融控股公司。按总部的集权、分权程度的差异可将中国的金融控股公司分成财务管控型、战略管控型和运营管控型三种类型。金融控股公司在提升运行效率、增强服务实体经济能力的同时，也存在相关法律法规缺失，监管主体不明确、内部管理不健全等问题，其风险隐患不容忽视，亟待加以监管规范。

当前和未来一个时期，中国有必要发展金融控股公司，但必须是在监管规范、稳妥有序的前提下。金融控股公司的规范发展有利于维护金融体系安全，通过加强对系统性重要性金融控股公司的监管，监管机构可以更为直接和全面地掌握跨行业、跨市场金融信息，及时发现跨行业、跨市场、跨境潜在风险隐患。以金融控股公司模式深化金融业综合经营，开展银行、证券、保险等全金融业务，有利于推动银行业的各类资源流向证券、保险等非银行金融业，促进证券业的发展壮大，扩大直接融资规模，改善融资结构，进而降低宏观杠杆率。以金融控股公司深化综合经营有利于证券业、保险业充分利用银行的资本、客户和渠道等资源开展业务，提升综合服务能力，促进金融体系内部形成良性循环。通过发展金融控股公司，充分发挥范围经济和规模经济优势，降低运营成本，提高经营收益，在推动国有金融资本重新优化组合和保值增值的同时，还将提高我国金融机构的国际竞争力和跨境金融资源配置能力，推动我国从"金融大国"向"金融强国"转变。

发展金融控股公司有利于促进和配合金融监管体制改革，推动金融监管水平的提高和监管体系的完善。

党的"十九大"和第五次全国金融工作会议指明了我国金融改革的方向和任务。规范发展金融控股公司有利于顺应金融市场发展趋势，解决金融领域长期存在的深层次问题，尤其是有助于实质性地优化金融业结构，促进直接融资发展，更加有效地控制金融风险，促进金融体系内部形成良性循环，提升中国金融业的国际竞争力。

中国发展金融控股公司要有总体设计，将其作为整个金融业改革发展的重要内容。应明确发展金融控股公司的总体目标、主要方向、基本原则和重点举措。鉴于纯粹型模式既有效隔离了风险，又能发挥综合经营的优势，还有利于促进金融体系内部的良性循环，建议明确中国金融控股公司以纯粹型为主要方向。可以采取"两步走"、分级式的策略构建金融控股公司监管架构，短期内建立由央行主监管、两会分业监管的监管架构，长期随着我国分业监管逐步向统一监管推进，金融控股公司也应逐步转变为由单一监管机构进行全面、统一监管。建议加快推动金融控股公司立法，从市场准入、牌照管理、业务范围、公司治理、股权结构、风险内控等方面加以规范和引导。

当前我国商业银行已经以试点的形式拥有了保险、基金、信托、金融租赁等非银行子公司，但对境内证券牌照的限制仍没有放开。为进一步深化综合经营，同时也推动直接融资加快发展，建议开展商业银行联合证券公司组建金融控股公司试点。同时必须坚持稳妥审慎的原则，以有效防控金融风险为必要前提。全国性商业银行具备较强的资本和规模实力，坚持稳健经营，风险偏好较为审慎，公司治理结构较为完善，内控机制较为健全，有条件开展与证券公司联合组建金融控股公司试点。应明确商业银行联合证券公司试点组建金融控股公司的标准和条件，包括在资本充足水平、公司治理结构、风险管理架构、内部防火墙设置、协同经营范围、人员交叉任职等方面规定严格的标准和条件。

为防止银行过度干预证券公司的经营管理，避免证券子公司成为银行的"附庸"，同时也是为了更好地控制风险、稳健经营，应明确必须同步推进组建纯粹型的金融控股公司，成立独立的金融控股公司作为母公司，银行、证券等为同一级别的子公司。对于不能立即成立纯粹型金融控股公司的，可给予一定的时间过渡，例如，三年内可以事业型金融控股公司开展运营，三年之后则转为纯粹型金融控股公司。建议可以考虑先行试点大型银行主导的金融控股公司深化综合经营。防范化解金融风险是当前和未来一个时期金融工作的重点。当前监管部门正就资管统一监管、防止资金脱实向虚、限制过度套利、抑制高杠杆、限制通道业务等开展治理整顿，有关表外理财、委托贷款、互联网金融等监管细则正加紧出台或已落地。在此背景下，商业银行发展金融控股公司、深化综合经营必须以配合完善监管为前提，必须以严格遵守这些监管新规为条件，在监管尚未完善、相关细则还将陆续发布的情况下，节奏不可过快，否则容易加大本就存在的相关风险。

　　当前还应加紧推进对其他各类金融控股公司的清理规范，尽快制定出台金融控股公司管理办法，重点围绕股东资质、关联交易、脱虚向实、资本重复计算、交叉开展业务等进行治理整顿。对股东资质较差、资本金来源不明的，应予以清退处理。金融控股公司作为主要股东入股银行（或证券、保险、信托、基金等）必须坚持"一参一控"。对于同时拥有金融类和实体产业的控股集团，应严查其是否存在过度关联交易的行为，防止金融类子公司成为其实体产业的"提款机"。对各金融类子公司之间的业务合作是否符合现有规定也应予以重点排查。

　　针对不同类别金融控股公司的不同情况，还应分类施策、各有侧重。保险系金融控股公司的监管重点仍然是对部分保险公司利用保险资金，而非自有资本金进行盲目收购扩张予以高度警惕和严格限制。四家资产管理公司作为金融控股公司都是事业型的，母公司仍以不良资产处置为主业，建议推动资产管理公司金融控股公司尽快从事业型转为纯粹型，同时加快调整优化内部组织架构和构建集团风险管控机制。地方政府主导的金融控股公司多通过行政整合形成，应要求其在公司治理、内控机制、风险管控上尽快加以建立和完善。当前应重点排查和防范互联网金融控股公司在"大而不倒"、用户隐私保护、行业垄断等方面可能存在的风险隐患。

　　当前应重点监管和治理整顿不规范的产融结合。一是确定责任主体，应明确要求其内部建立单独的金融控股公司来管理其所有金融类子公司资产，并以该金融控股公司作为其接受金融监管的责任主体。二是实行牌照管理，即实体产业开展产融结合、涉足金融业，必须在满足相关条件的情况下，申请金融牌照，否则不得从事金融业务。三是实体产业集团的监管部门（中央国资委和各地方国资委）和金融监管部门（一行两会）应密切协同，对国有企业开展产融结合进行监管规范。四是对实体企业设立金融控股公司应制定严格的准入标准，防止一哄而上、盲目攀比。五是探索建立产融结合监管指标体系，监管指标既需要涵盖资本充足率、流动性等金融类关键指标，同时也包括涉及实体部门和金融部门之间大额内部交易、关联交易等指标。六是对部分盈利能力一般、资产负债率偏高、现金流情况较差的企业，对其开展产融结合、设立金融控股公司应制定更为严格的准入门槛和监管标准；对于部分本身潜在风险就比较大的行业，建议考虑禁止这些行业发展产融结合和设立金融控股公司。

目　录

第一章 CHAPTER 1

绪 论

　　随着国内经济市场化程度的提高，越来越多的企业以"金融控股公司"的组织形式出现。对于"金融控股公司"这一境外早已成熟而境内方兴未艾的公司组织形式，监管部门、业界和学界都还没有形成统一的认识和深刻的理解。国家"十三五"规划纲要强调要"统筹监管系统重要性金融机构、金融控股公司和重要金融基础设施，统筹金融业综合统计，强化综合监管和功能监管"。金融控股公司是否有助于推动金融体制改革，提升金融资源效率配置，服务实体经济融资，防范金融系统风险，以及金融微观主体结构变化需要监管架构作出怎样的调整，这些都需要进行深入研究。

第一节　研究背景与意义

一、中国金融控股公司发展的宏观经济背景

（一）近年来我国金融改革稳步推进

　　近年来，中国在金融体制改革、金融业重点领域和关键环节改革取得了一系列重大突破性进展，市场在资源配置中的决定性作用进一步增强，市场主体的动力、活力和创造力不断得到激发，有力促进了经济体制增效升级发展。

　　利率市场化改革取得关键进展。2015年10月，金融机构存款利率上限全面放开，利率市场化改革迈出关键性一步。与此同时，进一步加强上海银行间同业拆借利率(Shibor)和贷款基础利率(LPR)建设，培育完善金融市场基准利率体系。有序推进金融产品创新，继续推进同业存

单业务发展，发行面向企业和个人的大额存单，商业银行负债产品市场化定价范围不断扩大。

人民币汇率形成机制进一步完善。2015 年 8 月，央行改进了人民币汇率中间价报价机制，中间价的基准作用明显提升，人民币汇率双向浮动、弹性明显增强，汇率更加趋近合理均衡水平。同年 12 月，央行发布中国外汇交易中心 (CFETS) 人民币汇率指数和参考国际清算银行货币篮子、SDR 货币篮子的人民币汇率指数，引导市场通过一篮子货币观察人民币汇率，更加全面地反映人民币的价值变化。2016 年 10 月，人民币正式加入 SDR，进一步推动人民币成为全球官方储备货币的可选项之一。2017 年 5 月末，逆周期因子被引入人民币中间价形成机制，加强了中间价长期锚和短期锚的内生纽带，削弱长期汇率失衡和短期汇率超调的双重风险。

存款保险制度正式实施。2015 年 2 月 17 日，国务院签署第 660 号国务院令，于 3 月 31 日公布《存款保险条例》，自 2015 年 5 月 1 日起施行，中国存款保险制度正式建立。全国 3000 多家吸收存款的银行业金融机构已全部办理了投保手续，2015 年 5 月至 12 月的保费归集完毕，制度实施各项工作有序推进。

金融机构改革加快推进。2015 年，国家开发银行、中国进出口银行和中国农业发展银行改革方案获得国务院批准同意。2015 年 7 月，国家用外汇储备分别向国家开发银行和中国进出口银行注资 480 亿美元和 450 亿美元，显著提升了两家银行的资本实力和抗风险能力。2015 年 4 月，中国农业银行三农金融事业部深化改革范围扩大至全国，进一步提升其三农和县域的金融服务水平。2015 年 6 月，交通银行深化改革方案获得国务院批准同意，方案从优化股权结构、完善公司治理、深化内部改革并加强外部监管等方面推出若干改革举措，有助于推动交通银行切实转换经营机制，提升市场竞争力，增强服务实体经济的能力。2015年12月，中国邮政储蓄银行成功引入10家境内外战略投资者，融资规模451亿元，实现了从单一股东向股权多元化的迈进。国务院批准同意中国长城资产管理公司和中国东方资产管理公司转型改制方案，中国华融资产管理公司在H股实现公开发行上市，资产管理公司商业化转型工作稳步推进。

自贸试验区金融开放创新有序推进。上海自贸试验区金融改革进一步深入推进。2015年10月，《进一步推进中国（上海）自由贸易试验区金融开放创新试点加快上海国际金融中心建设方案》公布，提出了深化上海自贸试验区和国际金融中心建设的40条新措施，为全国深化改革和扩大开放进一步探索新途径。同年12月，中国人民银行印发《关于金融支持中国（天津）自由贸易试验区建设的指导意见》《关于金融支持中国（福建）自由贸易试验区建设的指导意见》和《关于金融支持中国（广东）自由贸易试验区建设的指导意见》，构建与自贸试验区跨境贸易和投资便利化相适应的金融服务体系，支持自贸试验区建设。

金融双向开放取得全面进展，国际和地区金融影响力显著提升。国家正在积极推动境外机构和主权机构在境内发行人民币债券，对境外央行类机构进入银行间债券市场实行备案制管理，取消投资额度和交易品种限制，允许境外人民币业务清算行、境外参加行在银行间市场开展债券回购交易，推动更多境内机构在境外发行人民币或外币债券，在银行间外汇市场进一步引入合格境外主体，进一步开放境内商品期货市场，金融市场双向开放取得积极进展。有序推进资本项目可兑换，直接投资实现完全可兑换，内地与香港实现基金互认。人民币加入SDR，人民币国际化取得里程碑式进展。推动国际货币基金组织（IMF）2010年份额和治理改革方案落实，中国在IMF份额排名上升至第三位，新兴市场和发展中国家在 IMF 的代表性和话语权进一步提升。2018 年是我国改革开放四十周年，包括放宽金融机构外资持股比例限制、拓宽境外投资者参与境内资本市场渠道等具有突破意义的一系列重大金融改革相继推出。

（二）当前金融领域存在的一系列问题和风险

金融改革虽然取得了较大的进展，但在当前的国内外经济形势发生较大变化的背景下，我国金融系统也面临着存量问题尚未较好解决，而增量风险又在不断积累的不利局面：社会融资体系中，间接融资占比过大的问题依然突出，影子银行野蛮发展伴随金融风险集聚，金融机构同业表外业务乱象横生，各类资本进入金融领域资金"脱实向虚"，分业监管留下监管空白。同时金融机构泛资管化、混业化经营的趋势明显，各类金融控股公司层出不穷。

间接融资占比过大，图 1-1-1 中显示，中国的社会融资规模总量数据和新增人民币贷款数据走势完全一致，大部分时间段也接近重合，说明在很长的一段时间内，以银行为主的间接融资是中国融资活动的主要组成部分。然而，以间接融资为主的融资体系，有着金融风险过度聚集于银行系统，以及重视资产抵押企业、轻视小微及高科技等轻资产高成长企业，不利于经济转型发展的特点。在 2017 年 7 月的全国金融工作会议上，习总书记指出："要把发展直接融资放在重要位置，形成融资功能完备、基础制度扎实、市场监管有效、投资者合法权益得到有效保护的多层次资本市场体系。要改善间接融资结构，推动国有大银行战略转型，发展中小银行和民营金融机构。"

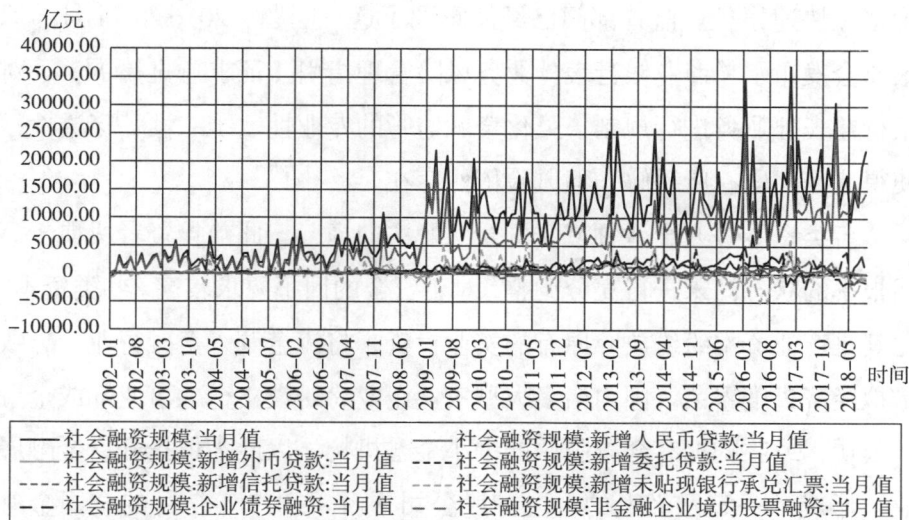

亿元

| 40000.00 |
| 35000.00 |
| 30000.00 |
| 25000.00 |
| 20000.00 |
| 15000.00 |
| 10000.00 |
| 5000.00 |
| 0.00 |
| -5000.00 |
| -10000.00 |

时间

—— 社会融资规模:当月值　　　　　　　—— 社会融资规模:新增人民币贷款:当月值
—— 社会融资规模:新增外币贷款:当月值　—— 社会融资规模:新增委托贷款:当月值
—— 社会融资规模:新增信托贷款:当月值　——— 社会融资规模:新增未贴现银行承兑汇票:当月值
－－ 社会融资规模:企业债券融资:当月值　－－ 社会融资规模:非金融企业境内股票融资:当月值

资料来源：万得资讯，交通银行金融研究中心。

图 1-1-1　当前中国社会融资分类情况

　　影子银行野蛮发展伴随金融风险集聚。自 2010 年诞生以来，影子银行在中国呈野蛮式发展。穆迪数据显示，截至 2016 年 6 月，中国影子银行系统规模较上年猛增 30%，达到 53 万亿元人民币（合 8.1 万亿美元），接近我国经济规模的 80%。影子银行已经成为我国投融资体系中的重要组成部分，影子银行天然具有金融风险的隐藏性和突发性，其风险伴随着规模的扩张而累积。防止发生系统性金融风险是金融工作的永恒主题。对于影子银行而言，当前缺乏科学防范的金融监管防控体系，同时也没有完善的风险应急处置机制，难以做到早识别、早预警、早发现、早处置。

　　金融机构同业表外业务乱象横生。金融创新对于金融深化有其积极的一面，也有不利的负向作用。2016 年第四季度之前很长的一个时期，诸多中小金融机构为突破监管限制，采用同业理财等"通道"方式借道大型金融机构，开展金融展业。这种方式不失为一种金融创新，但由于发展过快，其中因权责不明、底层资产不晰、穿透调查不够而产生的风险也在快速累积。监管部门已经注意到了这一问题。2016 年 11 月，原银监会发布了《商业银行表外业务风险管理指引（征求意见稿）》，对银行业表外业务进行规制，强化金融监管的专业性、统一性、穿透性，使得这一问题有所缓解，但风险依然存在。

各类资本进入金融领域，资金"脱实向虚"。此前投资者习惯于高回报率的状态尚未进行充分调整，对于资金的回报要求较高。各类资本，尤其是产业资本纷纷放弃原有的实业投资，将资金调入金融行业，导致虚拟经济过度繁荣。国内诸多大型实业企业纷纷设立金融事业部或金融子公司，或收购拥有金融牌照的中小金融机构，以此为依托开启金融展业，形成了一定意义上的金融控股公司平台。2017 年 7 月的全国金融工作会议上，习总书记强调：金融是实体经济的血脉，为实体经济服务是金融的天职，是金融的宗旨，也是防范金融风险的根本举措。要贯彻新发展理念，树立质量优先、效率至上的理念，更加注重供给侧的存量重组、增量优化、动能转换……要建设普惠金融体系，加强对小微企业、"三农"和偏远地区的金融服务，推进金融精准扶贫，鼓励发展绿色金融。要促进金融机构降低经营成本，清理规范中间业务环节，避免变相抬高实体经济融资成本。

债务违约风险有所上升。近年来，我国债券市场违约发生的频率有所上升，市场对违约风险的预期也不断加强。与往年主要是由于经营情况恶化而导致债券违约集中于个别不景气行业不同，当前的新增违约案例行业分布较广，造成违约的原因也各不相同，主要可以分为三种情况：2016 年以来供给侧改革使行业内部出现分化，产能过剩行业竞争力弱的发行人被作为"僵尸企业"淘汰，这些企业进入破产程序而导致违约；企业内控和信息披露存在问题的民营发行人，因关联方资金往来和借款担保等原因占用现金流并造成违约；部分发行人财务杠杆高企，严重依赖债券、非标等表外融资渠道，在金融严监管、融资渠道收紧的政策背景下再融资出现困难而导致违约，这类情况以民营企业居多。除传统行业因素外，当前违约风险更多的是由外部融资收紧，而不是内部现金流恶化而引发的。究其原因，主要是在金融严监管和去杠杆政策下，随着社会融资增量的减少，资本市场的信用创造能力实际出现了收缩。

分业监管留下监管空白。我国现有的金融监管体系为国务院领导下的"一行两会"体系，各个监管部门只针对于其监管行业进行管理。然而，近年来随着金融市场的成熟和金融创新脚步的加快，以"金融控股公司"形式为代表的金融机构越来越能够利用分业监管留下的监管真空地带。各界已经充分认识到，资本处于不断流动状态，行业分割的管理模式对于微观监管也许有效，但在宏观审慎方面往往乏力，综合化、统一的监管模式讨论已经提上议程。

2017年7月，第五次全国金融工作会议召开。会议明确了地方政府要在坚持金融管理主要是中央事权的前提下，按照中央统一规则，强化属地风险处置责任。金融管理部门要努力培育恪尽职守、敢于监管、精于监管、严格问责的监管精神，形成有风险没有及时发现就是失职、发现风险没有及时提示和处置就是渎职的严肃监管氛围，健全风险监测预警和早期干预机制，加强金融基础设施的统筹监管和互联互通，推进金融业综合统计和监管信息共享。

金融机构泛资管业务兴起。随着我国国民资本的累积，居民对于资产的保值增值需求日益强化，这就要求金融系统提供更丰富的金融产品。近年来，资管行业快速发展，一方面，资产管理的投资范围已经突破了传统的股票、债券等金融产品。另一方面，开展资产管理业务的金融机构也呈现多样化的趋势，除银行、证券和保险等传统资管机构外，私募基金等成为开展资管业务的一支重要力量。整个金融系统呈现泛资管态势。2018年出台的《关于规范金融机构资产管理业务的指导意见》对统筹管理和规范资产管理业务确立了基本方向，未来资管业务将迈入调整和规范发展的时代。

随着经济社会的发展，过去简单化的金融业务逐步向多元化、多层次化发展，功能单一的金融结构既不利于满足客户需求，也不利于金融机构的市场竞争，金融机构纷纷走向混业经营。我国的金融体系以间接融资的银行体系为主，就目前来看，金融系统的发展趋势，是从"重资产"向"轻资产"转变，大型商业银行纷纷开始尝试传统商业银行之外的业务。

各类金融控股公司井喷式出现。随着泛资产业务和混业经营趋势的大发展，越来越多的资本开始尝试金融控股公司运营模式，以集团化和综合化的管理框架统筹各项金融业务之间的协调发展。传统的金融机构（如商业银行），已经开始转型综合经营，通过收购券商、保险等方式实现了实质上的金融控股。同时，诸如大型央企、地方政府平台、规模较大的实业企业和新兴的互联网金融公司也开始尝试搭建自身的金融控股平台。

上述金融问题基本都可以归结为金融的效率与风险之间的矛盾。金融系统发展要服务于实体经济，而随着实体经济的结构、形态和模式的变化，金融系统也需要不断创新以更好地服务新的实体经济业态。然而，金融系统的"触角"太多，且系统内"逐利自肥"的属性天然存在，这种属性会借由创新的名义完成"逐利自肥"，使得经济体脱实向虚，累积金融风险。所以，一方面要对金融系统进行引导，形成其自律机制；另一方面要强化金融监管的专业性。

解决上述种种问题和顺应金融发展趋势的一个有力抓手即是规范发展金融控股公司。间接融资占比过大，是因为我国银行体系长期占据强势地位，需要研究金融控股公司形式以支持券商、保险、基金等金融机构的发展，促进形成多层次的投融资市场。当前金融机构大规模综合经营，引发金融资源脱实向虚等一系列问题，其载体形式往往是金融控股公司或者金融控股集团，因此研究金融控股公司内部结构、风险防控措施和资源配置效率，对于下一步制定相应的监管政策，推动金融市场良性发展，维持金融稳定有着重要意义。基于此，本书的研究目的在于，分析通过金融控股公司模式，改变社会融资体系中微观金融主体的组织形式，一方面有利于发展直接融资市场，另一方面有利于金融体系稳定。

（三）第五次全国金融工作会议为金融改革确立方向

2017年7月14日至15日，第五次全国金融工作会议在北京召开，习近平总书记出席会议并发表重要讲话。会议指明了当前和未来一个时期的金融工作主线：三大任务和四大原则。习近平总书记指出了金融工作的主要任务，即紧紧围绕服务实体经济、防控金融风险、深化金融改革三项任务，并提出做好金融工作要把握好回归本源、优化结构、强化监管、市场导向四个基本原则。因此，三大任务、四大原则构成当前和未来一个时期我国金融工作的主线。回归本源是金融业服务实体经济的根本要求。优化结构、市场导向与深化改革相呼应，指明了金融业改革发展的重点内容和基本方向。强化监管是做好防控金融风险的重要手段。本届政府高度重视金融安全，一直把防控金融风险作为核心工作。此次会议进一步强调和明确了防控金融风险的重要性、紧迫性和长期性，以强化监管来提高防范化解金融风险的能力，并对金融管理部门提出了明确要求，即"金融管理部门要努力培育恪尽职守、敢于监管、精于监管、严格问责的监管精神，形成有风险没有及时发现就是失职、发现风险没有及时提示和处置就是渎职的严肃监管氛围"。

更加重视发挥直接融资对实体经济的支持作用。在就各金融细分领域如何更好地服务实体经济的论述中,首当其冲的就是资本市场,会议提出"要把发展直接融资放在重要位置,形成融资功能完备、基础制度扎实、市场监管有效、投资者合法权益得到有效保护的多层次资本市场体系",足见对资本市场建设和发展直接融资的重视程度,未来资本市场改革创新步伐有望加快。发展资本市场显然不是"为了发展而发展",而是要通过发展资本市场、壮大直接融资来更好地服务实体经济。基于此,未来包括改革股票发行制度、完善退市制度等在内的资本市场改革都将围绕促进融资便利化、提高融资可得性、降低融资成本等来部署和推进。

会议提出设立国务院金融稳定发展委员会,这意味着金融监管协调破题,未来金融监管将会在更高层次、更大范围上实现统筹协调。金融稳定发展委员会是一个负责具体金融监管协调、有明确职责和权力的机构。从"强化人民银行宏观审慎管理和系统性风险防范职责"来看,央行在金融稳定发展委员会中占据了主导地位。在金融稳定发展委员会的统领下,资管业务统一监管、金融控股公司监管规范、金融业综合信息统计等涉及统一监管方面的政策举措正在加快推进实施。会议还提出突出功能监管和行为监管,预计未来监管将会逐渐重视从金融业务本身的功能属性来划分监管主体和出台监管政策,以便将更多的新业务、新模式纳入监管范围。

综合经营、产融结合是现阶段防控风险的重点领域。综合经营规范的重点就是统筹监管金融控股公司,特别是近年来一哄而上、大小不一、参差不齐、存在潜在风险隐患的各类地方金控、民营金控,产融结合的部分表现形式就是金融控股公司。由央行牵头、两会配合的金融控股公司监管架构体系有望获得实质性突破,针对金融控股公司的治理整顿和规范发展已被正式提上议事日程。

二、本书研究的理论价值和现实意义

本书从微观和宏观两个层面进行分析，探讨"十三五"期间发展金融控股公司对于金融改革的理论价值和现实意义。讨论集中于公司组织结构的变化，即发展金融控股公司模式为主的金融微观主体，对企业自身、国家融资结构和金融稳定带来的影响。本书从以下两个方面切入进行分析。

在微观层面，从单个金融机构的角度分析发展金融控股公司模式对于其自身的意义。一是讨论金融控股公司模式对于集团资源有效配置的影响。目前，中国的金融集团以银行业为主导，集团内部银行部门强势，子公司规模都十分有限，处于银行部门管理下，导致金融资源过多地流向银行部门。客观上，间接融资服务产生的价值相较于直接融资要低。理论上，发展金融控股公司模式，使得公司内部各部门之间的地位平等，这样的设置是否有助于金融资源的合理配置，达到集团效益最大化，值得讨论。二是讨论金融控股公司模式对于集团各部门业务协同效应的影响。金融控股公司模式下，各子公司进行的各项业务由母公司进行协调配置，改变过去各自为政的发展模式。母公司将有关联的业务在各子公司之间进行规划协调，这样是否有利于整体业务模式的高效协同。三是讨论金融控股公司模式对于集团内部风险控制的影响。由于存在母公司的统一协调，各子公司的风险行为在事前就能得到控制，防止单个子公司的激进行为。在事中，母公司也形成了对各子公司风险的有力监督。如果事后某个子公司发生风险，母公司是否可以协调集团资源对其进行救助，这样既有利于集团的平稳发展，又可以保证风险发生时问题在集团内部得到及时解决，不至于影响大局。

在宏观方面，探讨金融控股公司模式对于提高中国金融系统效率和防控金融风险的现实意义。一是讨论金融控股公司模式对于服务实体经济的意义。当前中国实体经济的金融服务需求已经发生较大变化。随着中国整体经济的高速发展，企业出于当前经济环境变化、自身战略调整和财务成本等综合因素考虑，会选择最有利于自己的融资方案。这些融资方案中既包括银行贷款，也包括租赁公司的融资租赁，还可能发行债券或是股权融资，需要中国的金融体系，尤其是商业银行系统进行综合经营，以更好地服务实体经济，提供多方位、一条龙的金融服务。二是讨论金融控股公司对于促进直接融资的影响。长期以来中国以间接融资为主，商业银行系统承担了主要的金融服务功能。一方面因为资本市场发展不尽如人意；另一方面也因为银行业为主导的金融机构体系过于强大。间接融资占比过高导致金融机构对于风险的评估、定价和控制能力长期得不到大幅度提高，更不利于中小企业的融资。在金融控股公司模式下，商业银行成为控股公司的一员，战略规划服从于集团的整体布局。而在集团的运营中，直接融资服务业务会因市场需求发展而逐渐占较大的比重，因而发展金融控股公司模式有利于促进社会直接融资占比的提高。三是讨论金融控股公司对于调控金融系统性风险的作用。大型金融控股公司各子公司之间本身有风险隔离措施，且母公司可以协调运行良好的子公司对问题子公司进行救助，有利于将风险问题于集团内部消化，不发生风险传染，维持金融稳定。四是金融控股公司有助于培育混业和综合经营高端管理人才。长期以来，中国金融体系以商业银行为主导，证券、保险等行业在各自的业务范围内实现专业化经营。但如今泛资管行业正在成为主流，需要金融机构由分业经营向混业经营转变。这一转变中，高端的综合性管理人才是关键。金融专业人才不缺，而综合经营管理人才，尤其是高端管理人才奇缺，具体地说即既懂银行又懂证券、保险等的高端管理人才缺失。金融控股公司模式下，母公司管理人员管理和协调集团的多类金融业务，可以做到"干中学"，从实践中提高自身的专业水平和管理水平，有利于综合化高端管理人才的培育。五是讨论金融控股公司对于提高中国金融机构国际竞争力的影响。中国经济金融已高度融入世界经济发展之中，国际化经营是中国金融机构的长期重要战略之一。而在国际化竞争之中，客户资源、客户服务能力和国际经验是核心竞争力。发展金融控股公司，由母公司协调整合各子公司的优势资源，充分发挥中资大型商业银行的海外经营经验，有利于中国金融行业整体国际化水平的提高。六是讨论金融控股公司对于促进金融监管架构转换的影响。当前中国的监管体系以分业监管为主，局部重复监管与监管真空并存。参照国际上宏微观审慎监管的发展方向，应对宏、微观监管职责尽可能较为明确地进行分解。依托大型银行开展综合经营，通过加强对系统重要性、综合性金融集团的监管，监管机构可以更好地开展统一监管，提高宏观审慎监管的效率，有效防范系统性金融风险。

第二节　国内研究与实践现状

一、文献综述

夏斌（2000）指出，随着经济的发展，金融机构将会由分业走向混业，并最后发展成金融控股形式。张志柏（2001）认为，金融控股公司是一种金融组织创新，它便于运用规模经济优势，通过对内部资源的分类、整合、策划和调配，节约了成本，实现了资源利用的优化配置，其目标是公司利润最大化。刘志平（2001）认为，金融控股公司的问题是中国金融发展无法回避的主要问题，有必要对金融控股公司的结构、风险及其监管等主要问题进行探讨。葛兆强（2001）探讨我国金融控股公司构建的制度基础与途径选择。王文宇（2003）从法学的角度，探讨了金融控股公司法的制定。贝政新和陆军荣（2003）分析了金融控股公司在我国的发展情况。谢平（2004）在其著作《金融控股公司的发展与监管》一书中，对国际上的金融控股公司理论和实践进行了梳理和总结。华平（2006）出版专著，研究金融控股公司的风险控制机制。凌涛（2007）比较了金融控股公司的各个模式。曹华强（2010）总结了我国金融控股公司发展现状和趋势研究。黄枭柯和华俊（2014）结合西方国家金融控股公司的不断发展历史和中国市场经济体制的不断深化的背景，认为金融控股公司的发展虽然使中国金融行业的规模经济效应得到一定的提高，但与国际金融控股公司相比还处于初级阶段，还存在许多问题与不足。李志辉、李源和李政（2015）从微观层面上运用夏普利值（Shapley Value）方法评估了光大集团和中信集团等金融控股公司的金融子公司对整个集团的重要性程度，探讨了金融集团内部的风险结构，并对影响金融子公司重要性程度的因素进行了分析。交通银行金融研究中心课题组（2016）通过比较日韩金融集团普遍采取的金融控股公司模式，认为日韩金融集团很大程度上受政府政策和外部因素驱动，实质上并未改变银行子公司"一家独大"的现实，非银子公司的发展规模和在集团内部的话语权仍长期偏低。这一点与我国现阶段以银行系为主的金融集团颇为相似。孙美芳（2016）认为我国的金融业，目前事实上已处于和美国类似的混业结构，但我国法律和政策仍处于分业经营时期的状态，已经不适用于现在的业态发展。

总体来看，国内对于金融控股公司的研究呈阶段式特点。2004 年之前，关于金融控股公司的研究较多，2004 年之后至 2010 年，金融控股公司的研究处于沉寂期。而 2010 年之后，尤其是近期，随着我国金融控股公司实践的先行，金融控股公司的研究逐渐丰富。中间的"断档"，可能的原因在于当时国内的经济发展形成了银行一家独大的局面，学界对于金融控股公司的研究产生了疑惑。早期的研究以总结国外金融控股公司模式和运行经验为主，对于我国当前金融控股公司的实践总结较少，缺乏系统性的理论梳理和案例评价。当前，我国经济进入"十三五"时期，各种类型的金融控股公司不断出现，对于现阶段的新情况和新问题，虽然研究成果已经开始丰富，但是学界并没有很好地就金融控股公司理论架构达成统一的观点，特别是对这些新兴金融控股公司的主要特点、存在问题、潜在风险等缺少针对性的梳理和分析。我国的金融控股公司实践已经走在了理论前面，各类型的金融控股公司如雨后春笋般出现，这既是金融深化和发展的体现，同时背后也潜藏着金融风险的隐患。研究金融控股公司的效率和风险，及其对微观金融企业和宏观金融改革的意义，正是本书研究的宗旨所在。

二、国内金融控股公司的实践

金融控股公司的实践已经走在了理论前面。从中国金融控股公司的实践来看，主要分为五个方面。一是以传统金融系统为主力的金融控股公司发展。2000 年之后，国有大型商业银行陆续上市，为提高商业银行的经营管理和国际化水平，不少商业银行都引进了战略投资者，如交通银行引入汇丰。同时，随着中国对外开放程度的不断提升，人民币国际化进程加速，国内金融改革进一步深化，不少金融机构开始发展"双跨"经营，即跨境跨业，如中信集团下设中信银行、中信证券、中信期货等子公司。当前中国金融机构综合化的经营模式，大部分属于事业型金融控股公司模式，即母公司以某一金融业务为主，尝试纯粹的金融控股公司的还较少。二是中央企业参与的金融控股公司。该类公司主要服务其母公司央企的实业金融需求，其主要架构为央企集团旗下设职能部门专门管理集团的金融业务，因此大多不属于严格意义上的金融控股公司，只是一种产融结合的模式。但为了规范监管，本书一并纳入讨论。三是地方政府推动形成的金融控股公司。这些金融控股公司大多有地方政府融资平台的影子，例如山西金控、广州金控、越秀集团等。四是由民营企业参与的金融控股公司，例如泛海控股、万向系、复星系等。五是由互联网公司涉足金融领域而形成的金融控股公司，如蚂蚁金服和腾讯等。业界对金融控股公司的分析最为敏感，不少金融机构就这些问题展开了研究。然而，业界已有的研究往往"就事论事"，尚未能完成"实践—理论—实践"的良性循环。这也正是本书的意义所在。

第三节　研究思路与主要创新

一、研究思路与方法

本书的研究主要从效率和风险两个方面展开。一方面，当前中国的金融集团以银行业为主导，这样的一个模式使得银行业对于金融资源有更多的分配权，信贷成为社会融资的主流，这一点制约了国内直接融资市场的发展。在中国现有的金融格局框架下，应改变社会融资中直接融资占比较低的局面，以实现金融深化。应推动金融控股公司模式发展，促进金融业银行、证券、保险各部门均衡发展，将更多的资源导向直接融资市场，实现金融结构调整对资源配置的优化。另一方面，现有的金融集团将风险过度集中于商业银行，对单个金融机构而言风险较大，又由于金融网络的复杂性，对整个金融稳定也有较大影响。金融控股公司模式下，各子公司之间风险隔离，某一子公司发生风险，对于整个公司冲击较小，且母公司可以协调各子公司之间展开互相救助行动。

本书采用理论分析、案例研究和实证检验相结合的方法。理论分析方面，结合已有的商业银行管理理论、金融稳定理论、金融监管理论以及各国金融机构的运行实践，再根据中国的经济金融特点，理顺原理，总结经验，归纳逻辑，构建模型，提出中国发展金融控股公司的基本原则、思路和可行方案；案例研究方面，综合考虑日韩、欧洲和北美三大片区大型综合性金融机构的运作模式，比较分析各个金融机构选择当前运行模式的原因、优点和不足之处，讨论适用于中国金融控股公司的发展方案；实证检验方面，收集国内不同类型的大型金融机构数据，分析其组织架构对于其效率和风险的影响，并分析政策调整对于组织架构调整的推动作用。

二、主要创新

本书对我国金融控股公司的实践和理论进行了分析研究，探讨金融控股公司未来的发展路径、监管设计和其内部组织模式、运营管理及风险控制，尤其是在金融控股公司的内涵定义、现状梳理、发展意义、监管建议和运行模式等方面进行了深入分析和探讨，提出了富有建设性和实践意义的政策建议。结合国外经验和中国具体实践，本书将金融控股公司定义为在银行、证券、保险、基金、信托、期货、金融租赁等两个或两个以上金融领域拥有牌照、实际经营或者实际控制该行业企业的金融集团。该定义能够确保从统计上将所有涉足两个及以上细分金融领域的所有企业纳入统计和监管范围。该定义同时明确了金融控股公司的金融属性，即金融控股公司属于金融机构，不是非金融实体企业，因而必须纳入监管和持牌经营。

本书总结了当前中国金融控股公司存在的主要问题和风险。从宏观层面看，金融控股公司相关法律缺失导致其法律地位不明确，金融控股公司的监管不足，没有明确监管主体，缺乏有效监管，而分业监管体制导致对金融控股公司的监管效率低下。从微观层面看，很多金融控股公司的公司治理机制不健全，称谓混乱，内涵不明；金融控股公司股权结构更加复杂，关联交易风险较大；部分金融控股公司盲目追求"大而全"；公司内部利益冲突问题不容忽视；风险管理体系不完善，内部风险管理机制亟待健全和完善。

面对新的泛资产管理、跨行业跨市场业务发展大背景下的金融需求，本书认为规范发展金融控股公司具有重要意义。金融控股公司的规范发展有利于维护金融体系安全，通过加强对系统性重要性金融控股公司的监管，监管机构可以更为直接和全面地掌握跨行业、跨市场金融信息，及时发现跨行业、跨市场、跨境潜在的风险隐患。以金融控股公司模式深化金融业综合经营，开展银行、证券、保险等全金融业务，有利于推动银行业的各类资源流向证券、保险等非银行金融业，促进证券业的发展壮大，扩大直接融资规模，改善融资结构，进而降低宏观杠杆率。以金融控股公司形式深化综合经营有利于证券业、保险业充分利用银行的资本、客户和渠道等资源开展业务，提升综合服务能力，促进金融体系内部形成良性循环。

本书认为，中国发展金融控股公司要有总体设计，应将其作为整个金融业改革发展的重要内容。应明确发展金融控股公司的总体目标、主要方向、基本原则和重点举措。鉴于纯粹型模式既有效隔离了风险，又能发挥综合经营的优势，还有利于促进金融体系内部良性循环，建议明确中国金融控股公司以纯粹型为主要运行模式。可以采取"两步走"、分级式的策略构建金融控股公司监管架构，短期内建立由央行主监管、两会分业监管的监管架构，长期随着我国分业监管逐步向统一监管推进，金融控股公司也应逐步转变为由单一监管机构进行全面、统一监管。建议加快推动金融控股公司立法，从市场准入、牌照管理、业务范围、公司治理、股权结构、风险内控等方面加以规范和引导。

本书认为，为进一步深化综合经营，同时也推动直接融资加快发展，建议开展商业银行联合证券公司组建金融控股公司试点。同时必须坚持稳妥审慎的原则，以有效防控金融风险为必要前提。全国性商业银行具备较强的资本和规模实力，坚持稳健经营，风险偏好较为审慎，公司治理结构较为完善，内控机制较为健全，有条件开展与证券公司联合组建金融控股公司试点。应明确商业银行联合证券公司试点组建金融控股公司的标准和条件，包括在资本充足水平、公司治理结构、风险管理架构、内部防火墙设置、协同经营范围、人员交叉任职等方面规定严格的标准和条件。

本书同时针对中国金融控股公司自身的组织架构、管理模式、公司治理、风险内控等体制机制提出了具体建议。金融控股公司组织架构和体制机制设计的基本原则就是在协同效应和风险隔离之间进行很好的平衡，应更多地从促进内部协同和防范风险传染的角度去设计治理结构和组织架构。金融控股公司不仅面临各类专业业务的一般风险，如商业银行业务的信用风险、市场风险、流动性风险、操作风险等，还因内部交叉协同、共享信息等面临更为复杂、特殊的风险，需要建立健全有效的风险管理和内控机制。本书的逻辑框架见图 1-3-1。

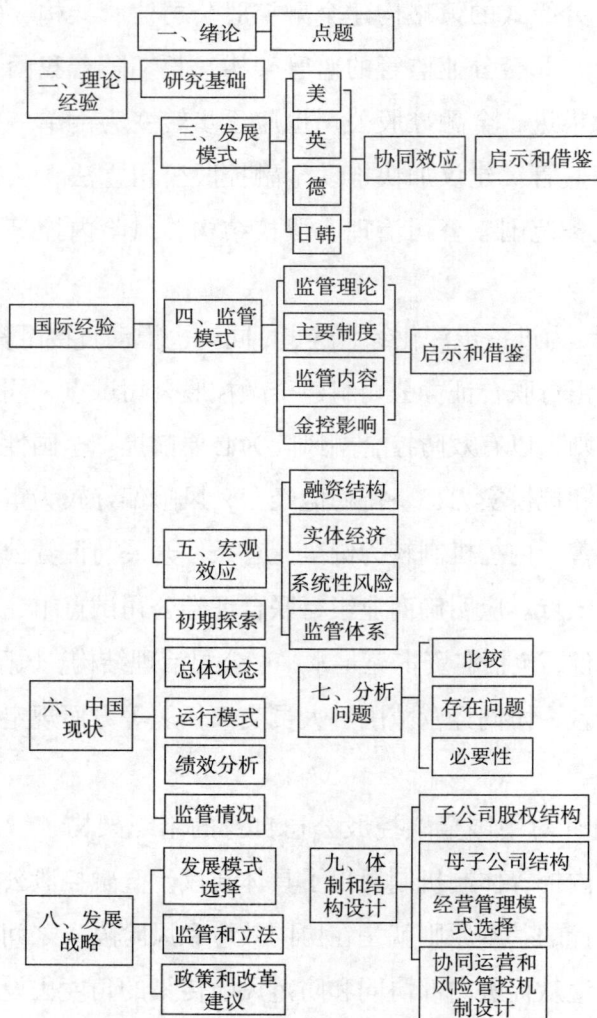

图 1-3-1 本书逻辑框架图

第二章 CHAPTER 2

金融控股公司的理论分析

本书将金融控股公司界定为：在银行、证券、保险、基金、信托、期货、金融租赁等两个或两个以上金融领域拥有牌照、实际经营或者实际控制该金融机构的金融集团，都属于金融控股公司。金融控股公司的理论基础分为三类，分别是基于管理学理论、基于新制度经济学和基于协同效应。

第一节　金融控股公司的定义和类型

一、金融控股公司的概念

1999 年巴塞尔银行监管委员会、国际证券联合会、国际保险监管协会三大国际金融监管组织联合制定的《对金融控股公司的监管原则》，把金融控股公司定义为：在同一控制权下，完全或主要在银行业、证券业或保险业中至少为两个不同的行业提供服务的金融集团。在英美法国家，一般称为金融控股公司。在大陆法国家，一般称为金融集团。

在中国，除了传统的正规金融机构以及央企组建的金融控股公司（获得正式金融牌照的）以外，还有很多地方政府、民营企业和互联网企业涉足金融领域所形成的、具有一定规模金融业务的集团公司，它们事实上是实体企业发展、产融结合的重要形式。出于引导行业规范发展、保障金融体系稳定、避免出现监管空白的考虑，本书将金融控股公司定义为：在银行、证券、保险、基金、信托、期货、金融租赁等两个或两个以上金融领域拥有牌照、实际经营或者实际控制该金融机构的金融集团。该定义有两点需要特别说明：一是与国外金融业多采取综合经营不同，目前我国实行严格的分业经营，金融行业细分领域较多，不仅有商业银行、证券公司、保险公司等传统金融机构，还有信托公司、金融租赁、基金公司、期货公司、消费信贷公司，以及近年来随着互联网兴起的网络支付、P2P等新型金融业态。该定义属于广义上的金融控股公司的定义，能够确保从统计上将所有涉足两个及两个以上细分金融领域的所有企业纳入统计和监管范围。二是该定义明确了金融控股公司的金融属性，即金融控股公司属于金融机构，不是非金融实体企业，因而必须纳入金融监管范畴。考虑到目前我国有不少实体企业布局产融结合，入股或参股各类金融机构，从而在事实上形成了既有实体产业子公司又有金融类子公司的跨领域控股集团。为避免这类产融结合型的控股集团游离在监管之外，对金融类子公司占比（以资产或收入来衡量）达到一定程度、具有一定金融重要性的跨领域控股集团，应要求其必须单独成立一家金融控股公司，以该金融控股公司对集团所有金融类子公司进行管理，并作为接受金融监管的主体。

二、金融控股公司的模式和类型

（一）纯粹型金融控股公司（以美国为代表）

纯粹型金融控股公司的母公司没有自己特有的事业领域，而仅有一个公司经营战略的决策部门。这种公司一般是由某个金融机构或经济实体发起设立的一个金融控股公司，再由此控股公司以并购或设立等方式控制涉及其他金融领域的子公司，包括银行子公司、证券子公司、保险子公司等。控股公司的主要职能是战略控制、监督管理、重大的人事和风险管理；它没有具体的经营业务，但有投资功能，主要负责收购、兼并、转让和子公司股权结构变动，协调内部资源及新领域投资等。

（二）事业型金融控股公司（以英国为代表）

事业型金融控股公司的母公司都是经营型的控股公司，大都是以银行业务为主的公司。这种类型的金融控股公司以英国为代表。例如，汇丰、苏格兰皇家银行等，母公司主要从事银行业务，其他金融业务通过下设的子公司进行。在这种模式下，母公司具有规模和品牌优势，子公司可以依托母公司的影响力迅速开拓市场。但由于子公司独立性不强，当母子公司存在利益冲突时，容易损害子公司利益。

（三）全能银行（以德国为代表）[①]

全能银行是指单一金融机构拥有各类金融业务牌照，以事业部的方式运营。即"一个法人，多块牌照，多种业务"。这种模式的优势在于能一步到位地实现混业经营，各金融机构可以根据自身实力和客观需求制定多元化发展战略，从而增强金融服务业的竞争力，提高效率。

全能银行是一种金融机构类型，其不仅经营商业银行业务，而且还经营证券、保险等其他金融业务，有的还可以持有非金融企业的股权。严格来说，全能银行是混业经营的一种形式，但并不属于金融控股公司。因为金融控股公司在组织形式上必须要同时包括母公司和子公司，而全能银行是单一的金融机构，其本身并无母、子公司之分。考虑到全能银行与前述事业型和纯粹型金融控股公司一样，都是混业经营的一种形式，通常被拿来进行比较分析，因而本书将其作为金融控股公司的一种运行模式而纳入讨论分析（第三章将会做详细分析）。而且，全能银行历史悠久，其在德国等大部分欧洲大陆国家均较为普遍，讨论全能银行的发展经验对我国金融控股公司的未来发展亦有重要借鉴意义。

---

①全能银行是综合经营的一种模式,但并不属于严格意义上的金融控股公司,为了方便后文的比较分析,暂且纳入讨论。

一般来说，金融控股公司在实际选择采用何种运行模式时，主要考虑以下因素：一是战略，根据钱德勒的观点，战略决定结构，不同的战略目标需要不同的组织构架来实现，金融控股公司的发展战略主要有国际化、特色化或多元化、持续成长等；二是规模，公司大小直接影响公司专业化分工程度和组织构架的发展；三是技术，新的技术不断出现，特别是与金融相关的互联网技术的发展（如区块链、云计算和大数据等），客户需求发生变化，对金融控股公司业务流程和组织管理提出了新挑战；四是监管，不同国家的监管制度和监管要求实际上在很大程度上决定了金融控股公司组织架构的选择。

第二节　金融控股公司发展的理论基础

一、基于管理学理论的金融控股公司理论

（一）西蒙的有限理性理论

经济学的理论基础之一就是理性人假设，即经济主体可以理性地根据自身对世界的认知，做出决策。但是，随着经济学的发展，理性人假设受到挑战，特别是诺贝尔经济学奖得主（同时也是图灵奖获得者）赫伯特·西蒙提出了有限理性理论。

西蒙认为，长期以来，在关于人类行为的理性方面存在着两个极端。一个极端是由弗洛伊德提出的，就是试图把所有人类的认知活动都归因于情感的支配。对此，西蒙提出了批评。他强调，组织成员的行为如果不是完全理智的，至少在很大程度上是符合理性的，情感的作用并不支配人的全部。另一个极端是，经济学家的经济人假设，赋

予了人类无所不知的理性。在经济人的观察角度下，似乎人类能够拥有完整、一致的偏好体系，让他始终可以在各种备选方案之中进行选择；他始终十分清楚到底有哪些备选方案；为了确定最优备选方案，他可以进行无限复杂的运算。对此，西蒙也进行了反驳。他指出，单一个体的行为不可能达到完全理性的高度，因为他必须考虑的备选方案的数量太大，评价备选方案所需要的信息太多。事实上，现实中的任何人不可能掌握全部信息，也不可能先知先觉，决策者只能通过分析研究预测结果，因此决策者也只能在考虑风险和收益等因素的情况下做出自己较为满意的抉择。所以西蒙认为，人类行为是理性的，但不是完全理性的，即理性是有限的。

从有限理性出发，西蒙提出了满意型决策的概念。从逻辑上讲，完全理性会导致人们寻求最优型决策，有限理性则导致人们寻求满意型决策。以往的人们研究决策，总是立足于最优型决策，在理论上和逻辑上，最优型决策是成立的。然而在现实中，或者是受人类行为的非理性方面的限制，或者是最优选择的信息条件不可能得到满足，或者是在无限接近最优的过程中极大地增加决策成本而得不偿失，最优决策是难以实现的。因而，西蒙提出用满意型决策代替最优型决策。所谓满意，是指决策只需要满足两个条件即可：一是有相应的最低满意标准，二是策略选择能够超过最低满意标准。

（二）跨国公司母子公司关系理论[①]

因为有代表性的金融控股公司一般都是金融行业的跨国公司，而母公司和子公司的关系又是金融控股公司的核心问题之一，所以跨国公司

①本部分主要参考席西民，葛京.跨国企业集团管理[M].北京：机械工业出版社，2002，以及赵景华.跨国公司在华子公司战略比较研究[M].北京：经济管理出版社，2006.

的母子公司关系理论对金融控股公司有一定的启发意义。跨国公司母子公司关系理论主要分为三个流派,分别为母子公司关系流派、子公司角色流派和子公司发展流派。另一个视角是从跨国公司内部知识流动的视角来认识跨国公司的母子公司关系。

母子公司关系流派主要研究跨国公司内部资源配置和运作,重点关注母公司对海外子公司如何进行有效的控制和协调,以实现整个公司的最大利益。这种观点认为跨国公司高层管理人员对国际化经营存在三种态度,即民族中心主义、多中心主义、地球中心主义。持民族中心主义的高管认为来自母国的管理风格和知识评价标准均优于东道国,这一态度决定子公司很少有自主权;持多中心主义的跨国公司高管明确承认母国与东道国的差异,相信东道国的管理人员在处理当地问题上有更大的发言权,将子公司看作是独立的实体,这一态度决定子公司有较大的自主权,母公司通过财务手段进行控制;持地球中心主义的管理者则持全球导向的开放态度,企业从全球范围招收管理者,并指派其在总部或子公司工作,而不过多考虑其国籍,这种态度决定了子公司有充分的自主权。

母公司对子公司控制问题的研究主要集中在跨国公司的控制和协调机制方面。目的在于整合子公司的职能,增加其对跨国公司的贡献。这种控制可以分为人员控制、行政控制、产出控制等。随着环境复杂性动态性的增加,公司的战略更加复杂多变,随着跨国公司由科层结构转向网络结构,子公司的自主权日益提高,在这样的背景下,跨国公司原有的正式协调机制已经不能满足管理的要求,需要更多使用非正式协调机制。

子公司角色流派认识到了各国子公司在跨国公司全球战略中承担的不同角色,并提出针对不同角色的子公司建立不同的控制与协调机制,从而有效避免了全球战略资源配置的不均衡。根据跨国公司子公司所在东道国的"当地环境的战略重要性"和"当地能力和资源水平"将子公司分成战略领导者、贡献者、黑洞和执行者四种类型，战略领导者是处于重要战略地位、内部能力很强的子公司，贡献者是能力很强，但所处市场的战略地位有限的子公司，黑洞是处于重要的战略市场上，但能力很低的子公司，执行者是仅仅有能力维持当地的经营、市场潜力有限的子公司。子公司角色流派的定位见表 2-2-1。

表 2-2-1　　　　　　　　　　子公司角色流派的定位

Ⅰ.贡献者	Ⅱ.战略领导者
Ⅲ.黑洞	Ⅳ.执行者

资料来源：　Bartlett，C，A.，& Ghoshal，S.Managing Across Borders:The Transnational Solution [M]. Harvard Business School Press，1989.

子公司发展流派认为，由于海外子公司通过在东道国长期的经营与发展，逐渐积累起专有的资源和能力，从而增强了自身与母公司以及东道国政府的谈判能力，并提升了其在跨国公司内部的地位。这种能力与地位的变化必将导致子公司与母公司的关系以及子公司自身的角色都将发生改变。

Gupta 和 Govindarajan（1994）将跨国公司看作"不同国家单元之间资本、产品和知识交换的网络"，并且从知识流动的程度和知识流动的方向两个维度将跨国公司海外子公司划分为四种知识流动的角色，分别是：（1）全球创新者。其特点是知识的低流入和高流出。它是跨国公司网络中的知识源泉，主要为其他节点输出知识。（2）整合者。其特征是知识的高流入和高流出。与全球创新者的角色相类似，整合者也承担着为网络中的其他节点传输知识的重任，但不同之处在于，整合者所需要的知识不都是由自己创造的，而是更多地依赖于网络中其他节点的知识流入。（3）执行者。其特征是知识的高流入和低流出。执行者很少有自己的知识创新活动，而是高度依赖于母公司或其他子公司的知识流入。（4）当地创新者。其特征是知识的低流入和低流出。当地创新者对所有职能领域的相关知识和技能都要依靠当地资源进行创新，很少依赖其他节点的知识流入。而且，由于这类单元拥有的知识具有很强的当地环境依赖性，难以在本地以外发挥作用，因此也很少向其他节点传输知识。

二、基于新制度经济学的金融控股公司理论

（一）交易成本经济学理论

科斯开创了对企业性质的研究，他首先就新古典经济学对市场运行机制的零成本假设提出挑战，揭示了市场交易费用存在的客观性。进而认为在正交易费用世界里，企业是作为市场的替代物而产生的，因为企业以内部的科层结构的协调（"看得见的手"）替代市场价格机制（"看不见的手"）的协调，可以节约市场交易费用。但企业科层结构的运行本身也需耗费"组织成本"，由此决定了企业对市场的替代边界是"边际组织成本"等于"边际交易成本"，由此决定了企业规模的边际界限。这也意味着经济发展过程中，随着技术的进步、社会经济环境的变化，企业的组织成本与市场的交易费用也在不断地变化着，这将不断打破已经形成的企业与市场边界的均衡。当市场交易费用降低时，企业必须进行组织结构的创新或者收缩企业规模。金融控股公司的形成与发展，正是金融机构与金融市场长期博弈的结果。目前互联网技术的高速发展，对金融控股公司的未来发展提出了新的挑战。

（二）制度变迁理论

诺斯认为制度变迁理论有五个主要观点。一是在稀缺经济和竞争环境下，制度和组织的连续的相互作用是制度变迁的关键之点。二是竞争迫使组织持续不断地在发展技术和知识方面进行投资以求生存，这些技能、知识以及组织获取这些技能和知识的方法将渐进地改变我们的制度。三是制度框架提供激励决定人们取得什么种类的技能和知识以取得最大限度的报酬。四是人们的想法来源于人们的思想角色。五是集体学习，即从历史中存活下来的，表现在社会文化中的知识技能和行为规范使制度变迁是渐进的并且是路径依赖的。[①]

制度变迁是由制度和组织的相互作用引起的。个人和组织的决策选择的结果表现为持续进行的经济生活，他们的决策选择或者是在现有的产权体系和政治规则下做的，或者是在改变现有的产权体系和政治规则下做的。在这个过程中，制度在被逐渐地改变，并且这种改变受到历史因素的影响，具有路径依赖的特征。组织的决策选择能否有效地改变现有制度，是由组织自身包括组织的学习能力、感知、心智与文化，以及现有制度框架和制度矩阵，包括制度提供的机会和制度激励这两方面等共同决定。制度改变的原动力来自组织的学习过程，组织出于生存压力，必须学习相关知识和技能。但这些知识和技能是由制度提供的机会和激励决定的。

三、基于协同效应的金融控股公司理论

20世纪60年代美国战略管理学家伊戈尔·安索夫 (H. Igor Ansoff)

---

① 诺斯：《制度变迁理论纲要》，诺斯在1995年北京大学中国经济研究中心成立仪式上的演讲。

将协同理论引入企业管理领域，协同理论成为企业采取多元化战略的理论基础和重要依据。安索夫[①]（1965）首次向公司经理们提出了协同战略的理念，他认为协同就是企业通过识别自身能力与机遇的匹配关系来成功拓展新的事业，协同战略可以像纽带一样把公司多元化的业务联结起来，即企业通过寻求合理的销售、运营、投资与管理战略安排，可以有效配置生产要素、业务单元与环境条件，实现一种类似报酬递增的协同效应，从而使公司得以更充分地利用现有优势，并开拓新的发展空间。安索夫在《公司战略》一书中，把协同作为企业战略的四要素之一，分析了基于协同理念的战略如何可以像纽带一样把企业多元化的业务有机联系起来，从而使企业可以更有效地利用现有的资源和优势开拓新的发展空间。多元化战略的协同效应主要表现为：通过人力、设备、资金、知识、技能、关系、品牌等资源的共享来降低成本、分散市场风险以及实现规模效益。协同是经营者有效利用资源的一种方式。这种使公司整体效益大于各个独立组成部分总和的效应，经常被表述为"1+1>2"或"2+2=5"。安德鲁·坎贝尔等[②]（2000）在《战略协同》一书中说："通俗地讲，协同就是'搭便车'。当从公司一个部分中积累的资源可以被同时且无成本地应用于公司的其他部分的时候，协同效应就发生了。"

事实上，协同效应可以分为互补效应和狭义的协同效应。互补效应主要指对资源特别是有形资源的充分利用，即用一种资源服务于两个或两个以上的市场，包括三种可能：资源的全部效能未能在一个市场中得到充分利用，资源在不同时间的使用强度不同，单一市场对资源的需求有波动。狭义的协同效应主要是对无形资源的充分利用，这种协同效应

---

① Ansoff Igor, Synergies and Capabilities Profile, in Corporate Strategy, John Wiley.
② Campbell etc, Strategies Synergy, 2nd Edition, ITP, 2000.

比互补效应的层次更高也更难获得。Itami[①](1987) 指出，（狭义的）协同效应主要是通过对隐形资产的使用来实现的。隐形资产是一种无形资源，可能是商标、顾客认知度或技术专长，也可能是一种可以激发员工强烈认同感的企业文化。隐形资产本质上是一种信息，正是隐形资产这种其他资源所不具备的特性为搭便车提供了可能，而且也只有以信息为基础的资产才可以被同时用于多种用途。信息之所以可以使协同成为可能，主要在于其三方面的特性：使用的同时性，多重使用时的无磨损性以及合成性，即把若干信息合成起来可以产生更多信息的便利。

第三节　金融监管理论

一、市场失灵、公共利益监管及监管失灵

　　一般认为金融监管的出现是为了解决金融市场失灵。市场中存在的自然垄断、外部性、公共产品以及市场竞争的不完全性，都可能导致市场偏离帕累托均衡，即市场失灵。理论上讲，市场失灵需要某种形式的纠正，但市场失灵并不必然导向公共监管，市场失灵只是实施监管的充分条件，必要条件则是监管能够充分代表公共利益（即没有被利益集团控制[②]）。基于公共利益目标的传统金融监管理论有两个重要前提假设，即市场失灵和公共监管者是道德且有能力的。

　　另一种监管的理论是监管的私人利益模式，它认为政府有能力和动

---

① Itami.Mobilizing Invisible Assets[M].Harvard University Press，1987.

② 比如，在监管机构帮助下，银行家在交易中得到大量额外租金和利益；作为回报，银行家会给政府支出适当融资或者讨好政府官员。巴茨等.反思银行监管[M].北京：中国金融出版社，2008.

力克服市场失灵的假设可能并不成立。斯蒂格勒在将供给和需求分析用于剖析监管产生原因及程度的决定上，创立了管制经济学。斯蒂格勒将管制视为经济系统的内生变量，从而指出是管制供给和管制需求的共同作用决定了管制的程度，并且提出了管制经济学分析的两个基本前提：一是政府拥有强制力这一根本资源，利益集团有能力影响政府行为；二是各管制机构（主要是管制机构中的官员）的行为都遵循理性经济人假设。其主要结论为：一是管制的设计会偏向于管制偏好强烈并且力量更为雄厚的利益集团（很多情况下是生产者）。二是由于有其他利益集团的制衡，对管制影响较大的利益集团并不能随意决定产业的监管程度从而用管制追求最大化的利益。三是管制更可能在处于完全竞争与垄断之间的市场结构（或产业）中出现。毕竟管制在这样的环境中才最有价值。四是市场失灵能增加管制出现的可能性。

基于以上分析，斯蒂格勒等人提出了"俘获理论"，认为监管和管制就是为有组织的利益集团服务的。政府严格的准入限制、烦琐的审批程序以及各种各样的收费规定赋予了政治家和行政官员权力，他们可以运用这些权力设租、寻租，监管同样也会失灵。[1]另外，金融监管作为一种政府行为，实际效果受到能力的限制，也会遭遇市场机制中存在的信息不完备和信息不对称现象（即政府失灵）。解决问题的方法就是放松对金融机构的过度严格管制。

对监管在解决市场失灵中的作用的讨论，形成了政府到底是援助之手还是攫取之手（Grabbing Hand，Shleifer 和 Vishny，1998）[2]的争论。

---

① 麦金农和肖等人提出的金融深化论也指出，政府严格、广泛的金融监管束缚了金融机构的活力，使金融机构和金融体系的效率下降，压制了金融业的发展，从而最终背离了金融监管的效果与目的。
② Shleifer&Vishny.1998.the Grabbing Hand:Government Pathologies and Their Cures.Harvard University Press.

因为监管成本的存在，监管也会失灵。如何在市场失灵和金融监管失灵之间寻找一个合适的均衡，是金融监管实践和理论需要不断完善的问题。

二、金融约束理论和金融中介理论

20世纪90年代以来，一系列的金融危机特别是亚洲金融危机后，金融自由化理论不断受到批评。[①]与此同时，信息经济学分析框架下的金融监管理论不断取得新进展。其中具有代表性的观点是：由于金融体系中的信息不对称，即使主观上愿意稳健经营的金融机构，也可能随时因信息问题而陷入困境。[②]信息不对称事前表现为"逆向选择"，即高品质的从市场退出而差的却充溢市场，在金融市场上则表现为信贷配给和不完全竞争；事后表现为"道德风险"问题，如果短期内从银行攫取的好处比银行作为一个持续运转的实体更有价值时，还有一定净值的银行就可能被瓜分。

搜集和处理信息的高昂成本往往使一般的储户和金融消费者难以承担，政府则有责任在监管方面采取各种措施改善市场信息问题。受东亚发展经验启发，赫尔曼、穆多克和斯蒂格利茨提出了金融约束理论。他们认为，金融约束是政府通过一系列金融政策在民间金融部门和生产部门创造租金机会。政府使存款利率低于竞争性的均衡水平，为维持和控制租金在民间部门的分配，它还必须对市场准入甚至直接竞争加以管制；对存款利率的控制可能还辅以对不同部门贷款利率的一系列控制，以此来设计解决金融业内广泛存在的道德风险和逆向选择问题。监管中

[①]对此连麦金农本人也承认，一些新兴市场经济国家在条件尚未成熟之时，急于过度开放金融市场导致了严重的后果。

[②]参见 Akerlof(1970) 提出的二手车市场理论以及 Stiglitz 和 Weiss(1981) 提出的信贷市场配给理论。

的租金设定为银行创造了"特许权价值"（即银行牌照的价值）促使它们经营得更加稳健，有更强的动力监督贷款企业，管理贷款风险；租金也使银行有动力增加其存款基数。另外，政府还可以将租金指定用于专门金融业务，以弥补市场的不足。总之，在金融约束的情况下，租金为银行的持续运营创造了一个稳定的经营环境，以稀缺的银行牌照换取银行的长期稳健经营承诺，使它们积极有效地监督企业，确保贷款得到最有效率的使用，从而让银行的价值来自未来长期的持续经营。

尽管"金融约束"理论肯定了政府监管在解决信息问题方面的能力和作用，但该理论对政府的理性和能力要求过高。在一个缺乏民主法制、利益集团和政治势力过于强大的国家，"金融约束"理论被滥用、成为政府设租寻租工具的风险比较大。

三、基于功能观的金融中介理论[①]

金融机构的"功能观点"认为，金融机构、金融业综合经营与金融控股公司市场和金融产品都是实现金融基本功能的载体，因而在金融机构与金融机构之间、金融机构与金融市场之间、金融市场的各个子市场之间、各种金融产品之间就存在着替代性和竞争性，而决定此消彼长的因素就是它们之间的比较成本。最优的配置状态就是由成本最低的主体提供金融功能，这个过程就是金融功能的竞争性配置，它将导致金融体系结构的变化。金融体系的功能性观点的分析框架包括两层基本含义：一是揭示金融体系

---

① 默顿等人认为，金融体系最基本的功能是在不确定的环境下，跨时空配置经济资源。而这一最基本的功能又可进一步细分为六大核心功能，它们分别是为促进商品、劳务和资产的交换提供支付方式，为大企业筹集资金提供资源集聚机制，为经济资源的跨时空、跨行业转移提供便利，提供应付不确定性和控制风险的方法，为协调各经济部门的分散化决策提供价格信息，如利率和证券价格，为解决信息不对称和激励问题提供方法。

所能发挥的基本功能，二是以基本功能为"概念支架"分析随着外部环境的变化，为实现和发挥这些基本功能，金融体系的基本制度安排，也即金融机构及其构成的市场、金融监管的基本形式会发生什么样的变化。

功能观的监管理论。其核心内容可以表述为：金融功能比金融机构更稳定，金融功能优于组织结构；机构的形式随功能而变化，即机构之间的创新和竞争最终会导致金融系统执行各项功能的效率提高。在对金融中介功能观深刻认识的基础上，基于功能观点的金融体系比基于机构观点的金融体系更便于政府的监管。这是因为：功能观点着重于预测在未来实现中介功能的机构的组织结构。有了这些预测，政府就能够针对机构的变化设计政策和监管方案，这样的监管方案更具灵活性，更能适应不同国家及金融日益国际化的需要。层出不穷的金融创新和新技术降低了交易成本，但也模糊了不同金融机构所提供的产品和服务之间的界限，尽管金融产品种类繁多，但从功能的角度看却是同质的，并且在长时间内是相对稳定的，因此，从功能的角度进行监管的法规制定与执行更稳定，也更有效。从功能的角度进行监管，还减少了机构进行"监管套利"的可能性。从功能的角度进行监管，有利于促进金融机构组织必要的变革，而且不必同时修改与之相关的监管政策或调整有关的监管机构；而从机构观点出发，监管机构的这种变动则是不可避免的。

实践中功能观为美国金融混业经营提供了最为有力的理论依据。1999 年美国国会通过《金融服务现代化法》以取代《格拉斯—斯蒂格尔法》，是功能观点的一大成就。

四、机制经济学的监管理论

拉丰和梯若在《政府采购与监管中的激励理论》一书中引入博弈论

和信息经济学来分析监管问题，以此衡量激励与抽租的取舍。①该书在给定监管者和被监管者的信息结构、约束条件和操作手段的前提下，运用相对比较成熟的完备合约方法，分析双方的行为和最优权衡，并对监管中的许多问题都尽可能地从本源上加以分析。他们的分析揭示了监管的演进过程——从高度监管到轻度监管的过程。在这个过程的不同阶段，政府和监管者会面临不同的信息结构、约束条件和操作手段。他们认为，由于存在信息不对称、缺少承诺以及不完美的监管者，因此监管不是次优的。信息不对称造成的道德风险和逆向选择限制了监管者对被监管者的监控能力，由于合约或者法律方面的原因，监管者不能对激励方案进行承诺也降低了监管的效率，监管者可能是不称职的，也会被利益集团收买。其核心观点是在信息不对称的情况下，效率和信息租金是矛盾的两个方面，如果想获得更高的效率，就必须支付给企业相应的信息租金；而通过管制剥夺企业信息租金虽然可以避免企业通过垄断定价得到垄断利润，但是必须以效率为代价。因此，监管者只有尽可能地利用被监管者的私有信息来进行监管才能达到好的监管效果。

拉丰和梯若（1993）构造了"最优相机监管模型"，该模型在存款人信息不对称且偏好搭便车的前提下，引入存款人集体行动失灵问题，并将讨论集中在金融何时需要外部的干预和监管，以及外部人监管的激励方案。按照不完全合约的理论，股东对企业业绩是凸的收益结构，在公司经营良好时，他们拥有控制权，而债权人对企业则是凹的收益结构，企业经营不善时，他们行使控制权。拥有凹收益结构的人较拥有凸收益结构的人更倾向于外部干预和更严厉的监管。因此，债权人比股东更希望加强监管。对银行而言，银行清偿比例越低，股东就越偏好风险，而

---

①转引自凌涛.金融控股公司监管模式国际比较研究 [M].上海：三联书店.2008.

存款人越规避风险。由此，他们将监管的激励方案与索取权联系起来，这样，实施最优监管政策的方式是：让监管者拥有与没有保险的存款人一样的激励。他们的模型揭示了当监管者既负责事后的干预又负责事前的监督时，是如何被动干预以掩饰其失败的监管，以防止损害其监管权威。

第四节　金融控股公司的风险和效率

一、规模经济和范围经济

从理论上分析，金融控股公司的规模经济可能来源于金融资产的同质性和金融基础设施的共享。金融资产同质性意味着银行业或证券业之间的要素边际替代性强。其产品成本的无差异曲线更接近一条直线。这表明不同金融部门可选择任意的产品组合而不需要付出额外的成本。这也从一个侧面说明了金融业创新的便利性。从另一方面看，不同金融部门之间要素替代性强，则表明金融部门规模扩张时的平均成本曲线是一个很平的 U 形，其最低点——厂商的长期生产成本所代表的产出，要比普通行业的平均成本产出大得多。因此，金融业在规模扩张时的低成本收益，不仅能够在本部门实现，而且能够延伸到其他部门而不需要付出额外成本。体现在金融控股公司的实际运作上，通过将与同一客户有关的固定成本（人力和物力）分摊到更广泛的产品上，利用自身的分支机构和现有渠道以较低的边际成本销售附加产品，以及通过调整公司内部财务结构，更加灵活适应金融市场和客户的变化。另外，因为金融基础设施投资巨大（特别是金融企业的科技投入越来越高），通过更多的业务量可以分摊金融基础设施的投入，也是金融控股公司的规模经济来源之一。

范围经济可以从生产和消费两方面展开分析。一是生产方面的范围经济。如果多种产品的联合生产成本低于单独生产每一种产品的成本总和，就存在生产方面的范围经济。金融控股公司模式能够促进金融机构推动资源整合和共享，降低运营成本，从而有助于实现生产方面的范围经济。Saunders 和 Walter（1994）从风险暴露角度入手进行研究，研究发现金融控股公司模式有助于降低金融企业的经营成本，取得正的生产方面的范围经济。通过多种风险模拟，研究表明由于银行、保险和证券业务现金流通常不相关，不同业务组合能够降低经营风险、降低运营成本，从而产生更加稳定的利润来源。2008 年金融危机之后，美国华尔街五大传统投资银行，除雷曼兄弟破产倒闭以外，其他四大投行，有的被商业银行收购，有的转型为银行控股公司。例如，高盛和摩根斯坦利转型为金融控股公司，在从事传统证券业务的同时，可以设立商业银行分支机构吸收存款，并且能够获得美联储的直接融资的权利。这样可以避免资金来源主要依赖金融市场的投资银行在金融市场遭遇流动性危机时的困境，因为来自个人或机构的存款比金融市场的资金要相对稳定。相对而言，花旗集团虽然在危机中遭受重创（亏损 277 亿美金），但是许多盈利的业务有助于该公司迅速恢复。即使在 2008 年，亏损也主要发生在消费银行和机构客户板块，特别是其中的证券业务（即次贷业务所在部门），但交易服务业务仍然盈利。

二是消费方面的范围经济。通过以"金融产品超市"的形式提供消费者需要的金融产品，可以节约客户的搜寻成本和交易成本，所以金融控股公司可以实现消费方面的范围经济。例如，Berger 等 (1993) 指出全能银行能够获得更多利润的原因很可能是收入的增加而不是成本的减少。这就从侧面说明了消费方面的范围经济给金融控股公司带来的好处要大于生产方面的范围经济。

二、风险隔离机制、管控成本及道德风险

（一）关联交易带来的风险隔离机制的失效

Skipper[1]和夏斌[2]等分别列举了金融控股公司模式下金融服务的一体化可能产生的利益冲突。当金融控股公司中的一家金融机构可以销售附属公司的产品时，其销售人员和经理人具有一种内在动力来推销这些产品，并有可能向客户提供不客观的产品建议，从而损害客户的利益。金融控股公司内从事投资业务的机构在承销证券时，为了尽力消除潜在的损失，有可能向那些他们拥有决定权的托管账户强行卖出难以销售的证券。金融控股公司可以通过其从事商业贷款或商业保险的子公司掌握有关客户破产风险增加的信息。金融控股公司可以利用这一信息诱使该客户向公众发行债券或股票。金融控股公司内的证券机构可以承销这些债券和股票，发行收入可用于归还控股公司内银行的贷款。通过这样的交易，不仅银行子公司可以将信用风险转移到集团外部，证券子公司还可以赚取手续费和承销差价。

金融控股公司内的银行，为了使其证券或保险子公司的客户能够购买该公司销售的产品（如证券或保单），而向他们发放低于市场标准的贷款。搭售行为也会产生利益冲突。搭配销售所采取的形式一般是，金融控股公司内的银行在为客户提供贷款或信贷额度时以客户购买集团的其他产品为条件，或以威胁收回贷款或信贷限额的手段强迫客户购买集团的其他产品。

---

[1] Harold Skipper：《世界范围内的金融服务一体化：承诺与缺陷》，世界银行"金融服务一体化研讨会"论文，2002 年 9 月 12 日。

[2] 夏斌等 . 金融控股公司研究 [M]. 北京：中国金融出版社，2001.

金融控股公司内的各子公司通过将客户的重要信息在内部传递，可以向客户收取比其他客户更高或更低的价格。例如，控股公司内的保险机构在承销寿险保单时可能会发现被保险人存在严重的健康问题，这个信息如果被控股公司内的银行掌握就会影响银行对该客户按揭贷款的决策。金融控股公司内的企业可能会把某一公司的内幕消息提供给集团内的投资银行子公司，使其利用所获得的信息买进或卖出该公司股票，赚取非竞争利润。

（二）管控成本上升

随着集团组织结构的复杂化，内部交易可能会变得规模庞大，不仅监管当局难以了解其风险，就连集团总部也可能难以掌握其总体效果。以花旗银行为例，在次贷危机之前的几年时间内，它的固定收益部门已经看到了次级贷款的风险，开始减少这方面的贷款，而它的 CDO（担保债务凭证）部门还在增加这方面的风险敞口，次贷危机以后金融调查委员会指出，花旗银行已经出现"大而不能管"的问题，因为信息在花旗银行已经不能自由地流动了。

（三）道德风险（大而不能倒）

当金融控股公司的子公司出现经营困境时，母公司未必会如监管层所愿向子公司注入资本，以使子公司摆脱困境。有实证研究指出，银行控股公司的子公司只有在总资产高于出现困境的子公司 50 倍以上时，才愿意向濒临破产的子公司注入资本金，以缓解其经营危机。一旦母公司总资产小于上述规模，则更倾向于让子公司申请破产，并把损失转嫁给消费者。①

---

① Alton Gilbert .Do Bank Holding Companies Act as "Source of Strength" for Their Bank Subsidiaries? [R]. Federal Reserve Bank of St Louis，1991.

（四）资本金重复计算及杠杆率过高

母公司对子公司的这种投资持股和子公司与子公司之间的投资持股，构成了被投资公司的资本。从会计核算角度看，资产类科目"投资"转变成了所有者权益类科目"资本"，使得金融控股公司资本产生虚增，资本重复计算，但实际上整个集团内部并没有增加额外的资本。由于各个金融实体的资本需要满足对应的监管部门的监管要求，资本重复计算的后果是高估了集团总实际资本，导致集团的净偿付能力实际上低于单个机构偿付能力之和。

随着金融创新的不断深化，很多金融机构都采取高杠杆模式。[①]而与实体企业不同，金融机构的杠杆比例具有顺周期性，在经济高涨时资产价值高，杠杆率低，放大倍数大；经济低迷时，资产价值低，杠杆率高，放大倍数小。因此，在杠杆率调整和资产价格变化的相互作用下，金融周期的波动容易被放大。由于金融机构采取逐日盯市（Mark to Market）的会计方法，资产价格上升时，资产负债率下降，金融机构为提高本期业绩，不愿意持有过多的权益资本，会努力把杠杆率恢复到原位，因此需要购入资产以及提高杠杆率，对资产需求的增加会促使金融产品价格进一步上涨。相反，当资产价格下跌时，杠杆率上升，金融机构不得不进行去杠杆化操作，通过出售风险资产来偿还债务，直到资本储备足以支撑资产负债表。[②]这一内在不稳定机制在次贷危机中得到了全面的体现。雷曼突然破产后，带来恐慌以及流动性的急剧收缩，大量金融机构被迫抛售其资产以避免流

[①]次贷危机爆发前，美国商业银行的杠杆率一般为 10 倍到 20 倍，投资银行的杠杆率一般为 30 倍，部分投资银行债务比例甚至高达 90%。

[②]中国上市公司的股权质押贷款也有这类顺周期的问题，如果由于某种原因导致股价下跌，则融资机构会要求上市公司追加抵押品或者提前还款。一旦许多上市公司碰到这类问题，就会导致大量上市公司股价下跌，则需要进一步追加抵押品或者提前还款。这样会形成共振，股价下降引发进一步的下降，导致严重的问题。

动性危机，但是短时间内的大量资产集中抛售会导致市场估值中枢下移，金融资产价格迅速下跌，原本缺乏流动性的金融产品彻底失去流动性，又会引发新一轮的去杠杆化操作，这样就会演变成恶性循环。可见高杠杆率是"双刃剑"，在经济上行期帮助金融机构获得较高收益，在经济下行期会导致收益大幅下降，从而使金融控股公司面临较大的潜在风险。

另外，由于外部融资来源比例过高，金融控股公司的股东极可能变成风险偏好者，倾向于从事高风险业务，因为即使金融控股公司因风险过大而倒闭，股东的损失也仅限于自身有限的资本金，而如果高风险业务带来高回报，则会给股东带来丰厚的利润分红；金融控股公司一旦因发生挤兑而倒闭，将在更大程度上使各方利益受到损失，所以具有风险偏好的股东不仅不会积极从事风险管理，而且会设法给经营者提供风险补偿激励，以追求高额利润。

第五节　金融控股公司协同效应的理论分析

金融控股公司的特质在于业务的多样性，金融控股公司协同效应最终体现在业务协同效应方面。本节将分别对商业银行与投资银行、商业银行与保险业务的协同效应进行分析。

一、商业银行与投资银行业务的协同效应

（一）商业银行与投资银行业务协同模式

金融控股公司业务协同效应首推商业银行（主要是信贷业务）和投资银行业务的协同效应。在发达市场中，信贷和投行业务协同发展由最

初商业银行大力发展投行业务并与独立投行竞争的商业模式，发展成为金融控股公司加强一体化管理和实现整体协同的一部分。自 20 世纪 90 年代以来，国际大型银行纷纷打破公司银行部门和投行部门的传统藩篱，运用信贷资源，支持投行业务发展，将公司银行和投行业务整合在同一部门，成立公司和投银部，为公司客户提供一体化批发金融服务。整体上独立投行的专业技能和交易深度占优，商业银行的竞争优势在于融资优势和客户关系管理，为了与独立投行竞争，在拓展投行业务中必须延伸银行传统优势产品和服务，实现交叉销售与协调发展。金融控股公司的投资银行部门和业务内容见表 2-5-1。

表 2-5-1　　　　金融控股公司的投资银行部门和业务内容

公司	事业部名称	业务内容
摩根大通	投资银行	咨询与债务和权益承销等投行业务；固定收益和权益等做市商与交易；公司贷款；本金投资
美国银行	全球公司和投资银行	投行业务；交易；股权投资等
汇丰控股	公司、投资银行和市场	全球市场；全球银行业务；集团投资事业；全球交易银行
巴克莱银行	巴克莱资本	比率（Rates）；信贷；私人股权
苏格兰皇家银行	公司和金融市场	英国公司银行；全球银行和市场
德意志银行	公司和投资银行	公司银行和证券；全球交易银行

资料来源：作者整理。

花旗集团是商业银行与投资银行跨业务协同的先行者和领导者。花旗集团从 1998 年成立伊始就强调发展投资银行业务，其率先放弃了将投资银行作为一种相对独立事业单位的经营模式，实现公司银行和投资银行的业务融合，凭借资金和关系管理优势同时向客户提供信贷业务、特殊融资计划与承销和顾问等投资银行服务。大多数国家和地区的监管机关要求设立专门子公司从事证券承销和交易等业务，因此整合公司和投行业务必然是跨法人机构的。在花旗集团的公司和投行部中（在

2007年底与非传统投资部门合并，更名为机构客户集团），就有专门从事全套投资银行和证券经纪业务的全球市场公司（其前身是所罗门史密斯邦尼控股公司）。随着这些银行在综合经营浪潮中转型为金融控股公司，该模式也成为着力发展投行和证券业务的金融控股公司的最佳实践做法。这种创新型模式的竞争力强大，通过提供广泛的公司金融服务和庞大的公司客户数据库，特别是强大的融资服务，帮助金融控股公司获得大量的证券承销和咨询等投行业务。

汇丰控股将传统银行对公业务与投行业务整合在一起，成立了公司、投行和市场部（CIBM），试图以传统优势的批发金融业务带动新兴投行业务的快速发展，强调塑造一种市场导向和融资为重点的模式。2006年前，CIBM有三条业务线，即全球银行、全球市场与集团投资事业。全球银行运作包括全球投资银行、公司和机构银行、全球交易银行和私人权益四大块业务；全球市场运作包括针对国际组织、中央银行、大型企业、机构和私人投资者、金融机构和其他市场参与者的服务；集团投资事业包括针对机构投资者、中介和个人投资者及其顾问的资产管理服务。2006年上半年，汇丰控股将全球交易银行从全球银行中独立出来，CIBM重组为全球市场、全球银行业务、全球交易银行和集团投资事业四大业务线。

表 2-5-2　　　　　　　汇丰控股主要部门的产品和服务

		细分部门、产品和服务
全球市场		外汇交易；外汇、利率、债券、信贷、权益和其他专业化衍生工具；政府和非政府固定收益和货币市场工具；贵金属和外汇交易期货；股权服务：针对机构、公司和私人客户的研究、销售和交易，以及全球投资咨询和基金管理服务的资产管理服务；资本市场工具的分销，包括债券、权益和结构化产品，充分利用与集团全球网络的联系
全球银行业务	全球投资银行	资本筹集，公开上市和私募，包括债务和权益资本、结构化金融与银团贷款；针对并购、资产处置、股票交易上市、私有化和资本重组的公司金融和咨询服务；项目和出口融资服务——向出口商、进口商和金融机构提供无追索权的融资，且与所有大型出口信贷中介紧密合作

	细分部门、产品和服务	
全球银行业务	公司和机构银行	直接放贷，包括针对复杂投资工具的结构化融资；大额交易的租赁融资；接受存款
	私人股权	包括汇丰的自营私人股权基金管理业务、与第三方私人股权管理公司的战略关系，加上直接挂牌和私人股权投资及基金委托
全球交易银行		包括国际、地区和"国内"支付与现金管理服务、贸易服务（特别是专业化的"供应链"产品）；证券服务，其中汇丰是全球最先进的托管人之一，提供托管和清算服务与针对国内和跨国投资者的基金行政管理。福费廷和银行票据服务也由专业单元提供
集团投资事业		针对机构投资者、中介和个人投资者及其顾问的资产管理服务

资料来源：作者根据汇丰控股相关资料整理。

总体来看，国际领先金融控股公司大多将传统公司银行部门与投行部门整合在一个大批发金融事业部门中，即成立公司和投资银行部，建立了上层组织结构、基层组织安排和技术，从制度上保证了协同发展目标的实现。公司和投资银行部门包括多样化的金融服务，都强调塑造一种市场导向和融资为重点的模式，凸显跨银行业务、交易和投资银行特权价值的实力。

（二）投资银行和信贷业务协同效应的表现

国际先进银行在开展投资银行业务时都强调运用跨银行业务、交易和投资特权价值的专业技能，协同展业。现代金融体制为企业融资提供了多种可供选择的融资渠道，但是由于企业融资计划的选择都是在一定的市场环境和背景下进行的，金融机构必须有能力为客户订制融资解决方案，出于竞争性因素，必须是低成本、高效率和便利性等。所以商业银行必须借助投资银行的技能，利用各种融资渠道，能够设计复杂的融资计划。投资银行业务将增加商业银行长期融资工具，如债券和权益类融资，也有助于创新企业短期、中期融资工具，如商业票据和银团贷款。因此，投资银行和信贷业务协同主要体现在资源共享推动业务增长与技能转移促进产品创新两个层面。

投行业务促进信贷业务创新，发展综合投行技能和信贷资金安排特点的现代融资业务；信贷业务交叉销售支持投行业务发展，准确地讲是通过现代融资业务而不是传统信贷业务来支持投行业务发展。现代融资业务是一个不断发展的概念，简单地以权益融资和债务融资划分，已经不能反映当前国际金融市场飞速发展的现实，也不利于商业银行信贷业务创新和投行业务发展，会直接影响商业银行的战略转型。

投行业务对信贷业务的作用本质上就是运用投行业务的理念和方法促进信贷业务创新发展。实现投行业务与信贷业务协同发展，着力点在于发挥商业银行的融资优势。由于投行人才的缺乏，商业银行普遍缺乏对创新产品、复杂产品的研发能力，更存在对现有产品，特别是产品组合应用不够的现象。商业银行信贷业务和投行业务需要通过优势互补、强强联手，把投行的产品设计优势与商业银行的融资优势结合起来，建立培养创新精神和企业家精神的全新模式，依赖投资银行作为创新和新业务形成的孵化器。同时，集中力量促进新型融资业务的出现和繁荣——非传统融资方法和手段，为经济社会发展提供更好的融资支持。

二、商业银行与保险业务的协同效应

在金融控股公司中，商业银行与保险业务的协同属于银行保险（Bancassurance）范畴。这是一种非常广泛且比较成功的跨业务协同模式，基于这种战略而成功创造协同效应的银行保险集团非常多，如荷兰国际集团（ING）、欧洲富通集团（Fortis）、法国 CNP、德国安联、英国 Legal & General、苏黎世金融服务集团、汇丰集团、英国 HBOS 和劳埃德 TSB 等。国际经验表明，银行保险成功的实质在于通过改变或改善现有业务流程，最终为客户创造价值。撇开具体不同的类型，总体来看，银行保险共同的成功经验包括以下几个方面。

（一）银行与保险业务的价值链整合

银行保险业务成功的关键是动态地实现银行和保险业务价值链的全面协同。传统银行业务价值链结构非常简单，一般分为基本活动和支持活动，其中前者包括资金取得、营销／销售、服务供给和资金运用三部分；后者包括基础设施、人力资源、技术和运营三部分。基础设施、人力资源、技术和运营等支持活动可表示为银行的"生产"运营，有效管理无疑可以为其提供重要的成本节约。保险公司大多采用综合业务模式，即产品开发、承保／定价、理赔／预留准备金、营销／销售、保单管理、资产管理和资本管理全部在同一家公司中操作。

为了实现银行和保险业务的协同，应该在合规要求下，基于专业化分工原则对两者的流程和价值链进行整合。从两种业务价值链维度的相似性和互补性来看，基础设施维护和后台管理所产生的协同非常有限，未充分利用的空间只能是产品设计和生产以及销售和分销环节。具体为：首先，充分利用银行的人员、系统和设施，打造银保业务及其他金融服务的一体化分销平台。保险公司可不必聘用销售人员，充分利用银行的人员和渠道，其主要任务就是快捷、有效地为银行提供产品和服务。其次，保险产品、承保、理赔、基金选择和营销支持等中台职能由保险子公司履行。最后，资产管理职能外包给银行系资产管理公司（或基金管理公司）。资产管理是保险业务价值链上的核心活动，也是国际先进银行发展保险业务的一个主要关注点，以及是国际领先银保金融控股公司的"三支柱"事业之一，银行系资产管理公司有能力管理运用好保险基金。至于资本管理、保单管理等职能可采用外购/外包形式由母银行或外部第三方负责，当然保险子公司需共同参与。

（二）针对客户需求的独特价值链构造

实现银保协同效应的成功条件之一是开发强有力的客户关系管理模式，这就需要对客户需求有详尽了解，能够对客户群进行细分且改善整体客户体验，特别是基于特定客户需求确定相应的策略和产品供给。许多先进银保集团正在重新确定其销售模式，继续开发富有竞争力的销售流程和服务供给，以获取竞争优势和响应客户的要求。银行产品和服务通常要与客户市场细分相匹配，低收入到高收入阶层所需要的产品和服务依次为：消费者金融、信用卡、个人贷款、住房抵押贷款、财富管理、私人银行业务。世界上先进的集团已经将银行保险战略内化到零售银行和私人银行/财富管理销售模式中，在机制上保证了银行经营保险业务的充分整合性。由此可将银行保险分为零售银行保险和私人银行保险两种形式。前者指向零售客户提供简单的产品，这些简单产品很好地适应了通才型银行销售队伍的营销；后者指向高端财富管理/私人银行客户提供复杂性的保险产品。例如，HBOS是英国第一大银行保险人，基于零售银行的成功实践，HBOS构建了银行保险的大众市场模式，即围绕品牌和客户数据库，构建一种客户关系管理模式：简单的产品和透明定价；精简和定制化销售流程；降低培训等成本；较高的销售业务量；忙碌和成功的咨询者；降低招募和培训成本；更训练有素的销售力量；较高的生产率。另外，HBOS以专家运作补充大众市场模式，主要通过集团下的苏格兰银行的投资服务和私人银行部门提供养老金计划等更高利润边际的产品。

汇丰控股也将银行保险业务嵌入零售银行、财富管理和私人银行业务模式中，按照客户账户资产规模的不同而采取不同的销售和服务模式，相应的销售模式配备有专门的销售队伍。以香港市场为例，账户资产在 50 万港元以下的客户直接在分行的柜面咨询购买简单产品。账户资产在 50 万～150 万港元之间的中等客户，由客户关系主管以理财专柜形式提供保险产品。财务规划经理（FPM）负责向柜面人员和客户关系主管提供保险推荐建议。账户资产在 150 万港元以上的客户则由分行"卓越理财中心"的客户关系经理（CRM）及 FPM，一对一组成多功能团队提供专门服务。CRM 和 FPM 均属于银行人员而非保险公司的人员，CRM 属于内勤人员编制，领取固定薪水，负责建立和维护客户关系，不承担保险销售的任务指标；FPM 则是真正的保险专员销售队伍，其收入由底薪和销售提成两部分构成，担负一定的销售任务。另外，不同的销售模式销售不同的产品，经银行柜面人员向客户销售简单的产品；由综合理财的销售人员推销比较复杂的产品。

（三）改善交叉销售技能

交叉销售是范围经济和市场力量协同来源的综合表现，也是银行经营保险业务的一个主要目标和公司价值最可靠的来源，可对收入和利润增加起到乘数效应。银行销售保险产品相对于其他渠道的主要优势是客户关系。例如，一般贷款人的抵押申请等能够激发有效的"引导"，使商业银行能够交叉销售保险产品。但是，多数机构受到交叉销售具体问题的困扰，还没有取得理想的效果。除了客户关系管理系统和数据仓库建设缓慢之外，交叉销售技术和理念缺乏是一个重要原因。因此，银保金融控股公司需要加强交叉销售技能的开发，比如，结构化解决方案、多渠道之间的相互介绍、群体零售理念和职场销售（Workshop），还要做好产品定位、激励计划完善和相关培训工作。

（四）完善绩效度量和激励机制

科学透明的考核方法和针对交叉销售目标的激励是发展银行保险业务的有效推动因素。许多银保集团的绩效度量和激励没有与计划结果相匹配，直接影响了银行保险整体价值的发挥。安联保险和德累斯顿银行在同一金融控股公司框架下，内部计价和业务核算的条线非常清晰。对银行销售保险业务，安联保险支付德累斯顿分支银行 0.5%（简单产品）的佣金，用于激励销售人员的激励费用，由安联保险总部支付给德累斯顿银行总部，再由总部分至各分支机构的销售人员。对保险公司代销银行业务，则分为两部分支付佣金和激励费用：利润较低的标准化产品，如信用卡，德累斯顿银行会从收取的 25 欧元年费中，支付 5 欧元给安联保险，其中 3 欧元专用于个人奖励；利润较高的个性化产品，如开设投资型账户等，银行首年支付 40%、续期支付 10% 的产品收益给安联保险，安联保险再以 3：7 的比例用于公司留存和个人奖励。

（五）采取开放式体系结构

在自营模式下银行在排他性基础上分销由附属保险公司提供的保险产品（这在法国很常见）。但为了获得客户信任、忠诚和建立可信性，银行应该采用合适的第三方产品作为其产品供给的一种补充。如前所述，随着一体化的发展，金融产品的生产和分销将会进一步分离。即便是银行保险公司以综合模式经营时，产品供应商也开始由单一转向为多名。银行柜台提供的投资基金的多样化不再依靠银行的产品创造能力，而是受制于客户的需要。银行保险公司还将不断开发和提供范围广泛的产品，以满足客户的需要。比如，汇丰集团在 35 个国家和地区提供汇丰品牌和外部第三方机构的寿险、退休金、投资连结及保险产品等，并提供保险经纪、精算和顾问等服务。2001 年汇丰银行与印度 Tata-AIG 综合保险公司①达成协议，分销后者的寿险和非寿险产品。2005 年汇丰集团分销保险的手续费收入按自己生产和第三方生产分别为 6.6 亿美元和 6.5 亿美元。

（六）塑造一体化金融服务文化

实现银行保险的协同效应需要处理银行与保险业务之间的文化差异。在大型银保集团中，塑造一种"全金融思想"是金融控股公司创新的一种重要源泉和极高价值智力资本的持续来源，也是银保战略最困难的部分之一。在银行保险获得协同效应过程中，文化差异也是一个普遍存在的问题。为了克服文化的冲突，重要的是塑造一种共同的企业文化。这可以通过培训、频繁工作轮换、构建团队等举措来有效缓解。实际上，在自营模式中，如果银行和保险业务价值链充分整合，没有两支销售队伍、两套激励系统，等等，可大大减少这些文化冲突。银行和保险业务的文化差异见表 2-5-3。

表 2-5-3　　　　　　　　　银行和保险业务的文化差异

银行	保险
机构网点销售模式	个人销售模式
分支行办公场所成本较高	中介自力更生、多劳多得
日常和人事管理	生产（产能）管理
被动反应式	积极主动式
短暂、频繁的客户接触	长期、间断的客户接触
详尽的客户信息	客户信息较少

---

① Tata-AIG 是印度产业巨头塔塔集团和美国国际集团的合资保险公司。

续表

银行	保险
固定工作时间	弹性工作时间
有工资收入的雇员	基于佣金的雇员
问题解决者	产品销售者
标准化销售方法	个人销售方法
信任的印象	令人怀疑的印象

（七）发挥多种协同效应

金融控股公司需要在银行保险多方面领域中识别和创造协同效应。比如，将银行和保险的生产单元整合在一起，可以节约成本，提高效率，实现生产协同。这包括将一种事业中成功的产品理念转移到另一种事业中，实现不同行业和事业单位的技能的传播。但是，这要求具有能实现规模经济的灵活产品导向的"工厂"。另外，还可创造共享的服务中心来实现协同。再如，通过发展银保业务，在广泛范围产品和地理区域中削减营销和广告成本且增强客户忠诚度，提升品牌价值。另外，银保集团协同效应的一个非常重要方面是利用在风险管理方面的相同和不同点的能力，通过在银行和保险业务方面科学而有艺术地配置风险管理工具，开发一种跨业务共同风险/收益哲学体系，实现风险管理的协同效应。

第三章 CHAPTER 3

金融控股公司运行模式的国际经验

金融控股公司是一种微观组织形式，随着金融市场的发展逐渐演变而来。由于各国经济金融环境及监管政策、法律规定等各异，导致不同国家金融控股公司的运行模式、监管模式各不相同。经济金融环境影响金融控股公司的发展演变，同时金融控股公司的运行模式也对各国经济金融产生着重要影响。

第一节　美国金融控股公司的运行模式

美国作为市场主导型金融体系的典型代表，金融机构在市场竞争以及与监管当局长期互动博弈过程中逐步形成了银行控股公司，并在银行控股公司的基础上最终发展成为较完善的金融控股公司。金融控股公司是美国金融系统非常重要的经济活动主体，其一方面适应了美国的金融制度，另一方面又适应了现代金融业务发展的需求，成为美国金融体系中举足轻重的组成部分。

一、美国金融控股公司的发展演变

美国金融控股公司始于对银行应该混业经营还是分业经营的讨论，并随着监管政策的变化分成了不同的发展阶段。美国金融控股公司是由银行控股公司逐渐发展变化而来，同时与美国金融监管制度息息相关。美国金融控股公司的发展大体分为四个阶段。

（一）1933 年以前银行混业经营萌芽阶段

20 世纪 30 年代以前，美国金融业处于天然混业经营状态。虽然

1902 年美国货币监理官裁定，全国性商业银行不能作为投资银行承销证券，但一些银行仍然成立了关联机构从事证券承销业务。例如，国民城市银行（National City Bank）就成立了国民城市公司（National City Company）变相从事证券承销业务。随着金融业的发展，银行越来越多地涉足证券业务，而且在 20 世纪 20 年代疯狂的证券投机中越陷越深，最终导致众多银行在 1929 年证券市场崩盘中遭受了巨大损失，并出现了银行挤兑和倒闭潮。

美国早期的混业经营随着 1929—1933 年金融危机的爆发而结束。1933 年，美国通过了《格拉斯—斯蒂格尔法》。该法第 16 节规定，全国性商业银行不得以当事人身份购买除了美国债券及州债券外的其他证券，明确禁止股票交易。该法第 21 节禁止证券公司从事银行业务。第 20 节禁止商业银行关联企业主要从事证券发行、上市、承销、发售或者分发业务。《格拉斯—斯蒂格尔法》从业务、机构和人事等方面确立了分业经营体制。

（二）1933—1956 年银行经营范围严格限制期

这一时期，商业银行业务经营范围和地域经营范围都受到了严格限制。1933 年的《格拉斯—斯蒂格尔法》及 1927 年的《McFadden 法》明确规定，全国性银行不能在其他州设立分行，只能在所在州开展分行业务。因此，全国性银行都变成了州银行。各州地方性银行，特别是小银行受到了保护，免于其他州大银行、资本充足的银行竞争。对银行业务及经营范围的限制，也造成了严重的后果。一方面，限制了全国性银行的发展，另一方面使得大量弱小的地方性银行生存下来，但难以应付经济低迷，同时也损害了市场竞争。

（三）1956—1999年商业银行混业经营的突破及银行控股公司的形成

1956年，美国通过了《银行控股公司法》（*Bank Holding Company Act*，BHCA）。该法主要是限制银行与银行业务无关的商业企业进行并购。此外，该法还限制银行在违背现有有关银行分支业务限制下违规扩张。虽然BHCA法明确规定了银行控股公司只能从事与银行业务紧密相关的业务。但这种限制仍然被现实发展需求所突破。一些证券公司为了规避监管，先收购一家银行，然后将其存款或者贷款业务出售，控制了一家"非银行的银行"，即持有银行特许证，但又不满足BHCA法对银行的定义。

20世纪60年代，美国通胀持续上升，但银行存贷款利率受到了严格限制，导致存款开始流向证券市场，特别是货币市场基金。货币市场基金从1976年的30亿美元上升到1982年的2300亿美元。为提高竞争力，银行开始想方设法突破地域及业务上的限制，并寻求在一些允许进行跨州经营的州开展银行业务。1994年颁布的《Riegle-Neal州际银行业务和分支机构效率法》彻底废止了对银行控股公司地域上的限制，允许银行跨州并购。1997年7月1日，州际分支业务也被全面放开，这使得拥有不同州银行的银行控股公司可以使用统一的经营许可证，大大提高了经营能力和效率。

随着持续不断的竞争压力和经营地域上的放开，美国出现了银行并购潮。到1999年，银行数量已经从1984年的14500家下降到8600家。

20世纪末，美国银行业也不再完全依赖传统的贷款业务，开始开展其他金融业务，包括美国国库证券、租赁以及有资产支持的证券、市政债券、公司债券、公司股权证券以及金融和贵金属期货等。一些银行还开始外汇交易、并购、信托投资、金融咨询、证券掉期交易等。20世纪末，银行控股公司逐渐形成。

（四）1999 年之后金融控股公司快速发展

1999 年 11 月，美国出台了《金融服务现代化法》（又称 GLB 法），开辟了美国银行、证券和保险的混业经营新时代。《金融服务现代化法》规定，银行控股公司可以选择成为"金融控股公司"，可以直接从事任何金融性质的业务，或者通过非银行子公司进行。法案允许在金融控股公司下，银行控股公司、保险公司和证券公司之间的结合，但禁止银行与非金融商业企业结合。《金融服务现代化法》生效的第一天，美联储理事会就批准了 117 家银行控股公司变为金融控股公司的申请，此后，美国金融控股公司快速发展。到 2006 年，美国国内金融控股公司已经达到 600 多家。尽管 2008 年金融危机导致部分金融控股公司受到重创，但金融控股公司快速发展的总体趋势并未受到影响。

二、美国金融控股公司运行模式的特点

（一）以纯粹型金融控股公司为主

美国金融控股公司为了规避金融监管和法律限制，由最初的银行控股公司向多家银行控股公司发展，然后向单一银行控股公司演进，再向金融服务控股公司发展，最后发展成为完全的金融控股公司。在长期的发展演变过程中形成了自身的特点。

美国金融控股公司大都属于纯粹型金融控股公司，如花旗集团等。其主要特点包括：一是母公司作为控股公司，不经营具体业务，只负责重要决策及管理。母公司通过调度资本、分配财务资源、制定战略规划

等方式协调各子公司的利益分配，实现控股公司整体利益最大化。二是控股公司下设银行、证券、保险等金融子公司。各金融子公司在母公司的统一协调下，保持人事、财务、管理的相对独立，形成各自的专业化体系。三是母公司与各子公司以及各子公司之间具备有效的"防火墙"制度。四是子公司之间的内部交易按市场原则进行内部核算，内部利益冲突较小，控股公司通过子公司之间的相互协作，为客户提供各类综合性的金融产品和服务，一定程度上体现了专业化与多样性的有机协调。美国金融控股公司的组织架构见图3-1-1。

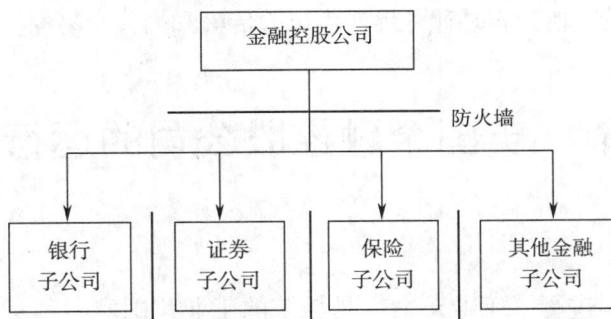

资料来源：作者根据相关资料绘制。

图3-1-1　美国金融控股公司的组织架构

（二）美国金融控股公司运行模式的优势和不足

美国纯粹型金融控股公司的明显优势是较好的内部"防火墙"制度。由于母公司不经营具体业务，各子公司相对独立运作，混业只体现在母公司层面，各子公司实质上是分业经营，从而建立起有效的"防火墙"制度，有效隔离了风险。各子公司之间既相互独立也有一定联系，如共享客户资源等，从而实现既有专业化的特长，又有多样化的优势。各子公司之间利益冲突较小。金融控股公司作为一个整体,有利于进行内、外部的兼并重组。

美国纯粹型金融控股公司对内部的协调、沟通能力提出了更高要求。

各子公司具有一定的独立性，业务协同需要经过母公司统一协调，信息沟通程度相对较低。美国金融控股公司子公司多数是通过并购实现的，子公司业务保持较强的独立性，因此，一定程度上限制了范围经济和业务效应的发挥。在纯粹型金融控股公司模式下，业务协同性优势主要体现在新业务或者开发新产品上，但仍可能带来在子公司之间利益分配、绩效考核、沟通机制以及监管成本等方面的挑战。此外，在纯粹型金融控股公司模式下，公司内部的共同营销活动容易滥用客户信息与交易资料，危害消费者权益，也可能因为彼此间业务的利害冲突损及客户利益，而且各成员公司由于内部交易密切，容易让外界产生风险传染和内幕交易的担心。

第二节　英国金融控股公司的运行模式

英国最早进行了工业革命，是传统的工业化国家，其实体经济的发展推动了金融业的发展。尽管法律并没有严格限制混业经营，但金融机构的行为多是遵循传统业务规则或是"习惯法"，奉行专业化的银行制度，银行、证券、保险等机构各司其职，分工清晰，金融业混业经营并不多。直到 1986 年金融大爆炸，英国金融业才开始了混业经营之路，并催生了大量的金融控股公司。

一、英国金融控股公司的发展演变

（一）不受法律限制却自发分业经营的英国银行业

英国是现代金融体制的发源地，也是现代金融体制创新和改革的引领者。17 世纪末，英法战争拖累英国产生巨大的财政赤字。为了融资的便利性，英国政府于 1694 年成立了首家股份制银行——英格兰银行，其股本为 120 万英镑。英格兰银行发行银行券进行融资，然后向政府提供长期贷款。18 世纪，伦敦银行业蓬勃发展，私人银行数量从 1725 年的 24 家增加到 1776 年的 51 家。银行家为大地主、贵族投资股票或债券，并受托管理个人财富，发放抵押贷款或投资私人债券。同时期，英格兰和威尔士地区银行也逐渐发展起来，当时这些地区的银行被称为乡村银行。1798 年，乡村银行已有 312 家，到 1810 年已达到 1500 多家。

19 世纪 20 年代，英国银行业出现危机，大量银行遭遇挤兑和破产。这一时期英国政府开始鼓励成立股份制银行，并出现了银行业并购潮，到 19 世纪末逐渐形成了几家大的股份制银行。1844 年《英格兰银行条例》赋予英格兰银行垄断发行货币权利，1872 年英格兰银行又开始对其他银行做"最后贷款人"担保，成为英国的中央银行。

英国的《银行法》中并没对银行业从事证券、保险等非银金融业务予以限制，但在传统和道义劝告以及市场力量的作用下，英国金融业自发地奉行分业自律制度，造就了金融业的专业分工。银行、证券、保险等金融业务门类很全，分工清晰，内容相对独立，混业经营并不多。

（二）20 世纪七八十年代以来的混业经营改革

英国金融控股模式的形成始于 1971 年及 1986 年英国政府对银行和其他金融业务的两次政策引导。1971 年，英国政府颁布"竞争与信用控制政策"，鼓励商业银行除传统银行业务外发展其他金融业务，包括投资银行、单位信托、保险经纪等。

1986 年 10 月 27 日，撒切尔政府出台金融大爆炸改革方案，即英国《金融服务法》。《金融服务法》彻底消除了银行、保险、证券等业务之间的界限。由于商业银行具有强大的资金实力，因此银行开始大举开展证券、保险、信托等金融业务，并通过并购的方式迅速形成了以银行为母公司、以其他金融公司为子公司的金融控股模式。英国劳埃德银行、苏格兰皇家银行、巴克莱集团、汇丰银行等大银行迅速扩张为大的金融控股公司。

二、英国金融控股公司运行模式的特点

（一）英国以事业型金融控股公司为主

英国金融控股公司大都属于事业型金融控股公司，其主要特点包括：一是母公司大都是以银行业务为主，银行母公司作为控股公司，本身从事商业银行业务，同时也负责控股公司的管理。二是银行在控股公司中处于主导地位，并决定着控股公司的发展战略，银行母公司通过控股证券、保险等其他非银子公司开展混业经营。三是银行控股公司的多元化经营以金融业为主，但同时也不同程度地经营工商企业的投资活动，如巴克莱银行不仅经营金融业务，还对冶金、航运等工商企业开展股权投资。英国金融控股公司的组织架构见图 3-2-1。

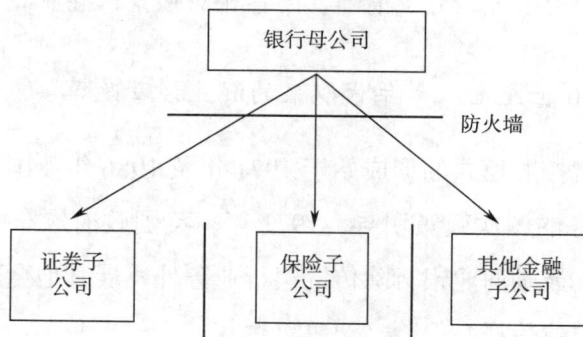

资料来源：作者根据相关资料绘制。

图 3-2-1 英国金融控股公司的组织架构

英国的银行母公司制的金融控股模式与其金融业法规及监管制度息息相关。英国是世界上银行法规最少、管理最为宽松，同时又保持银行体制相对稳定和高效的国家。英国直至 1979 年才出台了正规的银行法，之前以"习惯法"原则规范银行行为。金融监管主要是以非正式的君子协定、道义劝说为主。监督管理工作仅限于向银行索取资料、提出建议和劝告。1986 年金融制度改革之后，业务监管就变得更加困难。这可能也是导致 2008 年金融危机中英国银行业遭受重创的重要原因。

（二）英国金融控股公司运行模式的优势和不足

英国事业型金融控股公司模式的优点在于兼具审慎性和灵活性。由于银行母公司负责银行的具体业务以及对子公司的管理，使得控股公司具有银行的审慎经营特征，同时控股非银子公司，从而使得控股公司的经营相对灵活。证券、保险等非银子公司相对独立，因此具有一定的风险隔离作用，但这种风险隔离只是有限隔离，当子公司发生危机时，考虑到控股公司整体利益，银行母公司仍可能积极救助，从而影响银行业务的运营。而且由于市场对非银子公司地位认识不足，子公司出现风险，常会累及银行母公司。银行母公司有雄厚的资金实力、客户资源，可以带动非银子公司短期内快速发展，但由于银行母公司处于支配地位，证券、保险等子公司处于从属地位，容易形成利益冲突。银行的审慎管理文化与证券的进取性文化差异，一定程度上可能限制证券业务的发展。这种模式下，子公司之间业务协同效应受到的监管阻碍并不大，主要依赖于集团公司内部的协调机制。一些金融控股公司（如汇丰银行），对于金融子公司的管理是按照业务条线进行划分的，子公司之间的业务协作也是根据业务条线进行的。在风险控制上，由于金融业务上的融合以及宽松的监管环境，英国事业型金融控股公司对风险控制提出了较高的要求。

第三节　德国全能银行的运行模式

全能银行模式在严格意义上来说不是金融控股公司，如前所述，这里将其纳入讨论主要是考虑到，与事业型和纯粹型金融控股公司一样，全能银行是混业经营的一种重要形式，分析全能银行模式，无论是对我国金融控股公司监管还是内部运行均有借鉴意义。德国是实行混业经营最为彻底的国家，其金融体系的特征是全能银行在国民经济中占据主导地位。德国全能银行模式也与其金融体系的发展历史、金融监管制度等因素有关。

一、德国全能银行的发展演变

（一）第二次世界大战前全能银行制度的产生阶段

19 世纪初期，为满足工业发展的融资需求，私人银行在德国兴起并快速发展。在工业化初期，德国缺乏充足的资本积累，又缺乏直接的融资平台，因此，德国必须依赖银行系统为工业化筹措资金。19 世纪 60 年代，德国产生了抵押银行和股份制银行，并得到快速发展。银行业的快速发展成为了德国经济快速发展的重要支柱。19 世纪 70 年代以后，银行业进入了并购阶段，无论是工业企业还是银行业都开始急剧集中，最后形成了少数大银行垄断的局面。

（二）第二次世界大战后全能银行制度真正形成

第二次世界大战使德国经济遭到重创，银行业也遭到严重破坏。1957 年 7 月 26 日，为稳定货币市场德国颁布了《联邦银行法》，其后 10 个州中央银行和西柏林中央银行合并为德意志联邦银行，成为德国的中央银行。1961 年 7 月 10 日，德国颁布了《有关银行系统法》（*Act Concerning the Banking System*）。《有关银行系统法》将银行定义为经营存款业务、信贷业务、贴现业务、证券业务等业务的机构，并设置了银行营业许可证。《有关银行系统法》规定银行可以同时经营商业银行业务和投资银行业务。这种经营模式被称为"全能银行"。

全能银行模式在很长一段时间内推动了德国经济的快速发展。毫不夸张地说，德国能在二战后的一片废墟中迅速发展成为经济强国，与其独树一帜的全能银行制密切相关。特别是在战后的重建时期，德国银行业以其高效率的运作，为国民经济的发展发挥了重要的作用。

二、德国全能银行运行模式的特点

（一）德国全能银行模式是最彻底的混业经营

德国的全能银行模式可以说是最彻底的混业经营模式，其主要特征包括以下几方面。

一是自始至终的全能银行制。德国银行业从发展之始就实行全能银行制。这与美国的自然混业到分业再到混业明显不同，也与英国等半路出家式的混业经营大相径庭。

二是银行业务是核心。尽管全能银行模式下，银行、证券、保险等以平行的事业部制形式存在，但从名称中即可看出，银行仍处于核心地位。组织架构设置上大都是银行母公司（也有少数非银母公司形式，如安联集团）。德国全能银行大都是"一级法人制"，银行从事全能业务大都通过没有独立法人地位的内设部门直接进行。而在不同国家和地区，则灵活采用子公司制，以应对当地监管的需要，实质仍类似于全能银行的内设部门。德国全能银行的组织架构见图 3-3-1。

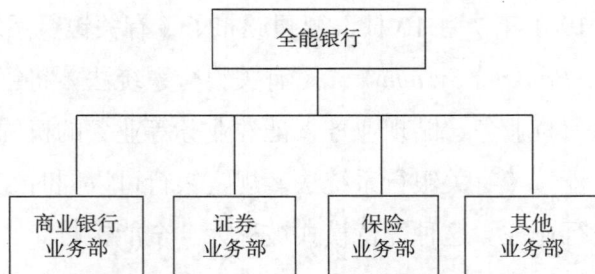

资料来源：作者根据相关资料绘制。

图 3-3-1　德国全能银行的组织架构

三是广泛的多元化经营。全能银行不受金融业务分工的限制，不仅能够全面经营商业银行、投资银行、保险等各种金融业务，为企业提供中长期贷款、有价证券的发行交易、资产管理、财产保险等全面的金融服务(在不同的发展时期,德国全能银行的信贷与证券业务有不同侧重)，而且还可以经营不具备金融性质的实业投资。从而形成"一个法人，多块牌照，多种业务"的特点，因此又称为"一级法人制"。从而可以满足客户所有金融服务需求，充分发挥其范围经济、规模经济和协同优势，为客户提供一条龙金融服务。

四是全能银行在参与企业经营活动中主要通过股权投资形成广泛的业务网络。尽管全能银行可以在境内外设立不具有独立法人资格的分行或代表处，以更好实现控股公司整体战略的推进，但从德国全能银行的运行模式看，全能银行内部组织往往主要经营商业银行和证券业务，而其他非核心业务（包括一些实业投资、资本投资以及房地产投资等）则通过股权投资形式，由子公司来经营，并通过内部交叉持股，形成一个具有紧密联系的分工体系。例如，德意志银行目前的内部组织主要包括公司金融及证券部、全球交易银行部、资产和财富管理部、个人和中小型客户部及非核心业务管理部五大部门。其中，非核心业务管理部主要负责对非金融企业的股权投资和管理。

五是德国的全能银行注重风险控制。金融业与非金融实体企业混业经营可能产生关联贷款，并带来一系列道德风险，从而加大经济、金融体系的不稳定性。但德国全能银行的风险管理有着优良的传统，无论是风险管理手段和技术，还是风险管理理念，都属全球最高，同时，德国全能银行普遍崇尚稳健经营的文化，因此，全能银行在德国取得了成功。[①]

（二）德国全能银行模式的优势和不足

全能银行模式通过广泛的多元化经营，范围经济和规模经济优势得以充分发挥，能切实满足客户全方位的金融服务。通过广泛的多元化经营可有效分散风险，实现收入来源多元化，同时经营成本较低，在保障资金的盈利性、安全性和流动性方面有独特优势。全能银行在应对金融全球化和自由化带来的金融市场深刻变化的挑战中，表现出较高的应变能力、灵活性及较强的竞争力。全能银行与企业关系密切，通过控股组成财团从而拥有众多的客户，保持了优质的客户基础。例如，德意志银行公司以其全球业务网络为后盾，以较低成本为客户提供证券承销、企业融资、资本市场衍生工具、股票包销、资产管理，以及组合投资管理等综合性的跨国金融服务，从而使得众多金融机构、政府部门及实体企业等都成为其忠实的客户。

全能银行模式的突出问题是风险控制难度较大，由于全能银行可以广泛经营银行、证券、保险等金融业务及非金融业务，而且各种金融业务以业务部的形式存在，彼此之间不设"防火墙"，极易发生风险传染。德国全能银行模式之所以能运行良好，主要得益于以下三方

---

①徐文彬. 金融控股公司发展与监管模式选择研究 [M]. 北京：经济科学出版社，2013.

面原因：一是德国银行法已将银行自营证券业务的风险限定在较为安全的范围内；二是德国银行进行证券投资与银行传统的业务相关；三是德国银行的准备金必须以现金交纳，这就使得银行不得不持有相当数量的可变现证券以备准备金的不足。[①]当然，这与德国金融机构发展时间较长、自律性较好等也不无相关性。此外，全能银行模式下很容易发生几家大型金融控股公司垄断国内金融市场的现象。全能银行业务广泛，往往会通过各种关系形成庞大的金融控股公司，这不仅影响金融业的运行，甚至通过股权投资影响实体经济运行，从而形成垄断。如德国的资本市场几乎被德意志银行、德累斯顿银行及德国商业银行等垄断。

全能银行也是导致德国资本市场不发达的主要原因之一。由于德国企业偏好稳健的财务策略，其融资主要依赖银行，使得商业银行贷款业务发展较快，全能银行享有以机构投资者进行证券投资的权利，而且证券业务仅是全能银行的一个业务部，因此，德国没有较大的证券商。[②]

第四节　日韩金融控股公司的运行模式

日本和韩国金融控股公司的运行模式基本借鉴了欧美金融控股公司的发展路径和模式，但在国内外经济、金融环境影响下，与欧美等国的金融控股公司也有一定的差异。

---

① 车迎新. 金融控股公司的公司治理、风险管理和监管部门 [M]. 北京：中信出版社，2009.
② 谢平等. 金融控股公司的发展与监管 [M]. 北京：中信出版社，2004.

一、日韩金融控股公司的发展演变

（一）日本金融控股公司的发展演进

日本的金融业也经历了从分业经营到混业经营的演变。明治维新以后，伴随着经济的快速发展，日本出现了大量银行，1901 年时日本银行数量达到两千多家。20 世纪 20 年代，日本银行业出现了危机。1927 年日本发生了"昭和金融恐慌"，大量银行倒闭，甚至一些大型银行都开始休业，于是日本政府继续推行了银行业的整合并购。二战期间，为保证战争需要，日本政府建立了"军需企业制定金融机关制度"，要求银行不仅保证军需企业的资金供应，还要积极进行军需企业的经营管理和监督。旧军阀体系解散之后，军需企业与银行之间的关系被保留下来，形成了以都市银行为核心的初级的金融混业经营模式。其后，日本为了加快工业化发展，促使银行向重点部门和产业投入了大量的低息贷款，同时加强了政府对金融业的监管。日本政府一方面维持低利率政策，另一方面推进银行、信托、证券业的分离，开始分业经营和监管。

20 世纪 70 年代，跟随美国金融市场自由化的步伐，日本开始逐渐放开对金融业分业经营的管制。1997 年日本修改了《禁止垄断法》允许设立金融控股公司。1998 年日本推出金融控股公司制度。1999 年日本第一劝业银行、兴业银行和富士银行合并，成立了瑞穗银行，开启了金融控股公司模式。随后，三菱联合、三井住友等金融控股集团成立，并与瑞穗金融控股公司，成为日本三大金融控股集团。

（二）韩国金融控股公司的发展演进

韩国金融制度安排基本上引用了美国的模式。20 世纪 80 年代以前，韩国实行银行、保险、证券等业务分业经营。80 年代以后，韩国政府效仿美国推行金融自由化。1982 年，政府修订了银行法，减少政府对银行自主经营的干预，促进大型银行的民营化，扩大银行业务范围和民营银行的市场准入机会。

1997 年东南亚金融危机，韩国金融业遭受重创，政府进行了一系列金融改革，商业银行进行并购重组，同时放宽银行、证券、保险混业经营的规定。1999 年，政府修订《公平交易法》，废除设立纯粹股份公司的规定，允许设立金融控股公司。2000 年，韩国国会通过《金融控股公司法》，从而在法律上确认了韩国近年来银行、证券和保险业之间界限被打破的事实，控股公司在法律上得到了认可。2002 年，韩光银行、和平银行、庆南银行等合并成为韩国第一家金融控股公司——友利金融控股公司。随后，新韩控股公司、东原金融控股公司等金融控股集团相继成立。

二、日韩金融控股公司运行模式的特点

（一）日本金融控股公司的主要特征

在金融机构的混业经营管理模式上，日本金融监管法律明确禁止全能银行模式，但对于金融控股公司模式和银行控股公司模式，日本金融厅并无政策倾向性，希望由各金融机构自己决定。

日本的金融控股公司一般是以商业银行为母公司，下设证券、保险、信托等金融子公司。由于历史原因，日本金融控股公司与工商企业也有很强联系，工商企业也允许设立金融控股公司。日本也有以保险公司、证券公司作为控股母公司的情况。日本法律上没有对设立金融控股公司做专门的规定，而是由银行法、保险法和证券交易法分别对银行控股公司、保险控股公司和证券控股公司进行相应的规定和监管。金融厅也从未统计

过在何种模式下，金融机构的风险程度更高。从实际情况看，日本三大金融控股公司，即三菱日联、三井住友、瑞穗基本上均采取金融控股公司模式，而中等规模银行和地方银行多采取银行控股公司模式。这主要是因为，金融机构规模越大、子公司越多，银行管理子公司的专业难度就越大，面临的风险也越高，金融控股公司模式的好处在于可以集中处理集团的共有风险、合规等问题。此外，由于大型金融机构越来越多地涉足海外业务，也需要形成金融控股公司模式，从而更好地进行全球集约化管理。

日本金融控股公司的协同效应并不明显。以三菱日联金融控股公司为例，控股公司虽然对子公司之间开展业务协作有一定指导，但作用并不明显，业务部门的条线纵向管理较弱，各子公司仍是各自为战，控股公司更多起到的是数据和信息汇总的功能。与之类似的还有风险管理，尽管控股公司正努力向全面风险、合规管理转型，但现状仍是各子公司自己管自己的风险。控股公司虽鼓励子公司之间推荐客户、共享资源，但并没有明确的分润和计价制度，主要是通过子公司之间相互评价进行激励。

日本金融控股公司对子公司主要采取矩阵式管理，并强调银行与金融控股公司的一体化运营，以三井住友金融控股公司（SMFG）为例，其对子公司的管理具体体现在：一是采取矩阵式管理架构。在垂直管理方面，设立集团（含三井住友金融租赁、日本综合研究所等子公司）、证券（含 SMBC Friend Sec、日兴证券等子公司）、消费金融结算（含 SMBC Consumer Finance、Cedyna、三井住友信用卡等子公司）三大事业部（类似于"板块"）；同时，通过风险统括部、总务部、企划部、IT 部等职能部门加强横向管理。二是加强银行与控股公司的一体化运营。通过高管兼任等措施，最大限度地发挥银行的经验知识和资源，实现高效率的集团经营。如三大事业部负责人均由银行高管兼任。三是要求子公司对于重要事项，如业务计划、风控基本事项、业务上的重要事项、业务现状等，应先申请、再协商，并采取规范化报告形式。子公司日常事务由自己管理，但重大决策，如资本结构变化、收购孙公司等，以及财务状况则通过事业部汇总至控股公司。由于银行在集团中占比较高，其他子公司除与集团事业部沟通外，也与银行方面沟通。

（二）韩国金融控股公司的主要特征

韩国金融机构是在 2001 年以后普遍采取金融控股公司模式。韩国四大金融控股公司中，前三大集团都采取金融控股公司模式，仅友利银行因特殊背景采取银行控股公司模式。从外因来看，1997 年亚洲金融危机中，韩国众多金融机构纷纷倒闭。危机结束后，韩国政府将金融机构治理作为金融监管和改革的重点。为增强金融机构抗风险能力，同时也为满足 IMF 提出的金融机构重组要求，2000 年韩国颁布了《金融控股公司法》，允许金融机构混业经营，鼓励成立金融控股公司。从内因来看，随着客户需求的多元化，银行需要非银业务作为补充，但银行在经营非银业务方面专业性较弱。

韩国金融控股公司也是在政府主导下形成的。东南亚金融危机之后，韩国金融业遭受重创，为了应对金融危机，韩国在政府主导下进行了金融改革，从而形成了很多政府主导的金融控股公司。例如，友利金融控股公司就是在政府的推动下，于 2010 年 4 月成立的，100% 由政府控股，友利银行为其子公司。但此后政府为推进金融机构民营化，陆续在股票市场上向机构投资者转让了 43% 的股份。由于旗下部分非银公司相继出售，2012 年，友利金融控股公司从金融控股模式回归银行控股模式。截至目前，友利银行的第一大股东仍是政府背景的韩国存款保险公司（KDIC），持股比例为 51.04%，但 KDIC 在友利银行理事会只派遣了一个非常驻的"社会理事"，且不在友利银行担当任何职务。

三、日韩金融控股公司的历史沿革

作为应对危机的重要举措，日本于 1998 年推出金融控股公司制度，随后三菱日联金融控股公司（MUFG）成立，MUFG 的子公司主要包括三菱东京 UFJ 银行（BTMU）、三菱 UFJ 信托银行（MUTB）、三菱 UFJ 证券控股有限公司（MUSHD）、三菱 UFJ 消费金融公司（MUN）、三菱 UFJ 金融租赁公司等，银行、信托银行、证券子公司旗下还有数量不等的孙公司。在集团子公司中，三菱东京 UFJ 银行（BTMU）规模最大，约占全集团资产的 70%，这也导致了 BTMU 在集团内部影响力较大。MUFG 自己也承认，美国的金融控股公司是名副其实的金融控股，而日本的金融控股本质上仍是银行控股。

从历史沿革来看，2001 年，住友银行与樱花银行合并成立三井住友银行（SMBC），控股 SMBC Friend Sec、三井住友金融租赁、三井住友信用卡、日本综合研究所四家子公司。2002 年 12 月，通过股份转移方式，SMBC 扩充为三井住友金融控股公司（SMFG），实现了从银行控股公司向金融控股公司的转变。截至 2015 年 3 月末，SMFG 全资控股 SMBC（银行）、SMBC Friend Sec（证券）、三井住友金融租赁、SMBC Consumer Finance（消费信贷）、Cedyna（消费信贷）、日本综合研究所等子公司，并持有三井住友信用卡 66% 的股份。此外，由于历史原因，在 SMBC 之下还有 SMBC 信托银行、SMBC 日兴证券两家孙公司。①

韩国金融机构是在 2001 年以后普遍采取金融控股公司模式。韩亚金融控股公司成立于 2005 年，2012 年并购韩国外换银行后，已成为韩

---

① SMBC 信托、日兴证券两家公司由三井住友银行（SMBC）而非三井住友金融集团控股，主要是因为：在购买日兴证券时，SMBC 账上现金较多；而 SMBC 信托被收购时因规模太小，被认为没有必要挂在集团下面。

国最大的金融控股公司。2005 年之前，韩亚也采取的是典型的银行控股公司模式。韩亚控股从银行控股公司转向金融控股公司模式，主要有内外两方面原因。从外因来看，1997 年亚洲金融危机后，韩国政府允许金融机构混业经营，鼓励成立金融控股公司。从内因来看，韩亚控股认为，随着客户需求多元化，银行需要非银业务作为补充，但银行在经营非银业务方面专业性较弱。为更好地促进非银业务发展，韩亚控股下属的韩亚银行将子公司股份移交给金融控股公司。目前，韩亚银行在韩亚金融控股公司的总资产、总收入中占比均为 90%。韩亚金融控股公司的目标是于 2025 年之前，将非银子公司占比提升至 30% 以上。在韩国四大金融控股公司中，国民、友利与韩亚控股类似，银行占比较高，新韩在控股韩国最大的信用卡公司后，银行与非银子公司发展相对平衡。对于韩亚控股而言，金融控股公司理论上可发挥控股者、战略投资者和协调者三方面的作用。在实践中，金融控股公司更多发挥的是管理协调职能，各子公司经营的独立性较高。

第五节　金融控股公司运行模式的比较及其启示

金融控股公司是经济社会发展的必然产物，是金融业为更好地应对内外部竞争，实现综合经营的典型组织形式。各国金融结构、金融监管及金融业发展演变历程的差异，导致不同国家的金融控股公司运行模式各异，各种金融控股公司运行模式都既有优势，也存在不足，因此，并不存在最优的、适合所有国家的金融控股公司运作模式。

一、金融控股公司主要运行模式的比较分析

总体来看，全球主要国家金融控股公司运行模式可以大体上分为纯粹型、事业型和全能银行型[1]。其中，美国以纯粹型为主，英国以事业型为主，德国则是全能银行型。[2]各国金融控股公司都是根据自身的经济金融环境，采用不同的运作模式，各种模式各具优点与缺点。

从经营效率来看，全能银行模式通过高度一体化的混业经营，可以充分发挥范围经济和规模经济，各金融业务以内部业务部门形式存在，可以最大限度地实现集团信息、资源的共享，协同效应很显著，能够为客户提供一站式、多样化的金融产品和服务，经营效率较高。事业型金融控股公司大都以银行母公司为主，银行业务在控股公司中占主导地位，银行母公司以雄厚的资金实力、客户资源带动非银子公司短期内快速发展，银行与非银金融业务在银行母公司主导下开展协同效应，但非银子公司的长期发展受到银行审慎管理文化和组织架构的限制，一定程度上限制了范围经济的发挥。信息共享程度也主要由银行母公司决定。总体来看，事业型金融控股公司经营效率低于全能银行。纯粹型金融控股公司的母公司不经营具体业务，专注于控股公司的战略管理，有利于实现控股公司整体效益最大化，促进控股公司的长远发展。控股公司作为一个整体，有利于对内、对外的兼并、重组，实现规模经济和范围经济，促进控股公司快速发展壮大。但各子公司业务独立性较强，资源和信息共享优势不明显，协同效应和范围经济不明显，经营效率相对较低。主

---

[1]全能银行严格意义上来说不属于金融控股公司，是综合经营的一种模式，为了方便后文的比较分析，暂且纳入讨论。
[2]日本、韩国金融控股公司形式上属于美国纯粹型金融控股，其法律明确规定，金融控股公司除了对附属机构行使控制权外，不能从事其他活动，但日常经营管理中，银行子公司的负责人同时也是控股公司的负责人，在此不做具体比较分析。

要金融控股公司运行模式得优缺点见表 3-5-1。

表 3-5-1　　　　　主要金融控股公司运行模式的优缺点

模式	优点	缺点
纯粹型金融控股公司	1. 有效的"防火墙"制度, 有助于降低系统性风险 2. 统一的战略规划, 整体资本运作效率很高 3. 各子公司独立性较强, 利益冲突较小 4. 有利于实现规模经济	1. 各子公司独立性较强, 协调、沟通成本较高, 协同效应不明显, 范围经济不显著 2. 公司内部的共同营销活动, 容易滥用客户信息与交易资料, 危害消费者权益, 也可能因为彼此间业务的利害冲突损及客户利益
事业型金融控股公司	1. 兼具灵活性和审慎性 2. 一定程度的风险隔离 3. 在银行母公司指导下, 具备一定的协同效应	1. 子公司危机可能殃及银行母公司 2. 不同业务之间存在一定的利益冲突
全能银行	1. 彻底的混业经营, 信息、资源的共享很好, 协同效应很显著 2. 规模经济与范围经济 3. 有效满足客户一站式需求 4. 有利于金融产品的创新	1. 缺乏有效的风险隔离, 容易造成不同业务间的风险传染 2. 各部门业务往来和交易较多, 容易产生利益冲突 3. 业务复杂度高, 监管成本较高

资料来源: 作者根据相关资料整理。

从风险管控来看, 纯粹型金融控股公司的母子公司之间及各子公司均有严格的"防火墙", 风险隔离效果较好, 有利于维护金融体系的安全。各子公司独立性较强, 内部利益冲突相对较小。事业型金融控股公司的银行母公司与非银子公司也有一定的风险隔离, 但这只是有限隔离, 非银子公司发生危机时, 母公司可能积极救助, 从而可能导致风险向银行母公司集聚。银行与非银子公司之间存在一定的利益冲突。全能银行的各业务之间相互交叉融合, 不存在风险隔离效应, 各业务的风险传导性较强, 风控难度很大。而且, 由于各部门之间的业务往来及交易较多, 可能出现利益重新分配问题, 导致利益冲突。如前所述, 德国全能银行模式风险较低, 与其传统及银行风控理念、技术及自律性密不可分, 其他国家难以复制。

二、各国金融控股公司发展的启示

各国金融控股公司的发展都经历了较长时期，由于经济金融环境、监管制度等方面的差异，各国金融控股公司的运行模式不尽相同，但其中一些共性的经验和教训却值得借鉴。

（一）金融控股公司没有统一的发展模式，不存在最优的运行模式

从各国金融控股公司的发展演变来看，金融控股公司没有统一的运行模式。美国奉行市场化、自由竞争，金融控股公司的发展也是渐进式的，在长期的市场竞争和与监管法规博弈过程中，逐渐形成了美国纯粹型的金融控股公司运行模式。英国则是在金融大爆炸时期，商业银行与投资银行等相互融合，迅速扩展并形成一批大型金融控股公司，德国自始至终推崇全能银行模式，日本、韩国则是在借鉴美国模式的基础上，通过政府推动形成了其独特的金融控股公司运行模式。金融控股公司运行模式的形成，不仅与各国的经济发展历史、金融结构、监管制度等密切相关，而且也受到国际环境的影响。因此，各国金融控股公司的运行模式也不尽相同，各种金融控股公司运行模式各有其优缺点，并不存在适合所有国家的最优运行模式。

（二）金融控股公司并非所有金融机构的终极发展目标

理论上，金融控股公司有诸多优势，如可以实现规模经济和范围经济，有利于形成协同效应，便利资本运作，提高品牌优势等。但充分发挥金融控股公司优势需要具备一系列前提条件，如有效控制风险，良好的公司治理能力等。金融控股公司运作也有其特点和难点。事实也表明，

并非所有金融机构转为金融控股公司后，经营效益都会显著提升。前文的分析也表明，金融控股公司并非越大越好，过度多元化可能导致协作成本超过所创造的收益，而陷入负协同效应，从而影响金融机构的健康发展。因此，金融控股公司并非所有金融机构的终极发展目标，是否选择金融控股公司模式需结合自身的特点，审慎抉择。

（三）"大而全"并非所有金融控股公司的发展目标

原则上，金融控股公司至少要涉足两个以上的金融业务，但并不是说金融控股公司的业务越多越好。[①]正如每个企业都有最优边界一样，金融机构也存在实现最大效益的最优边界。过度追求"大而全"可能导致资源被动分散，过度合并有时并不能创造出整体优势，反而可能造成管理、协调成本增大，核心业务发展所需资源缺少，导致金融机构核心竞争力丧失。例如，花旗集团在 2002 年和 2005 年先后两次剥离回报率相对较低的保险业务。全球金融危机以来，德意志银行、英格兰皇家银行等国家大型金融机构纷纷收缩业务规模，以集中资源发展核心业务，保持核心业务的竞争力。部分国际大型银行"断臂求生"虽不能视为全球去综合化的整体趋势，但始终保持核心业务的竞争优势是所有金融机构生存发展的基本法则。因此，"大而全"并非所有金融控股公司的发展目标。究竟是走"大而全"的道路，还是独辟"小而精"之蹊径，也是金融控股公司必须要面对的战略选择。

（四）法律制度是金融控股公司健康发展的重要规范和保障

理论和实践均表明，制度建设对经济社会发展起着至关重要的作

---

① 凌涛. 金融控股公司经营模式比较研究 [M]. 上海：上海人民出版社，2007.

用，金融市场法律制度建设对金融业的发展起着保驾护航的作用。各国金融控股公司的发展演进史表明，相关法律法规出台之前，金融控股公司的发展大都是乱象丛生。完备的法律法规不仅有助于规范金融控股公司的发展，也是明确金融控股公司法律地位的重要保障。当然，金融控股公司的发展一定程度上也促进了金融业法律法规的不断完善。如美国于1999年出台的《金融服务现代化法》明确规定，银行控股公司可以选择成为金融控股公司，由此带来了美国金融控股公司的规范发展，金融机构规避监管的做法大幅降低。法律法规也对金融控股公司的运作模式有着重要影响。如《日本银行法》和《韩国金融控股公司法》就明确规定，控股公司除了对附属机构行使控制权以外，不能从事其他经营性（盈利性）活动。因此，日本、韩国的金融控股公司大都类似美国的纯粹型金融控股公司。

（五）金融控股公司的发展与金融监管制度变革相互影响

金融控股公司的发展不仅是经济金融发展的必然过程，一定程度上也是金融机构和监管部门相互博弈的结果。金融监管制度对金融控股公司的发展乃至运作模式选择等都有着直接影响，金融控股公司的发展一定程度上也推动了金融监管体制的变革。例如，美国金融控股公司的发展使美国逐步建立起了以美联储为主导的金融控股公司的伞形监管模式，这种监管体制又促进了美国金融控股公司的长期稳健发展。国际经验表明，金融监管的发展速度滞后于金融业的发展，不仅会影响金融业的健康发展，甚至可能会给金融业和金融体系带来灾难性后果。因此，在金融业综合经营快速发展的今天，金融业法律制度及金融监管制度均应及时进行调整和变革，从而提高金融监管效率，维护金融体系稳定。

第四章 CHAPTER 4

金融控股公司监管模式的国际经验

主要国家的金融控股公司监管制度分为分业监管、统一监管和双峰监管。监管的主要内容包括市场准入、资本充足率、内部交易、内部控制、结构透明、股东及高管任职资格监管、监管机构之间的信息交流等。国际监管经验对于我国金融控股公司监管具有重要借鉴意义。

第一节　主要国家的金融控股公司监管制度

一、分业监管模式——以美国为代表

分业监管是指金融控股公司的各个子公司根据业务不同接受不同行业监管机构的监管。

美国《金融服务现代化法》虽然在法律上确立了金融控股公司的合法地位，但其监管体系却未作很大调整。为了从总体上对金融控股公司进行监督，《金融服务现代化法》规定，美联储是金融控股公司的"伞形监管者"，从整体上评估和监管金融控股公司的整体资本充足性、风险管理的内控措施，以及集团风险对存款子公司的影响，必要时拥有对银行、证券、保险等子公司的仲裁权。同时，该法规定当各具体业务的监管机构认为美联储的监管措施不当时，可优先执行各监管机构自身的制度，以起到相互制约的作用。在协调性和兼容性方面，要求美联储、证券管理机构与保险管理部门加强协调与合作，相互提供关于金融控股公司和各附属子公司的财务、风险管理和经营信息。美联储在履行监管职责时，一般不得直接监管金融控股公司的附属机构，而应尽可能采用其功能监管部门的检查结果，以免形成重复监管。美国的分业监管模式最大的特点是主监管者美联储既拥有监管金融控股公司的相对权力，同时其权力又受到功能监管的牵制，严重依赖功能监管。

二、统一监管模式——以北欧国家和德国为代表

统一监管，是将金融的所有业态置于同一个监管机构的监管之下。在德国，通过 2002 年的改革在财政部下面设置了联邦金融监管局，统一负责银行、证券、保险的监管，下设银行、证券、保险监管部以及三个交叉监管部。北欧国家是较早实行统一监管模式的。在 1986 年，挪威的统一监管机构——挪威金融监管委员会行使对银行、非银行投资公司和保险公司的监管，此前已经获得了对证券业的监管职能。

统一监管的理论基础有两个方面：一是会使金融集团（金融控股公司）的监管更有效；二是在监管过程中实现规模经济，可以更好地利用管理和基础设施的支持。具体来说，统一监管可以：（1）节约监管成本。监管机构数目的减少有利于节约机构设立的行政成本与相互协调合作成本，避免金融机构由于受到重复和交叉监管，与多个监管机构打交道，提起多次授权审批程序，接受多轮监管的成本支出。（2）可以优化监管资源的配置。因为拥有丰富金融监管理论和实践的专业人士相对稀缺，统一监管机构可充分汇集监管资源并在协调一致的基础上实现资源共享，根据不同金融机构和风险状况合理配置监管资源。（3）可以明确监管职责，减少监管套利问题。（4）统一监管机构有助于形成与拥有大量金融资源的金融控股公司等大型组织抗衡和制约的外部力量，保障公共利益。

该种监管模式的优点有：适应性、协调性强，可以充分适应金融创新的发展，协调监管业务在各监管部门的划分，这种适应、协调能力和

分业监管相比节约了获取信息的成本，改善了监管环境，监管的责任明确，当被监管者和一般消费者的利益受到损害时，可以进行投诉，一般会成立专门协调监管者与被监管者之间冲突的机构。其不利之处有两方面：一方面，获取信息成本低，并不代表其整个监管成本一定比分业监管低，由于缺乏竞争，可能导致浪费，严重官僚主义可能使监管环境恶化，如缺乏协调机构将导致监管者无人监管。另一方面，权力过于集中，有可能造成滥用权力，以及内部管理过于复杂；不同行业的监管重点差异造成监管效果不如预期。

三、双峰监管模式——以澳大利亚和荷兰为代表

双峰监管也叫部分统一监管，以澳大利亚和荷兰为代表，其特点是把银行和保险业统一起来，着重谨慎监管，而把证券业监管独立出来，着重市场行为监管。在澳大利亚，由审慎监管局监管银行、信用社、建房互助协会、保险和再保险公司，而证券投资委员会则负责证券监管、消费者保护和维持市场诚信，特别是零售业务的投资者在每笔金融交易中能够有足够信息作出判断。在荷兰，2002 年金融监管框架改革以后，由央行承担系统性稳定和最后贷款人职责，以及对银行的审慎监管，养老金和保险监管局负责对保险公司和养老金的审慎监管，金融市场管理局负责对所有金融机构的行为监管职责。到 2004 年，养老金和保险监管局并入央行。这样，新的央行承担了最后贷款人、系统性稳定以及所有金融机构的审慎监管职责，而金融市场管理局则负责所有金融机构的行为监管。

双峰型监管的优点有以下三方面：一是可以缓和与两大监管目标的内在矛盾，即维护金融系统安全稳健和消费者保护的矛盾。双峰型监管按监管目标来分设监管机构，使得既有专门监管机构来确保金融体系

的稳健性，另外还有监管机构给予消费者以足够的保护；二是监管机构各司其职，不存在功能重叠。审慎监管和行为监管两大职能得以有效隔离，两类监管机构可以分别聘用各自领域内的专家（负责审慎监管的机构主要聘用金融业务及经济方面的专业人士，负责行为监管的机构主要雇用实施监管规则的专业人士），以便充分履行各自的监管职责；三是行为监管机构可以为消费者尤其是零售消费者提供更加充分的保护，与此同时它也确保了市场的信息透明和市场操守。行为监管机构的权力体现在：制定监管规则，设立仲裁调解机构、开展机构巡查项目以及制定不同形式的消费者利益补救方案。

双峰型监管的主要缺点在于：一方面，在目标优先性的选择上主观性太强。从金融体系整体来看，当两个目标存在矛盾时，仍无法同时兼顾两者；从实践来看，当审慎监管与保护消费者的目标发生冲突时，一般更强调金融系统稳健性为重。另一方面，与功能监管类似，双峰型监管也使一家金融机构需要同时接受几个监管部门的监管，容易造成金融机构管理成本的上升和监管效率的下降。双峰型监管的支持者可能过于强调系统性风险防范和消费者保护这两个目标之间的区别，事实上这两个目标联系密切，长期来看具有很强的一致性。

第二节　金融控股公司的监管内容

金融控股公司的监管内容主要包括市场准入、资本充足率、内部交易、内部控制、结构透明度、股东及高管任职资格以及监管机构之间信息交流的监管等。

一、市场准入

国际上对于金融控股公司的市场准入，一般采取市场原则，即只要达到监管当局所规定的要求，就可以成为金融控股公司。监管当局的要求，主要出于反垄断、资本充足率和管理良好三方面的考虑。近年来，由于金融风险频繁发生，目前各国金融监管当局关于市场准入条件限制已经并不局限于本国法律对该金融机构的基本要求，而是把母国对其是否有完善的监管也作为外国金融机构市场准入的重要前提。因为在发生危机时会涉及监管的国际合作，从 2008 年金融危机的救助实践看，金融监管的国际合作存在一定的困难，所以各国在审批外资金融机构时非常关注该外国金融机构是否受到有综合监管能力的母国当局的监管，否则将严格控制或禁止该国金融机构进入本国市场。例如，美国、欧盟、加拿大、新加坡等国家（地区）都纷纷制定法律对跨国金融机构在母国的表现进行审查。

二、风险集中度

风险集中度是指金融控股公司的一个或多个实体承担的可能导致损失的风险暴露，而且这些风险暴露数量之大，足以威胁到金融控股公司内一个或多个公司的清偿能力。包括对客户的信用风险暴露，对风险相关公司或不动产的投资，地区性或其他相关联的保险风险，投资型风险等。为了防止金融控股公司在总体上风险过度集中于某些特定交易对手、地区、金融市场，有关的国际监管规则均对风险集中度进行控制。一是设定风险集中的数量限额，即对整个金融控股公司与公司外单一交易对手的交易金额进行控制。二是要求金融控股公司建立有效的风险管理制度及内部控制机制。三是健全向监管者报告的机制及公众信息披露机制，要求金融控股公司定期向监管者报告其相关的风险集中状况。四是赋予监管者有效实施监管的权力。

三、资本充足率

资本充足率是对金融控股集团监管的核心内容之一。资本充足率的要求，一般在子公司和控股公司层面上分别进行，特别是为了保证存款类机构的安全，一般对存款类机构的资本充足率有严格的要求，而且在存款类机构发生资本金不足时，金融控股公司有责任弥补其资本的不足。欧盟指引中对金融控股公司资本充足率的监管，实际包括三个层次：一是控股公司本身的资本充足率；二是被控股子公司或其他持股公司的资本充足率；三是将整个金融控股公司视为一个整体的资本充足率。前两个层次的资本充足率，一般比照单个金融机构的资本充足率要求，对金融控股公司整体的资本充足率，则需要在并表的基础上，采取适当方法提出资本重复，以计算资本充足率。

根据 1999 年发布的《多元化金融集团监管的最终文件》，资本充足率有以下几种检验方法。①

（一）分块审慎法

分块审慎法是将控股公司及子公司视为单一经济实体，以控股公司层次的合并报表为基础，基于审慎原则，合并报表依据单一的监管对象，

---

① 宋建明. 金融控股公司理论与实践研究——发达国家与中国台湾地区经验借鉴 [M]. 北京：人民出版社，2007：156.

分为银行、保险、证券和非金融机构四大类，而后计算每一独立监管对象的监管资本，然后将每一子公司的账面资本与相应的法定资本比较，计算出每一子公司有无资本缺口；若有子公司存在资本缺口，则以可调剂资本进行弥补。最后，将每一子公司的监管资本与未接受监管公司的名义资本加总，与控股公司的账面资本比较。分块审慎法的特点是，允许资本盈余和赤字在控股公司内部进行综合平衡，某一类业务的资本盈余可以用来弥补另一类业务的资本赤字，使监管机构不必拘泥于单一业务风险状况，从总体的角度来评判控股公司的资本充足状况。

（二）风险基准加总法

以风险为基准的加总法与分块审慎法类似，不同点在于此法适用于集团的合并财务报表不易获得或是控股公司的内部往来无法冲销的情况。此法是将控股公司内接受监管公司的监管资本与不接受监管的名义资本汇总后，与控股公司的账面资本做比较，为了避免资本的重复计算，需剔除控股公司内部相互持股份额。因此，计算控股公司的账面资本时，应先汇总控股公司及附属公司的资本，再扣除控股公司参与附属公司账面的投资金额。

（三）风险基准扣减法

以风险为基准的扣减法与风险基准加总法非常类似，也是适用于无法得到控股公司合并财务报表的情况，但与加总法的区别在于：它是从控股公司的角度对子公司的资产负债项目（尤其是净资产）进行分析，并允许以一个实体的资本盈余去弥补另一实体的资本缺口的特殊做法。但附属公司的任何直接或间接相互持有的权益均假设为零。所以在计算中予以剔除。

由于扣减法假设可以转移一个实体的资本盈余，来承担控股公司另一实体的经营风险。所以这种方法适用于按持股比例对子公司合并报表的情况。经监管机构详细检查后，多余的资本转移可能被调整，例如，预交所得税或其他不可转移的资本项。其简易计算步骤如下：从控股公司的资本中扣除对子公司的投资，加上每一附属子公司调整后的资本盈余或缺口，减去控股公司的监管资本，最后得到控股公司的资本盈余或缺口。

最终文件强调，上述三种方法可交由各监管机构视具体情形酌情选用，究竟采用哪一种方法，取决于控股公司的类型、结构以及监管信息的充足性。与原有的监管方式相比，最终文件在以下四个方面有突破：一是以科学明确的度量公式取代传统资本充足性监管的数字游戏，是资本充足性监管方式的一大突破；二是一改以往不加区分、大而化之的监管思路，针对控股公司的不同类型和不同的监管特点，提出了 3 套度量标准，供各国金融机构选用；三是将非金融子公司的资本风险状况纳入监管之中，并制定了可行性规则；四是所有的方法都建立在现有的单一资本充足性要求的基础之上，并允许监管机构根据其意愿自由采纳，这也是最重要的。

四、关联交易

虽然关联交易本身属于市场行为，但是由于关联交易有可能危及金融控股公司及其子公司的资本充足率，导致风险传递从而威胁存款机构的安全，违背市场的公平交易法则，破坏金融机构监管的统一和公平，所以需要对金融控股公司的关联交易高度关注。

对金融控股公司的关联交易的监管一般集中于四个方面：要求关联交易也要符合市场原则，要求关联交易的规模在资本一定比例之

下，对某些关联交易进行禁止，加强关联交易的信息披露。而从国际
组织关于金融控股公司的监管文件看，对金融控股公司关联交易的监
管主要集中于：指导与督促金融控股公司建立一套符合会计准则和法
律的内控制度，促使公司自身关注内部交易及潜在的风险，实现有
效的内部控制；建立有效的信息报告和披露制度，增强内部交易的透
明度，以实现监管当局对风险的监控。未受直接监管的金融控股公
司及其子公司要向有关监管部门披露必要信息，包括重大股权变动、
控股新机构等其他变化；强调监管当局对金融控股公司内控制度的定
期评价。

五、公司结构透明度

金融控股公司结构透明度是指金融控股公司的组织结构透明度。组
织结构的透明，一是可以防止集团从事不正当的交易，如国际商业银行
故意设计复杂的组织结构逃避监管，参与洗黑钱，而最终被破产清算。
二是可以给集团内部机构更充分的行政自主权，防止集团内部控制部门
过度控制，而业务机构不能做出自主的经营决策，给经营带来风险。三
是在一定程度上保证了决策的科学性，防止决策者滥用职权，以权谋私。
四是保证对内对外提供的信息是及时的、可靠的和恰当的。监管当局应
鼓励金融集团采用目前成熟的组织结构类型，如事业部制，而禁止采用
过度集权或过度分权的组织制度。

六、股东适当性与任职者资格

对银行业来说对股东的适当性和任职者资格的审查，可增强银行

业的稳定性。金融控股公司从事多种金融业务，这就对股东的适当性审查提出了更高的要求，尤其是金融控股公司董事会人选的适当性审查显得尤为重要。监管者应保证至少在金融控股公司所从事的每一领域，都应有适当的重要的股东，以保证其对金融集团内部机构施加有益的影响，对经营者形成有效的约束与激励。股东应由其所擅长领域的机构监管者审查，由金融控股公司监管者审查股东分布情况。管理者任职资格的审查也显得更为重要，因为金融控股公司的高级管理人员往往是下属子公司的实际负责人，掌握了资金调度权和日常经营决策权。因此监管机构应对他们的任职资格和适当性进行严格的审查。1999 年2 月，联合论坛发布的《金融集团监管》的系列报告中，对金融集团的高管人员的适当性提出了指南，以保证金融集团成员的监管机构能够履行监管职责，并评估该成员的经营是否稳健及审慎管理。以加拿大为例，《银行法》规定银行控股公司至少有 7 名董事。若某银行控股公司是外资银行在加拿大的子公司，至少应有超过一半的董事是加拿大人，公司的首席执行官也应该是加拿大人。银行控股公司的董事不应持有银行控股公司的股份。在美国，保险控股公司高管人员也要考虑其保险从业经验和良好品行。

第三节　国际监管经验的启示和借鉴

在 2008 年金融危机发生以后，各国纷纷对金融监管制度和做法，包括对金融控股公司的监管进行调整，以适应新的形势，防止未来发生类似的危机，其启示主要包括如下几点。

一、注重宏观审慎监管和金融稳定

金融危机带来的教训之一就是监管需要关注金融体系整体的稳健性。以往的监管更多地重视个体金融机构的微观审慎监管，但是实际上，同时需要关注宏观审慎监管，加强对整个金融行业产生威胁的风险因子的监控。在微观审慎监管中，宏观经济状况通常是假设给定的，因为单一的银行或保险公司很难影响全球股市或债券市场。但实际上，充分的宏观审慎监管必不可少，因为它利于从整体上监督金融系统，并且考虑到不断累积的动态过程。宏观审慎政策随着具体监管工具的开发而发展，例如对银行的逆周期资本要求，基于宏观压力测试的额外缓冲要求，系统重要性机构的附加资本，住房抵押贷款市场中的抵押成数，贷款收入比等。进一步开发这个工具箱，是目前国际上主要的监管着力点。与这一趋势相对应的，则是强调中央银行的金融稳定职能，包括对金融控股公司的监管职能（其中一个表现就是在央行下面设立金融稳定委员会类型的机构）。这主要是因为，中央银行最终要对系统稳定负责，作为最后贷款人，把微观和宏观审慎监管置于央行体系内是有效解决金融稳定问题的途径。由于央行肩负支付体系的重担，任何大银行或金融控股公司的倒闭都会破坏支付体系的稳定，所以强化央行的金融稳定职能及对金融控股公司监管的职能，有利于支付体系的稳定。以英国为例，1997年至2008年，英国一直实行"三驾马车"监管模式，即由金融服务局（FSA）与英格兰银行、财政部共同分担金融体系保护责任，但这一"三方共治"的监管体系在金融危机中严重失灵。为消除"宏观监管缺口"，英国议会2009年2月出台了《2009年银行法》，确立了英格兰银行作为中央银行在金融稳定中的核心地位，英格兰银行集货币政策、金融稳定、金融市场运行以及存款性金融机构处置等职能于一身，成为"超级央行"。

二、完善微观审慎监管框架

2008 年金融危机发生后，各主要国家纷纷从扩大监管范围和限制银行的高风险业务两个方面来完善微观监管框架。例如美国金融监管改革方案中，创设了一个新的监管类别——一级金融控股公司。一级金融控股公司不局限于银行控股公司，任何可能对金融体系和经济造成严重冲击的金融机构，不管是不是银行控股公司或是控股保险存款机构，都被视为一级金融控股公司。这样就将对冲基金和保险公司等纳入了监管范围。在美国原有监管模式下，对冲基金很少受到监管。危机后，美国要求资产价值在 1 亿美元以上的对冲基金须向证券交易委员会登记，并开放其账目，接受更为详尽的审查。另外，实现传统业务和高风险业务的适当隔离。美国在银行业务方面适用了"沃尔克规则"（Volcker Rule）。沃尔克规则旨在解决传统业务的公共性和自营业务的矛盾引发的问题。银行的传统存贷业务属于公共事业范畴，理应得到政府救助，但政府不应为银行的投机行为买单，所以银行的传统存贷业务应与投机业务分离，出现危机时政府只需救助银行的传统业务。根据该规则，吸收存款的银行必须剥离各自的衍生品业务。这些业务不仅涉及新型衍生金融产品，还包括对冲基金等业务。①虽然该规则的正式实施一再推迟，但很多金融控股公司已经开始按照规则采取措施。英国在 2012 年，根据独立银行委员会的建议，实施"围栏法则"进行结构化监管改革，在集团内部对零售银行和投资银行业务实行隔离。"围栏"内的业务主要是欧盟区内的个人及中小企业存贷款和支付结算服务；"围栏"外主要是证券承销、在二级市场购买贷款及其他金融工具等。零售银行业务（零

---

① "沃尔克规则"规定，一家银行对任何单只基金的投资不得超过基金资产规模的 3%，且总投资额不得超过该银行一级资本的 3%。

售存款、个人透支和对中小企业贷款）等必须在受保护实体内。"围栏法则"的重点就是"集团综合经营，机构分业经营"。它允许同一集团内部的不同金融机构之间隔离业务，受保护业务与分属于另外独立子公司的其他业务可共存于同一集团内，但不受保护的业务必须遵从更为严格的规定，包括限制内部交易规模等。

三、强调监管的国际合作和协调

金融机构，特别是大型的金融控股公司，往往成为高度国际化的跨国企业。所以加强对跨境金融控股公司的监管呼声也越来越高。金融危机的经历也凸显了对跨国金控公司进行更有效国际化导向监管的必要性。因为金融危机的经历表明在经营过程中，外资金融控股公司风险偏好更强，资产证券化产品、金融衍生产品、交易性业务占比更高，其经营风险更加突出。另外，在金融危机发生后，临时拼凑的国际合作是很困难的。例如，在2008年国际金融危机中对美国国际集团救助的问题上，美国政府既没有寻求也没有接受来自外国政府的合作，因为既没有预案，也缺乏时间。结果，救助美国国际集团的资金有620亿美元支付给16家交易对手，最大的一笔支付给法国兴业银行(165亿美元)，引起了美国国会的强烈不满。[①]所以2011年初，欧洲成立了新的欧洲金融监管体系，由欧洲银行监管局、欧洲保险与职业养老金监管局，以及欧洲证券及市场监管局组成。同时，各国金融监管当局也在加强合作，协调对金融控股公司的监管，特别是金融控股公司的母国实际上承担了在危机期间最后救助的处置责任。

---

① AIG 最大的交易对手中，只有 25% 的总部在美国。来自 Schoenmaker，D.Governance of International Bnaking:The Financial Trilemma，Oxford University Press，2013。

四、监管方式更具前瞻性、主动性和全面性

金融危机证明监管需要更具前瞻性、主动性和全面性。监管机构要保持警觉，在必要时雷厉风行，而不是依靠软弱的执行和劝导这类软性策略。过去，道义上的劝告被证明是解决问题的有效手段。但是，行为科学表明，如果被监管机构缺乏能力或者不愿意遵循规范，那么劝说技巧通常会徒劳无功。在很多金融控股公司，管理和业务的复杂性往往超越了高层管理者能够驾驭的范围，不适当的激励机制又鼓励了道德风险。所以，在许多金融机构中市场力量已经无力阻止风险管理中的不当行为。风险管理中的一些常识，如"只对你了解的产品进行投资"等在一些时候被放弃，用来评估和管理风险的模型的复杂性又让高级管理人员难以判断相关风险。特别是，风险相互作用产生的复合效应有时是危机之前的风险管理工具无法有效评估的。

五、加强金融监管机构之间的协调

美国在金融危机中暴露的监管问题之一就是监管机构过于繁杂，导致了严重的监管套利问题。例如，由于联邦银行和州银行的两种银行体系并存，有些银行如果不符合联邦银行的注册要求，只要到州监管部门注册即可。另外，有一些非银行金融机构虽然行使吸收公众存款职能但因为不是银行，实际上可以逃避对银行业务的严格监管。中国监管机构之间的合作和协调也是一个有待解决的问题。在中国，目前金融体系中潜藏着各种引发系统性风险的因素。例如，影子银行风险、地方融资平台风险、房地产等资产价格泡沫可能引发银行不良资产的大规模增加，并对金融体系造成巨大冲击。虽然各个金融监管机构之间建立了金融联

席会议等形式，但监管错位、越位、缺位的现象严重。为此，应在更高层级建立协调机制，特别是建立信息共享平台。中国监管机构之间的合作和协调也是一个有待解决的问题。2017 年 11 月，国务院金融稳定发展委员会正式成立，意味着未来金融监管将会在更高层次、更大范围上实现统筹协调。未来，资管业务统一监管、金融控股公司监管规范、金融业综合信息统计等涉及统一监管方面的政策举措将会加快推进实施。

第五章 CHAPTER 5

金融控股公司运行模式宏观效应的国际经验

实体经济的发展离不开金融支持，金融控股公司对实体经济的支持作用不仅体现在协同效应带来的效率提升，同时也体现在不同金融控股公司运行模式对不同的实体经济类型具有各自的适应性。纯粹型、事业型和全能银行型各自不同的运行模式，叠加差异化的金融监管环境，既派生于美国、日本和德国等不同国家的经济金融环境，也对相关国家的融资结构、实体经济和金融风险防范体制等产生了重要影响。

第一节　金融控股公司运行模式对融资结构的影响

一、各国融资结构比较

融资结构也叫资本结构，是企业在筹集资金的过程中，从不同的渠道获取资金及其之间的比例关系。融资的方式通常包括以银行贷款为代表的间接融资和以股票、债券为代表的直接融资。在世界银行的报告中，间接融资也被称为"银行主导型融资"，直接融资也被称为"市场主导型融资"。各种融资方式分别发挥不同的功用为资金融通提供便利的金融服务。

从各国融资结构的现状看，直接融资近年来呈上升趋势。通过资本市场直接融资为企业发展筹措资金，有助于解决经济发展中的资金短缺问题。无论是以市场为主导的美国，还是具有强烈政府干预色彩的日本和韩国，抑或是银行起着重要中介作用的德国，其上市公司总市值对GDP 的占比都呈上升趋势。该指标在一定程度上反映了直接融资与间接融资此消彼长的关系。这里我们根据美国 2000—2015 年 16 年来的数据，分析美国融资结构中的变化情况。①

在美国，市场主导是主流，直接融资一直在经济中处于绝对主导地位。美国上市公司的数量从 2000 年的 7524 家一度降至 2012 年的 4102 家，主要原因是企业自身治理或经营不善，要么被并购、收购，要么破产退市。此后，上市公司数量处于平稳回升状态，截至 2015 年为 4381 家。这也反映了当时美国经济可能已处于复苏阶段，企业上市融资规模在一定程度上是经济复苏在资本市场上的前瞻性表现。

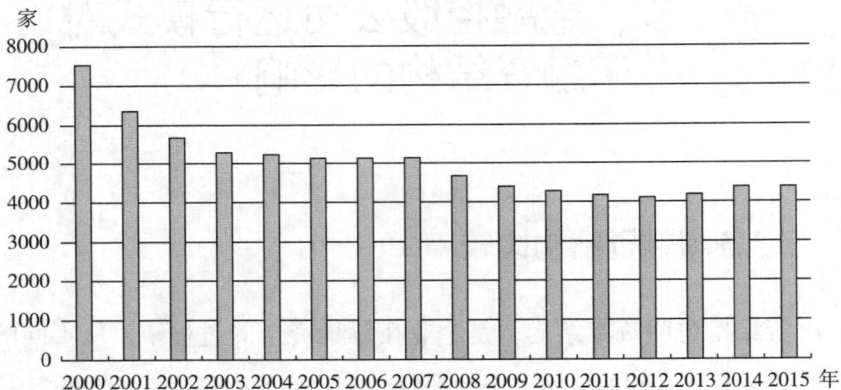

图 5-1-1　2000—2015 年美国各年上市公司数量

2000—2015 年，美国上市公司的数量虽整体下降，但上市公司的总市值一直处于上升趋势，除 2008 年总市值低于 GDP 之外，其余年份均高于 GDP。2013 年开始，整个上市公司的总市值上升趋势加快，反映出美国经济复苏势头明显。从上市公司总市值占 GDP 的比重来看，只有 2008 年因受金融危机严重冲击，对 GDP 的占比是 78.75%，其余 15 年占比都在百分之百以上，2014 年占 GDP 比重更高达 151.6%，超过了 2000 年美国 IT 经济繁荣时的 146.89%（见图 5-1-2）。

①图 5-1-1 数据根据 Wind 数据进行整理和绘制。

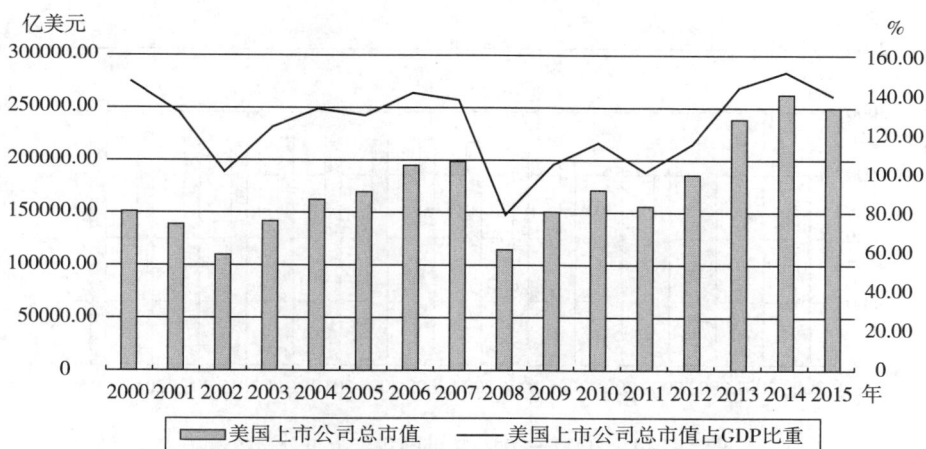

图 5-1-2　2000—2015 年美国上市公司总市值及 GDP 占比

日本和韩国的融资结构中，直接融资对 GDP 的贡献尚未占据主导地位。两国融资结构因经济政策和制度的差异，又表现出不完全一致的态势。

日韩两国进入资本市场直接融资的上市公司的数量都呈增长趋势。图 5-1-3 和图 5-1-4 显示，韩国上市公司增长趋势明显比日本平稳。韩国在遭受次贷危机冲击时，没有像日本那样，资本市场遭受大幅度冲击。

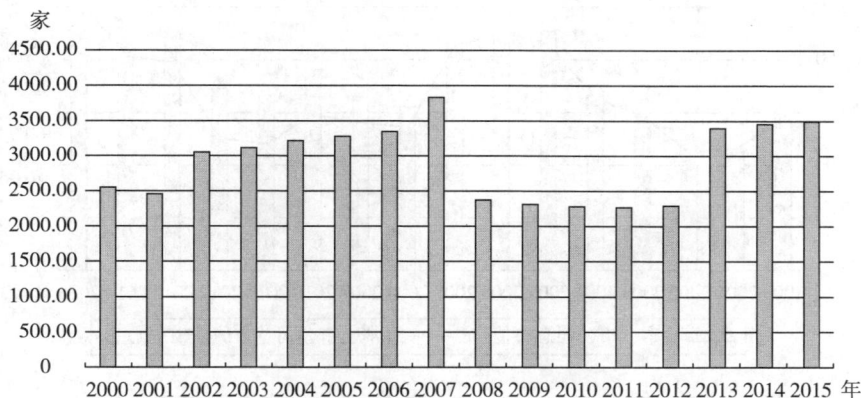

图 5-1-3　2000—2015 年日本各年上市公司数量

家

2500

2000

1500

1000

500

0

2000 2001 2002 2003 2004 2005 2006 2007 2008 2009 2010 2011 2012 2013 2014 2015 年

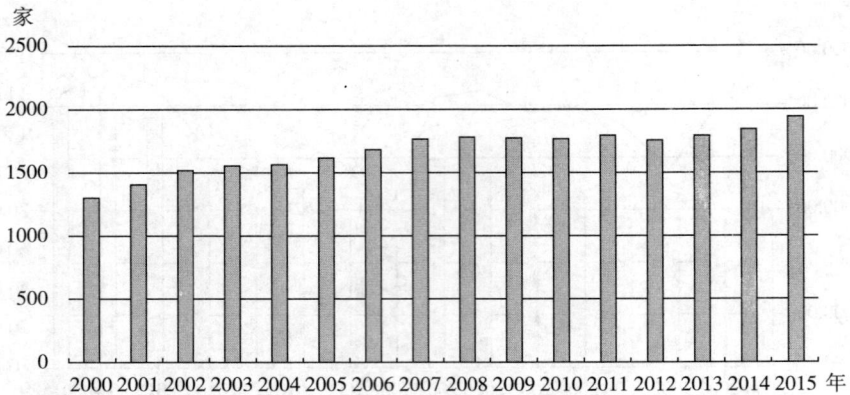

图 5-1-4　2000—2015 年韩国各年上市公司数量

从上市市值看，图 5-1-5 和图 5-1-6 显示，日本上市公司的总市值在 2008 年次贷危机以前明显高于韩国；但在危机后，其占 GDP 的比重明显低于韩国。与日本不同，韩国上市总市值对 GDP 的占比一直呈平稳上升趋势，不像日本危机前后波动非常明显。

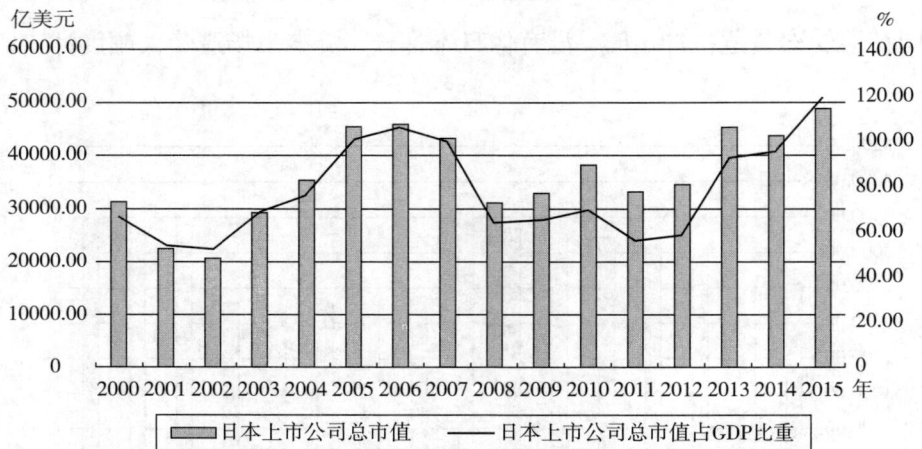

亿美元 　　　　　　　　　　　　　　　　　　　　　　　%

60000.00 　　　　　　　　　　　　　　　　　　　　140.00

50000.00 　　　　　　　　　　　　　　　　　　　　120.00

40000.00 　　　　　　　　　　　　　　　　　　　　100.00

30000.00 　　　　　　　　　　　　　　　　　　　　80.00

　　　　　　　　　　　　　　　　　　　　　　　60.00

20000.00 　　　　　　　　　　　　　　　　　　　　40.00

10000.00 　　　　　　　　　　　　　　　　　　　　20.00

0 　　　　　　　　　　　　　　　　　　　　　　0

2000 2001 2002 2003 2004 2005 2006 2007 2008 2009 2010 2011 2012 2013 2014 2015 年

■ 日本上市公司总市值　—— 日本上市公司总市值占GDP比重

图 5-1-5　2000—2015 年日本上市公司各年总市值及 GDP 占比

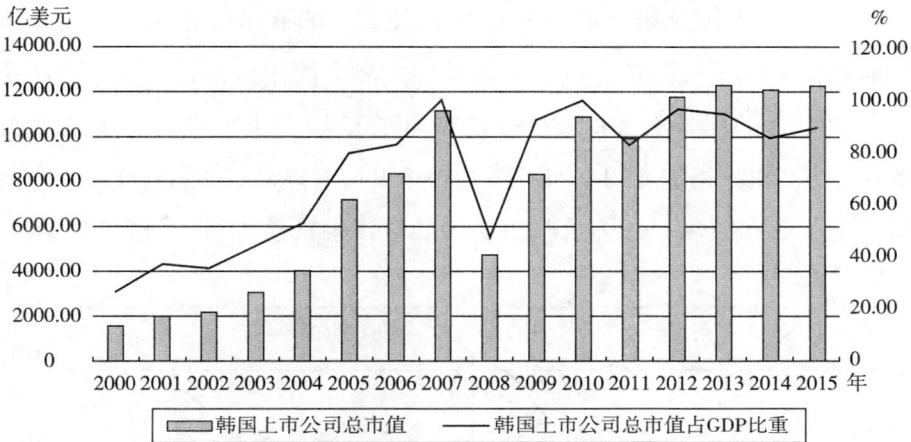

图 5-1-6　2000—2015 年韩国上市公司各年总市值及 GDP 占比

　　德国的直接融资规模远不及市场主导型的美国。数据显示，德国通过资本市场融资的直融规模在 GDP 中的占比不到 50%。这与德国全能银行的金融布局有着密切的关系。图 5-1-7 显示，德国的上市公司数量自 2000 年为 1022 家，到 2015 年已经下降到 555 家，而且这一递减趋势并未因 2008 年金融危机冲击而有大的影响。

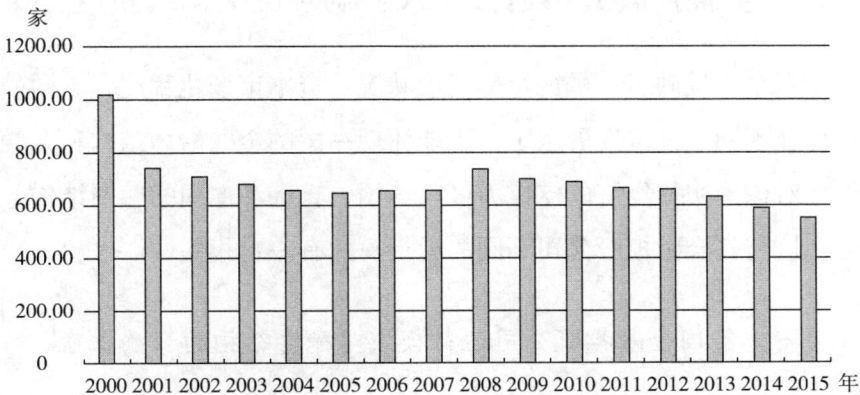

图 5-1-7　2000—2015 年德国各年上市公司数量

德国的上市公司总市值占 GDP 的比重一直在低位徘徊，这与德国政府长期以来重视制造业发展，以及在发展全能银行模式的混业金融中加强对企业的引导有关。2000—2015 年，德国上市公司总市值占 GDP 的比重从 2000 年的 65.14% 降到 2015 年的 51.13%（见图 5-1-8）。其间出现了几次波动，总体反映出德国的直接融资模式对经济影响有限。

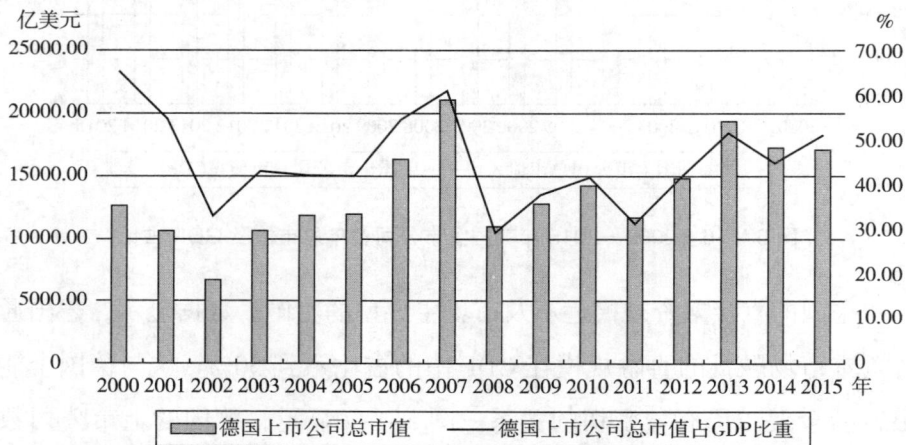

图 5-1-8　2000—2015 年德国上市公司各年总市值及 GDP 占比

二、金融控股公司运行模式影响融资结构的机理

融资结构反映了一国的金融发展状况、资本市场化程度，不同的融资结构在不同的经济发展水平，更能体现一国的金融治理结构和金融政策架构对该国实体经济的支撑力度。美国、日韩和德国的融资结构差异明显，这与其金融控股公司不同的运行模式有一定相关性。

（一）美国金融控股公司运行模式对融资结构的影响机理

美国金融控股集团公司地位确立的过程，也是美国融资结构最终以直接融资为主导地位的确立过程。美国金融市场高度发达，法律制度健全完备，资本市场中股票、债券以及在其基础之上的金融衍生工具的大力发展，形成了多渠道、多层次的直接融资模式。各种类型企业只要具备完善的融资条件，就能很快到金融市场融通到急需的资金。由此也形成了美国融资结构中以直接融资为主、间接融资为辅的局面。由各大财团掌控的美国金融控股公司及其关联企业成为美国资本市场的主力，同时也保证了美国资本市场平稳运行的可持续性，保证了美国直接融资规模在融资结构中的比重持续加大。

（二）日本、韩国银行控股集团模式对融资结构影响的机理

日本的直接融资不及美国发达，日本的资本市场发展受制于日本的金融布局，特别是六大财团重组为三大银行控股集团之后，其对日本经济、金融的重要性进一步提升。日本政府为了牢牢把握对金融和工商企业的控制权，也更倚重对大银行的"窗口指导"，系列配套法规侧重于从监管角度加强金融对接企业的融资活动。日本银行控股集团的强大影响在一定程度上抑制了直接融资规模的发展，这是日本上市公司总市值占 GDP 比重一直不是很高的重要原因。

韩国自亚洲金融危机之后，由金融分业经营向综合经营转变，金融控股集团的负债比率受到监管层的严格监管。同时，韩国效仿美国大规模发展资本市场，导致控股集团在资本市场业务上投入了相当规模的资金，这样在一定程度上刺激了资本市场的发展。因此，韩国上市公司总市值的 GDP 占比明显高于日本。

（三）德国全能银行模式对融资结构影响的机理

德国是典型的混业经营模式的国家，其融资结构一直是以间接融资为主。由于全能银行可提供一揽子、多元化的金融服务，银企关系紧密，

德国企业更倾向于求助于间接融资。这就使德国资本市场上直接融资规模缺乏大幅增长的土壤，总市值占 GDP 比重一直处于低位。

三、金融控股运行模式对融资结构的影响

（一）美国金融控股公司对融资结构的影响分析

美国是以直接融资为主的融资结构，上市公司总市值占 GDP 的比重接近 150%，上市公司总市值远超过美国国民生产总值，这与美国金融控股公司变迁过程中，其与监管制度变革间的互相推动有关。美国金融控股集团一直伴随着美国资本市场的发展，混业经营刺激了各种金融衍生品的创造和发展，使得金融市场中的直接融资规模一直处于很高的水平。

美国金融控股公司对融资结构施加影响还要归功于金融监管制度的推行。例如，美国禁止银行直接从事其他非银行的金融业务，但允许银行控股公司收购证券、保险等非银行业子公司，通过其证券子公司从事证券业务，刺激了资本市场的证券、债券业务；同时，金融控股公司采取二级法人制，各子公司是完全独立的法人机构，有充分的经营自主权和激励制度，为更多市场主体进入资本市场融资创造了微观渠道。这一模式的存在，使得美国融资结构在金融控股公司的影响下，直接融资保持了长期繁荣。

（二）日韩银行控股集团模式对融资结构的影响分析

日本与韩国银行控股集团对其两国融资结构的影响是通过两国金融监管制度和产业政策导向来传递的。日本长期以来是大型财团把持着日本的金融业和实体产业，银行资本与产业资本交织在一起形成银行控股集团，对日本企业的融资结构产生着决定性影响。这些因素的合力促

使日本的传统银行业务模式占据着重要地位；而依托资本市场直接融资的资本结构还未形成，这也是日本的上市公司总市值对 GDP 的占比一直处于低位水平的重要原因。

韩国在 1997 年亚洲金融危机后政府既大力推动银行控股公司模式，也积极鼓励资本市场为实体经济服务，因此其融资结构的变化与该国金融控股公司的发展同步进行。企业进入资本市场进行直接融资的规模也在不断扩大。除了股票市场外，其债券市场也开始快速发展起来。

（三）德国全能银行模式对融资结构的影响分析

德国的全能银行模式是二战后混业经营的典范，从德国的顶层设计到具体的实体产业，都有一系列的监管制度和法律保障。由于全能银行模式的存在，以及德国政府的政策得力，政府与全能银行之间建立了良好的互动关系，使得全能银行能够全面而深刻理解政府的产业导向，在信贷投放和进入资本市场业务的过程中，始终注重政府对制造业的重视，有的放矢地将资金通过信贷方式投放到制造业的技术改造和产品创新中；加之政策优惠和保护等配套措施的跟进，使得很多企业愿意通过信贷渠道从银行融资，只有少部分企业根据自身发展需要，从资本市场直接融资；再者因为德国对进入资本市场的准入设限严格，所以，德国的全能银行带给其融资结构的布局主要体现在间接融资为主、直接融资为辅的局面上。从上述图中数据也能看出，一方面，德国上市公司数量及总市值对 GDP 占比都处于很低的一个水平，直接融资规模远远不及日韩和美国；另一方面，也反映了德国金融业发展的稳健性，及其对金融风险防范的审慎性。以直接融资为辅、间接融资为主的德国融资结构模式将伴随着德国全能银行模式一直发展下去。

第二节　金融控股公司运行模式对实体经济影响的国际经验

一、实体经济的类型及各国结构特征

不同国家对实体经济的定义不尽相同，本书将其定义为一国经济中除去房地产和金融市场之外的部分。实体经济直接与民生和企业生存联系在一起，是一国市场稳定运行的最广泛基础。

实体经济的类型除了可以用农业、制造业、纺织、食品等行业结构来区分外，也可以按照企业规模来划分。国际上一般将企业分为大、中、小类型，世界银行、世贸组织和欧盟将中、小型企业统称为 SME（Small and Medium Sized Enterprises）。每个国家 SME 的具体标准不完全一致。例如，美国将雇员数少于 500 人的独立企业定义为中小企业。欧盟 SME 的划分标准是，雇员数少于 250 人，销售额小于 5000 万欧元，总资产小于 4300 万欧元。日本中小企业局对于不同行业的企业规模有不同的划分标准：制造业 SME 注册资本小于 3 亿日元，员工数少于 300 人；批发类企业 SME 注册资本小于 1 亿日元，员工少于 100 人；服务业 SME 注册资本低于 5000 万日元，雇员少于 100 人；零售业 SME 注册资本小于 5000 万日元，员工则以 50 人为标准。

美国大型、中小型企业对经济产出的贡献较为平均。《美国 2015 年中小企业融资现状》白皮书显示，美国约有 2800 多万家中小企业，占企业总数的 99%，雇员人数超过私人部门总就业人数的 50%，创造了 65% 的私人部门新增就业岗位。中小企业对非农 GDP 的贡献超过

50%，占美国出口企业数量的 98%，占出口总收入的 34%。

日本传统上是以大企业支撑经济的国家，大型企业集团掌握着市场和订单，中小企业主要依靠大企业的订单生存。尤其是日本经济从 20 世纪 90 年代进入衰退期，日本中小企业的破产率也随之升高，经济增长更加依赖于大型企业集团的贡献。然而，近年来日本中小企业发展迅速，逐渐成为日本经济的中坚力量。《日本 2016 年中小企业白皮书》显示，2016 年 SME 总数占日本企业总数的 99.7%，提供了私人部门 70% 的工作岗位，并贡献了约 55% 的国民生产总值。

德国的经济命脉同样高度依赖于上百万家中小型企业。在很多行业，德国中小企业实力雄厚，经营十分成功，且在全球市场处于领先地位。德国 SME 主要是出口导向型企业，约占德国企业总数 99% 的 SME 贡献了约 68% 的总出口额，拉动了 62% 左右的就业。在 2764 家中型全球领导企业中，德国独占 47%。

二、金融控股公司运行模式对实体经济影响的理论

实体经济的发展离不开金融支持。金融控股公司对实体经济的支持作用，一方面体现在协同效应带来的效率提升；另一方面，不同金融控股模式对于不同的实体经济类型也具有相对差别化的适应性。

（一）美国金融控股公司模式对实体经济影响的机理

美国主导的纯粹型金融控股模式通常是由不从事具体金融业务的非经营性企业作为控股方，银行、保险、证券等两家或多家金融机构作为被持股方，金融控股公司通过股权控制统一管理、协同运作，并取得股权收益。其主要职能是监督管理，负责收购、兼并，转让子公司股权，

协调内部资源共享，投资新领域等。子公司都是独立的法人实体，子公司相互间建立了有效的内部防火墙制度，贯彻分业经营原则。

典型的美国金融控股公司支持企业的方式可以归纳为：第一，利用"商业贷款＋股权投资"模式产生的协同作用，例如，商业银行和股权投资基金合作，通过对企业行使期权、认股权获得额外投资收益弥补业务的高风险。第二，商业银行从合作中获得更多企业信息，用于判断企业管理团队、商业模式和发展前景是否得到认可，作为下一步为企业提供融资的依据。这种方式尤其适合信息较为不透明、风险较高的中小企业。第三，通过开发集团内部共享的风险审批系统，处理风险与收益匹配的问题。然而，美国金融控股模式下协同优势的实现仍存在障碍，例如，《金融服务现代化法》对金融控股公司在保护客户隐私方面做了一定的规定。金融机构在与客户关系存续期内，必须每年告知客户有关其向联营机构披露非公开个人信息的具体政策和程序，客户有权拒绝金融机构将其部分非公开信息与联营机构分享。

（二）日本银行控股集团模式对实体经济影响的机理

日本的金融控股集团是以银行为中心的模式，这与日本银企关系是以主办银行为中心的模式相关。所谓主办银行，指的是与企业长期密切联系往来的一两家主要商业银行。银行控股集团对实体经济的影响具有三大特征：一是银行贷款是企业最重要的外部资金来源，同时贷款是日本商业银行最重要的收入来源，而且主办银行通常更倾向于提供短期贷款，从而加强对企业日常财务工作的监督。二是主办银行大都向企业派遣由公司支薪的内部董事等经理人员，这样一方面可以弥补企业财务人员的缺乏，另一方面借此准确把握企业的经营状况。三是主办银行与企业有综合业务往来，除贷款外，还提供清算兑付、咨询、承销企业债券等服务。在企业发生财务危机时，一些主办银行往往会单方面放弃偿付权利，以帮助企业渡过难关。

（三）德国全能银行模式对实体经济影响的机理

德国的全能银行在德国经济中占据主导地位，它不受金融业务分工的限制，可为企业提供长期贷款、有价证券发行、资产管理、财产保险、外汇和贵金属交易等多元化的金融服务，还可以经营非金融性质的实业投资。全能银行制度下，由于各金融业态只是集团的部门，协同作用较强，在减少银行和企业的信息不对称方面具有独特优势，尤其适合为中小企业提供长期和全方位的金融服务。德国全能银行对实体经济的作用主要体现在：一是同时提供多元化、一站式的融资服务。客户经理在为企业提供贷款时，若发现其还有股权融资、发行债务融资工具或者并购重组等需求时，只需把客户推荐给相关部门，不同部门之间可以灵活约定收入分享机制，共享客户资源。二是有效降低企业融资成本。全能银行以商业银行为依托，具有聚集大量资金的能力，在开展投行业务时具有明显的资金成本优势。此外，同一机构提供不同的业务降低了银行经营成本，从而有利于企业控制融资成本。三是全能银行内在稳定的抗风险优势能为整个实体经济提供稳定的融资服务。由于全能银行收入来源多样化，部分业务的亏损可由其他业务的盈利来补偿，有利于银行体系保持稳定。

三、金融控股公司运行模式对实体经济影响的经验

（一）美国金融控股公司模式的影响及其特点

美国具有世界上最发达、最多样化的金融市场，买卖期限小于 1 年

的货币市场由承兑市场、商业票据市场、银行短期信贷市场、贴现市场、联邦基金市场和短期政府债券市场构成。借贷期限在1年以上的资本市场则包括债券市场、股票市场、抵押市场和贷款市场。作为美国金融市场的参与主体，金融控股集团为企业提供了登陆金融市场的多种方式。美国金融控股模式决定了其子公司的独立性较强，商业银行、证券、保险、投资公司等具有很强的专业性。美国大型企业由于信息较公开、信用状况较好，通常较容易通过银行等多种渠道进行融资，金融控股集团更倾向于为此类企业提供多元化、全方位的服务。然而，传统商业银行等金融机构对中小企业的资信状况和履约能力不很了解，常常拒绝批准小企业的贷款申请。中小企业除了靠企业主自有储蓄外，主要依靠中小企业投资公司和风险投资公司提供贷款。在金融控股模式下，风险投资基金对中小企业的投资带动了商业银行及其他金融机构的介入，优化了中小企业的融资环境。《美国中小企业融资现状》数据显示，1999年美国通过《金融服务现代化法》允许金融部门混业经营之后，中小企业获得的贷款总额逐年上升，2008年次贷危机后略有下降，自2012年起再次呈持续上升态势。

（二）日本、韩国银行控股集团模式的影响及其特点

日韩银行控股集团模式下，主办银行在支持实体企业的过程中发挥着重要的功能。其优越性体现在：首先，主办银行由于往往与企业相互持股，对企业能够适时适度地提供短期流动资金、紧急融资和战略性投资资金。其次，银行控股模式下大企业主办银行制度的实行有利于企业长期稳定的经营，使企业职工、交易对象、股东、债权人等与企业经营有直接利害关系的各方形成某种默契，避免企业在资本市场过度竞争，降低企业被收购的风险。最后，主办银行与其他的金融机构相比，对企

业的经营和财务状况的监督机能表现得更充分，并且形成制度化，客观上起到了防范企业风险、促进企业经营效率不断提高的作用。例如，主办银行及时制止企业的不利于债权人利益的财务活动，确保企业的经营建立在资金有效利用的基础上，尽可能帮助企业协调与企业经营活动有关的各方面的关系等。

（三）德国全能银行模式的影响及其特点

全能银行在二战后的重建时期以其高效率的运作，为德国经济发展发挥了重要作用。其对实体经济的显著作用体现在：第一，全能银行与企业关系密切，通过控股组成财团从而拥有众多的客户，而且其商业银行部分已经形成全球性销售网络。如德意志银行以全球网络为后盾，以较低成本为客户提供证券承销、企业融资、资本市场衍生工具、股票包销、资产管理，以及组合投资管理等综合性的跨国金融服务。第二，全能银行业务范围较广，能够同时为顾客提供多种服务，经营成本低，在保障资金的盈利性、安全性和流动性方面有独特优势；全能银行在应对金融全球化和自由化带来的金融市场深刻变化的挑战中，表现出较高的应变能力、灵活性及较强的竞争力。

第三节　金融控股公司运行模式与系统性风险防范

一、系统性风险的定义

近年来，系统性风险得到了前所未有的重视，但对其定义却并没有统一的认识。一般认为，"系统性"一方面是指一个事件影响了整个体系的功能，另一方面是指一个事件让不相干的第三方也承担了一定的成本。考夫曼（2003）将"系统性风险"定义为一个事件在一连串的机构和市场构成的系统中引起一系列连续损失的可能性。国际清算银行(BIS，1994)、美国联邦储备委员会(FRS，2001)的定义与考夫曼类似。上述对系统性风险的定义侧重于单体风险对系统性风险的传染性，即认为系统性风险是由单体风险引起。

次贷危机爆发以后，各国监管部门对系统性风险有了新认识。时任美联储主席伯南克（2009）对系统性风险给出了一个广泛定义，称系统性风险是威胁整个金融系统以及更广泛经济而非一个或两个金融机构稳定性的事件。

2009 年，欧洲央行行长特里谢指出，考虑到系统性风险的极度复杂性和制定有针对性的应对政策的需要，认为有必要将系统性风险分成三类：一是传染性风险，指由起初的个别风险以一种连续的方式在更广的范围内传递而成的风险。二是金融市场冲击导致的共同风险和不利的宏观经济形势可能对金融中介机构和市场造成一系列问题。三是金融失衡，如随着时间推移逐渐产生的信贷和资产市场泡沫可能突然瓦解，给中介机构和市场带来不利影响。

这三种类型的系统性风险相互间也可以关联。例如，传染性风险最有可能在经济衰退时出现，而这时金融中介的作用也削弱了。同样，在这种情况下，一个相对较小的金融冲击便足以打破一个被压抑的不平衡状态。

二、金融控股公司运行模式影响系统性风险的机理

金融控股公司是经济发展到一定阶段的产物，是满足实体经济金融

需求的一种综合经营模式。金融控股公司整合了银行、证券、保险、基金、资产管理和投资咨询等传统金融机构的各种金融服务，理论上可以满足企业和居民的所有金融需求。然而，正是由于金融控股公司综合经营各类金融业务，使其不但具有传统金融机构的风险特点，同时也衍生出其特有的风险特点和传导机制。由于金融控股公司普遍规模庞大，业务涉及多个金融领域，内部交易更具隐蔽性，与此相对应其股权结构、组织架构也相对复杂，因此，金融控股公司本身的风险传导机制对系统性风险影响的机制并不等同于传统金融机构的简单相加。

如果金融控股公司在发展过程中，过度向高风险业务渗透，金融控股公司放大系统性风险的负面作用便逐渐变得显著。主要体现在：一是资本重复计算，实际财务杠杆比率过高。银行业金融机构本身就是高负债经营的行业，对资本充足率有着严格的规定。但是在金融控股公司经营模式下，母公司与子公司以及子公司之间相互持股，都可能导致资本重复计算，资本充足率虚高，不能反映真实的杠杆率，从而加大金融控股公司经营失败的风险，进而影响系统性风险。二是过度从事高风险非银行业务，导致系统性风险加剧。传统的银行机构一般开展低风险的存贷款业务，但是金融控股公司模式下很多非银行业务，如自营业务、对冲基金业务、投资银行业务、资产管理业务等，其本身风险不但高于传统的存贷款业务，并且还普遍带有高杠杆经营，一旦经济下滑，首先受到负面冲击的也是上述业务。三是内部交易的高度关联性，风险具有高传染性。在金融控股公司内部，作为关联机构的银行、保险和证券等业务条线之间的内部交易量、拆解量都占相当大的比重，在缺乏良好的内部定价机制、风险隔离机制和信息披露制度的情况下，风险的发生、传导和扩散都不能被监管者及时发觉，极易造成系统性风险的快速积聚。四是组织结构复杂，内部关系盘根错节。金融控股公司的组织架构一般是多层次的多个子公司形式，内部关系错综复杂。复杂的组织结构加大了风险管控的难度。一方面，不但公司内部大量的关联交易难以察觉，而且极易引发金融机构与利益相关者的冲突，金融控股公司更容易违背投资人或债权人的意愿，从事高风险业务；另一方面，金融控股公司横跨不同金融行业的业务结构也给监管当局带来了极大的监管难度，很容易导致监管真空和监管套利问题，进而会给金融体系的稳定带来极大的不确定性。

（一）美国金融控股公司模式的风险传导机制

美国金融控股公司运作模式属于纯粹型，相对其他金融控股公司运作模式来讲，其非银行业务占比更高。因此，其系统性风险更为突出地体现为非银行业务的高风险。以花旗银行为例，其在 2007 年到 2008 年两年间自营收入合计损失达 346.8 亿美元。更为严重的是，花旗银行可以利用稳定的存款资金来源和央行或公共担保机构的流动性支持，去投机高风险、高收益的非银行业务。大量的高杠杆金融衍生品交易，形成了一个庞大的游离于监管视野之外的"影子银行体系"，一旦某一资金链条断裂，其风险传染和杠杆效应极易引爆系统性风险。

（二）日本、韩国银行控股集团模式的风险传导机制

日韩银行控股集团模式的风险传导机制与美国的纯粹性金融控股公司的风险传导机制类似，不同之处在于日韩金融控股公司的母公司基本以银行为主，并且整个金融集团以银行业务为主。例如，三菱东京 UFJ 金融集团中，三菱东京 UFJ 银行规模最大，约占全集团资产的70%；而韩国最大的金融控股公司韩亚金融集团中，韩亚银行占韩亚金

融集团总资产、总收入比均为90%。因此，日韩银行控股集团模式的
非银行业务风险对整体集团的影响有限，它们对系统性风险的影响主要
来自于银行业务。

（三）德国全能银行模式的风险传导机制

不同于金融控股公司和银行控股公司模式，德国全能银行模式在统
一的法人架构下以事业部为经营单位进行跨领域经营，各业务领域之间
不存在天然的风险防火墙。如果不具备完善的内部控制制度，银行、证券、
保险等金融领域的风险传染性较前两者更为显著。比如，德意志银行综
合化程度高，对传统存贷款业务依赖度较低。2015年底，德意志银行
资产中贷款占比为26.6%，负债中存款占比为36.3%；2015年其非利息
收入占比达52.4%；公司和投资银行业务是德意志银行的主要收入来源，
2008年以来，该条线收入占比平均达54.6%，其中公司银行和证券条
线占比为41.7%，全球交易银行占比为13.0%。如果没有良好的公司治理、
风险管理水平和内部控制措施，投资银行业务的风险很容易传导到传统
的银行业务。此外，由于交叉控股关系，全能银行有可能与控股企业进
行关联交易，并在其陷入困境时提供融资支持，从而放大自身面临的信
用风险，同时对存款人和投资者的资金安全构成威胁。

（四）金融控股公司与金融风险之间的辩证关系

从金融控股公司产生的逻辑来看，通过多样化的经营和资产配置，
可以降低金融机构的破产风险，进而降低金融体系的系统风险。金融
控股公司模式有利于改善商业银行的收入结构，提高非利息收入占比。
以美国为例，20世纪八九十年代的两次经济衰退中，美国银行业受到

较大冲击，大量银行倒闭。然而，在"9·11"事件以后，美国经济再次陷入衰退和低速增长，美国银行业却没有出现破产潮，反而经营业绩一路飙升，这其中最重要的因素就是缘于《金融服务现代化法》的新一轮的银行业务多元化发展，提升了金融机构抵御系统性风险的能力。金融控股公司成为日益推广的金融业态，这与其所具有的明显优势密不可分，这种优势可以防范金融风险，从内外部等多个渠道促进金融稳定。

第一，金融控股公司通过提供多样化的金融产品和服务助力实体经济发展，为防范金融风险创造良好的宏观环境。若实体经济欣欣向荣，则金融风险将明显处于低位；反之，如果实体经济萎靡不振，则金融风险可能逐渐抬头。此外，金融控股公司通过利率、汇率等套期保值工具为企业对冲价格波动风险提供便利，通过资产证券化加速企业资金流转，进而强力助推实体企业成长。

第二，金融控股公司模式缜密化的组织结构从内部层面约束子公司风险。无论是纯粹型的控股公司还是事业型的控股公司，其母公司出于防范风险的整体考虑，势必加强对其下属子公司的管理和监督，避免子公司过分追求扩张带来的激进风险。在风险意识高压的环境下，保险、证券、基金等各个不同主业的子公司除依据其公司章程合规经营外，母公司的强力约束能够为子公司的整体运营增加保险杠，避免子公司自主经营和自我管理所带来的道德风险。

第三，金融控股公司模式引致监管机构的监管升级，从外部层面减少公司的潜在风险。监管机构为了达到维护金融市场平稳的目标，势必从风险隔离、风险预警和破产隔离等多个维度约束金融控股公司的业务创新，绝不会任由控股公司完全自由发展。定期信息披露、现场和非现场检查等外部的强制性监管制度深入到金融控股公司的日常业务中，促使金融控股公司将风险控制落到实处。通过一轮又一轮的"监管—改进—再监管—再监管"，不断增强控股公司下属子公司抵抗不可预见事件的综合能力，使得控股公司的经营处于信息透明公开的常态，降低暗箱操作带来的潜在风险。

第四，金融控股公司模式增加金融机构的整体实力，进而增强公司抵抗风险的能力。一方面，金融控股公司"大而不能倒"，即使发生系统性的风险，出于维持金融稳定的大局出发，国家及最后借款人将有条件地支持金融控股公司克服困难，这一隐性担保使得其避免陷入挤兑危机；另一方面，传统金融机构在利率市场化的挤压下，盈利空间缩小，传统存贷业务对盈利的贡献率下降，控股公司通过多元化的子公司协作，可以开拓利润增长点。即使经济出现不景气而面临步入经济周期低谷的风险，控股公司的业务仍然可以通过交叉销售及整合，将经济结构调整带来的负面影响降到最低程度。此外，控股公司模式下各业务相互分离，独立的子公司各自发展其主营业务，不需要为其他的业务承担背书。这样即使某一子公司出现风险事故陷入困境，其他的公司依旧可以正常经营，将风险的冲击降到最低程度。

第五，金融控股公司子公司间防范风险的经验可以互相借鉴，进而促使金融稳定的提升。控股公司旗下子公司各有所长，对于事业型的银行控股公司而言，其业务以银行为主。银行业受到的监管力度较信托、保险和证券行业的约束更强，特别是巴塞尔协议的版本升级，使得银行业所受的约束越来越紧。控股公司旗下众多非银行牌照的公司，无形之中也将受巴塞尔协议的辐射影响，这将有力地扼制信托、证券等公司的盲目扩张，踩住非银行业金融机构一味做大做强的急刹车。

因此，对于控股公司与金融风险之间的关系需要辩证地审视，控股公司模式有利有弊，需要根据一国的经济发展阶段、经济结构、社会中介发展水平及信用环境而定。并没有直接证据表明控股公司模式一定会增加金融脆弱性；相反，那些出台规制严格限制商业银行从事证券包销、经纪、基金的国家，其金融系统更易变得破碎。①

三、金融控股公司运行模式防范系统性风险的经验

（一）美国金融控股公司模式的经验

对于美国金融控股公司而言，系统性风险主要来自于非银行业务的过度扩张和承担过高的风险。近年来，美国对金融控股公司运营模式进行了改革。

一方面，对金融控股公司发展进行适度限制。在美国次贷危机后，前美联储主席沃尔克提出一揽子加强金融监管有效性的政策建议，即"沃尔克规则"，通过限制自营业务以及发起对冲基金和私募基金，促使商业银行回归传统信贷业务，减少套利和投资等业务；通过禁止银行从事自营业务减少混业经营所产生的利益冲突问题；针对混业经营带来的各类风险相互交织、互相传染，构建更为有效的防火墙隔离风险，降低金融市场结构的复杂程度，提高风险管理和审慎监管的有效性。然而，最后经过参众两院通过的《多德—佛兰克法》作出了大幅度的妥协：一是限制自营交易，而非禁止自营交易；二是允许商业银行以不超过核心资本的 3% 投资于对冲基金和私募股权基金；三是对衍生品交易仅作出较少的限制；四是并未对银行规模作出限制，也没有作出对大型金融控股公司业务分拆的规定。

另一方面，构建目标导向的金融监管架构。次贷危机之前，美

---

① Barth，J. R.，& Caprio，G.（2000）. Banking systems around the globe. 1–63（63）.

国属于典型的混业经营、分业监管的国家。次贷危机之后，为改变经营模式与监管模式不匹配的状态，美国政府加强了金融控股公司的监督：一是设立了新的监管类别；二是扩大美联储的监管权限，加强对一级金融控股公司的整体监管；三是进一步加强防火墙制度安排；四是提升金融控股公司的治理机制建设；五是改革现有的薪酬激励体系。

（二）日本、韩国银行控股集团模式的经验

日本对金融控股公司的系统性风险管理体系深受美国影响，同时又独具本国特色。一是具有完善的金融法律支撑。现代金融是法治金融，日本在战后秉承了法治的理念，从分业经营到混业经营的每个阶段都以金融监管立法和修法构建了良性的金融秩序，维护了金融市场的稳定。二是健全和统一的监管体系。亚洲金融危机后，日本不断调整以金融厅为核心的一体化的金融监管体制，对所有金融行业和金融产品包括场外交易的各类金融衍生产品进行全面的、系统的监管。三是根据本国金融控股公司的发展特征制定金融监管规则。从日本监管实践看，分别对金融控股公司的业务范围、市场准入、关联交易、信息披露、风险集中度、内部控制和外部监管等各方面作出法律规范。

韩国对银行控股集团的系统性风险防范主要体现在如下两个方面：从微观审慎监管层面看，通过设置法律"防火墙"阻断风险传递。韩国《金融控股公司法》经过多次修订后，在准入、子公司控股限制、经营业务范围、运营、检查和行政处分等方面都作出了详细规定和要求。通过常规监管减少内幕交易和利益冲突风险。韩国金融监管当局除依据《金融控股公司法》对金融控股公司进行综合监管外，金融委员会还会对金融控股公司提交审慎监管相关改善经营计划书、扩充资本金、利润分配限制、处置子公司股份等方面提出相应监管要求。金融监督院通过检查和评估等常规监管方式，对金融控股公司及其子公司的业务和财产进行监管。韩国金融监督院还针对金融控股公司的资产筹集和运营规制、信用供给限度、与银行控股公司主要出资者的交易限制、内部交易限制、资本适应性和流动性规则、资产健全性规范、风险管理体系的构筑、适时纠正措施等方面开展审慎监管。从宏观层面看，通过宏观审慎监管保障金融控股公司稳健运行。韩国实行综合金融监管后，克服了分业监管执行宏观监管职能时出现的缺乏系统性、缺乏监管部门间的有效协同等弊端，实现了具有统一性、全面性和前瞻性的宏观审慎管理。

（三）德国全能银行模式的经验

德国银行业长期运行平稳，其重要原因就在于有效的金融监管对金融体系的稳定运行起到了"保护伞"的作用。一是德国银行法律的严密、健全为全能银行的发展提供了制度空间和外部约束。二是内部监管（即自我监管）与外部监管相结合。全能银行模式对银行的自由资金、管理能力和协同能力等方面都有很高的要求。因此，自我监管就成为了德国全能银行模式的重要基础。自我监管的主要目标就是建立股东大会、理事会、监事会之间的相互制约和制衡机制的有效内部治理结构。社会监管则通过独立的审计机构，对银行资产营运进行审计，并将其审计报告报送联邦金融监管局。监管当局的监管主要来自德国中央银行和联邦金融监管局的监督管理，其主要的特点是实行"并表监管"，监管当局要求各大银行将国内外各分支机构及银行集团的资本、资产及负债进行汇总，从整体上对其资本充足率、资产质量、抵御风险的能力、债务清偿能力、资产的流动性等进行定期的分析评价。

第四节　金融控股公司运行模式对金融监管体系的影响

一、美国金融控股公司模式与监管体系发展

监管层开始设限

美国建国后一百年时间里，美国的银行都是存贷、证券业务并存，为典型的全能银行。1902 年美国监管局（Comptroller of the Currency）开始对银行的证券业务进行限制，禁止银行从事证券业务。但由于不是成文的法律，美国的全能银行业务模式没有从根本上被取缔。

1929 年美国股市崩盘引发大萧条，使得美国监管层进一步意识到风险隔离的重要性。1933 年，美国国会通过了《格拉斯—斯蒂格尔法》，规定任何银行不得以任何变相关联形式从事与证券有关的业务。

《格拉斯—斯蒂格尔法》颁布后，很多混业经营的全能银行不能再从事任何相关与银行性质无关的交易业务。1956 年，美国国会颁布《银行控股公司法》，规定银行控股公司只能拥有一家或若干家银行，以及持有被美联储确定为"同银行业务或银行的惯例或控制密切相关以至于可被当作银行业务的附属业务"[1]的股票。该法规定了美国银行同业的投资边界，进一步束缚了全能银行和混业控股集团的发展。

20 世纪 80 年代以后，在全球化和国际资本流动加剧的背景下，美国的传统银行体制已经不能适应全球金融业的竞争，开始加速向金融控

---

[1]仇京荣.美国金融控股公司的变迁 [J].当代金融家，2014（9）.

股公司发展。1998年，花旗银行与旅行者在未经监管部门批准的情况下宣布合并，成为事实上的金融控股公司，由此也倒逼美国加速金融监管变革。1999年，美国国会通过了《金融服务现代化法》，实行了66年的《格拉斯—斯蒂格尔法》退出历史舞台。该法准许金融混业经营，允许成立金融控股公司，金融控股公司本身为纯粹型控股公司，不开展业务，主要职能为申请牌照、管理子公司运作等；金融控股公司通过子公司经营存贷款、保险承销、投资银行等多种金融业务。该法还明确了对金融控股公司采取"伞形"监管模式。美联储作为综合监管牵头机构，负责对银行控股公司和联储成员银行进行监管。不同类型的金融控股公司，按照联邦和州共同监管的原则，在集团层面受到不同当局的监管。货币监理署、联邦存款保险公司等根据各自监管职责，分别对金融控股公司的子公司进行监管；证券交易委员会、州保险监督署和商品期货交易委员会分别负责监管证券业务、保险业务和期货业务。

次贷危机爆发后，美国进一步强化了对金融控股公司的监管。2010年，美国国会通过《多德—弗兰克法》，对"伞形"监管模式进行了修正，但总体上没有改变美国对金融控股公司的"伞形"监管架构，只是在原有模式基础上，加强了美联储的监管权限，建立了宏观审慎的监管体系。

二、日本银行控股集团模式对监管体系的影响

20世纪80年代以来，在金融自由化浪潮推动下，日本经济界要求控股公司解禁的呼声日趋强烈。1999年8月，日本第一劝业银行、富士银行、兴业银行首先宣布以组建联合控股公司的形式合并为金融控股公司。此后，瑞穗、三菱东京、UFJ、三井住友四大金融控股公司也相继形成。

日本经营体制的变化推动了统一监管制度体系的建立。一是允许金

融机构实行混业经营。1993年4月起实行《金融制度改革法》，允许银行、证券、信托三种不同形态的金融机构能够以"异业子公司"的方式相互渗透，实行业务交叉经营。1997年，新修订的《禁止垄断法》对控股公司重新做了定义和规定。同年通过的《由控股公司解禁所产生的有关金融诸法整备之法律》《银行控股公司创设特例法》对银行控股公司、证券控股公司、保险控股公司分别做了定义和规定，金融控股公司的法律地位得到了认可。1998年通过的《金融体系改革一揽子法》彻底放宽对银行、证券、保险等行业的限制。二是确立了以金融厅作为金融监管组织及执行体系的核心。日本在二战后的金融监管体制曾经长期由大藏省主导的"一线多头"监管模式。大藏省负责全国的财政与金融事务，把持对包括日本银行在内的所有金融机构的监督权，大藏省下设银行局、证券局和国际金融局。银行局对日本银行、其他政府金融机构以及各类民间金融机构实施行政管理和监督。证券局对证券企业财务进行审查和监督。国际金融局负责有关国际资本交易事务以及利用外资的政策制定与实施。1997年6月，日本颁布了《金融监督厅设置法》，成立了金融监督厅，专司金融监管职能，证券局也从大藏省划归金融监督厅管辖。1998年末，又成立了金融再生委员会，与大藏省平级，金融监督厅直属于金融再生委，大藏省的监管权力大大削弱。2000年，金融监督厅更名为金融厅，拥有原大藏省检查、监督和审批备案的全部职能。2001年，大藏省改名为财务省，金融行政管理和金融监管的职能也分别归属给财务省和金融厅。金融厅成为单一的金融监管机构，从而形成了日本单一化的混业金融监管体制。次贷危机爆发后，日本政府为了加强金融体系的稳定性，增强本国金融机构的竞争力，进一步改进了监管体系：一是加强监管机构和央行在宏观审慎监管中的配合，即日本金融厅和日本央行既明确分工又加强协调的宏观审慎监管体系。二是加强系统性风险的监管，尤其是大型金融控股公司的监管。日本金融厅针对本国注册的全球系统重要性金融机构及国外系统重要性金融机构在日本的分支机构分别建立了相应的监督机制。如针对日本三大银行和野村控股分别建立了监管小组。

三、德国全能银行模式与统一金融监管

尽管德国实行的是全能银行模式，且经过长期实践已成为当今世界混业经营最为典型的国家，但统一金融监管直到 2002 年才最终确立。1961 年《银行法》实施前，德国并没有专门的金融监管机构，德国中央银行集货币政策与金融监管职能于一身；《银行法》颁布后，由德意志银行和联邦银行监管局（FBSO）依据《联邦银行法》，对银行业履行监管职能；由联邦证券监管局（FSSO）和联邦保险监管局（FISO）对证券业和保险业分别监管，形成了混业经营与分业监管长期并存的运作模式。

但分业监管模式对于全能银行进行全面监管越来越力不从心。一方面，20 世纪 90 年代以来，德国银行面临信贷风险增加、同业竞争激烈、内部机构臃肿以及银行盈利水平下降等诸多挑战，银行、证券投资和保险等业务之间的界限更加模糊。另一方面，在分业监管模下，各专业监管机构之间的部门利益时常发生冲突，对于跨行业金融业务的监管权利或是相互争夺或是互相推诿，引发了"监管真空"和重复监管的问题。2002 年 5 月，根据《金融监管一体化法》，德国将联邦银行监管局、联邦保险监管局、联邦证券监管局合并，成立统一监管组织——德国联邦金融监管局（BaFin），标志着德国金融统一监管体系的确立。

第六章 CHAPTER 6

中国金融控股公司的发展与探索

第一节　中国金融控股公司的探索

改革开放四十年来，我国金融业先后经历了从混业经营到分业经营再到开展综合经营试点的历史演变，其发展过程大致可以划分为三个阶段。在不同阶段，金融控股公司的发展也呈现出不同的特征。

一、1993 年前混业经营探索阶段

改革开放初期，农业银行、中国银行、建设银行和工商银行相继组建恢复，并采取固定分工的方式划定了经营范围，使资金在系统内自上而下分配，当时并没有严格区分分业经营和混业经营，两者都缺乏相关的法律规范。1979 年，中国国际信托投资公司成为改革开放后第一家信托投资公司。1980 年国务院《关于推动经济联合的暂行规定》中指出"银行要试办各种信托业务"，同年中国人民银行下达了《关于积极开办信托业务的通知》。随即各家国有银行陆续以全资或参股形式开办了大量金融信托机构，混业银行制度开始实施。

1984 年，国务院组织金融体制改革研究小组专门研究综合经营的问题，基本上形成两种意见：一种意见是赞同德国模式，百货公司式的经营；另一种是以日本为代表的严格的分业经营管理模式。当时中国还处在计划经济向市场经济转变的开始阶段，德国模式在宏观管理上有难度，所以还是决定分业经营、分业监管。

1986 年，随着一批经营范围广泛的现代化意义上的银行的介入，四大国有银行经营分工模式也逐渐被打破，出现了"农业银行进城，工商银

行下乡，建设银行入厂，中国银行上岸"的状况。各家商业银行开始突破分工界限，纷纷建立全资或参股的证券公司，或在所属信托投资公司中设立证券部，从事企业证券的发行、代理买卖和自营业务。同时商业银行还向地产、保险、投资、贸易等领域拓展，实际上形成了混业经营模式，也成为了事实上的金融控股公司。以建设银行为例，1986 年开始建设银行先后成立中国投资咨询公司、中国人民建设银行信托投资公司、友联国际租赁有限公司等。以交通银行为例，1987 年 4 月 1 日，作为股份制、综合类、现代商业银行的试验田，交通银行重新组建。它可以经营本外币业务，从事短期和长期贷款业务，也可以经营保险、证券、信托、投资、房地产等各种非银行金融业务，交通银行成为新中国第一家综合经营试点银行。交通银行的重组，打破了资金的城乡分割、工商分割、国内与国外分割。1987 年 11 月开始，交通银行上海分行开办保险业务。1991 年 4 月 26日，交通银行将保险部独立出来成立了全资附属保险公司——太平洋保险公司，并为太保洋保险公司拟定了著名的广告词——"太平洋保险保太平"。太平洋保险公司成为继中国人民保险公司之后的第二家全国性、综合性保险公司。后来，太平洋保险公司由交通银行全额投资改制为由交通银行控股的全国性股份制商业保险企业。1988 年 9 月，交通银行在其证券部的基础上成立了上海海通证券公司，其注册资本人民币 1000 万元，是新中国最早的证券公司之一。1992 年 8 月，上海海通证券公司改组为股份有限公司，实行董事会领导下的总经理负责制。1994 年 1 月，海通证券改制为全国性证券公司，注册资本人民币 10 亿元，为交通银行控股子公司，交通银行总部及各分支行一律不再经营证券业务。1993 年 11 月，交通银行明确勾勒出了一个混业经营的金融集团模式，即"坚持综合经营和分业管理，逐步形成两大业务体系，即以交通银行本体经营的传统商业银行业务体系和以交通银行附属、控股子公司为主体的非银行金融业务体系"。

早期混业经营的探索，在一定程度提高金融运行效率的同时，也引发了金融秩序的一系列乱象。主要原因在于：一方面，当时的金融机构为了摆脱信贷计划的约束而广泛涉足于其他金融行业甚至实业领域，不仅背离了客户需求，而且缺乏有力的风险约束；另一方面，计划经济体制下，金融监管水平不高，金融法律制度基本处于缺失状态，同时国民经济不断震荡，1992年、1993年间，社会上出现了房地产热和证券投资热，大量银行信贷资金通过同业拆借进入证券市场，导致了混业经营中的金融业出现秩序混乱、效率低下、金融风险增大。面对这种情况，国家从1993年开始大力整顿金融业秩序，金融控股公司的发展也受到影响。

二、1993年至2003年分业经营形成阶段

1993年是我国实施分业经营和混业经营的分水岭。1993年12月25日，国务院发布了《关于金融体制改革的决定》，规定"国有商业银行不得对非金融企业投资"，"在人、财、物方面要与保险业、信托业和证券业脱钩，实行分业经营"。1995年，《商业银行法》《中国人民银行法》和《保险法》也相继颁布实施，标志着我国金融体制分业经营的格局确立。以交通银行为例，1999年8月28日，交通银行与上海市政府正式签订转让协议，太平洋保险公司、海通证券公司正式与交通银行"脱钩"，划归上海市政府领导，交通银行在两家公司的全部出资额及相关权益也同时转让，交通银行转变为专业性的商业银行，不再是金融控股公司。分业经营对于规范金融市场秩序、抑制通胀和维护国家金融安全起到了积极作用。在这一阶段，受分业经营的限制，金融控股公司发展基本上处于停滞状态。

分业经营的实施是为了降低风险，但从实际情况中可以看到，我国的分业体制最终没有完全完成。一方面，在一定程度上存在混业经营的现象，如中国建设银行于 1995 年与摩根士丹利合作成立了中国国际金融有限公司，根据特许从事投资银行业务；中国工商银行和东亚银行合作在香港收购了西敏证券，改名为工商东亚金融控股公司，从事香港和内地的投资银行业务。另一方面，一些各地商业银行以及信托投资公司原先分别组建的证券公司还未完全从原单位中分离出来。20 世纪 90 年代末，随着经济全球化、金融一体化浪潮的不断高涨，新技术革命和金融创新风起云涌，以及外资银行的大量涌入，我国商业银行由于法律的限制不能开展混业经营，这造成了对国有银行的不平等，削弱了我国银行的竞争力。

为了增强我国银行的竞争力，我国政府逐步在政策上打破了银行、证券、保险和基金四者之间的资金壁垒，陆续出台了放松金融管制的措施。第一，允许基金管理公司和证券商进入银行间同业拆借市场和国债回购市场；第二，允许符合条件的证券公司以自营股票和证券投资基金作为抵押，向商业银行借款；第三，允许商业银行接受基金管理人委托，办理开放式基金单位的认购、申购和赎回业务；第四，允许商业银行直接出资设立基金管理公司。2003 年，原银监会从央行分离出来，"一行三会"体制基本确立。第三次和第四次金融工作会议时"一行三会"体制没有发生变化，分业监管制度不断强化、运行惯性不断得到增强。原银监会的成立标志着分业监管体制的基本形成。

三、2004 年后分业监管下的综合经营试点阶段

为顺应全球金融业综合化经营趋势，我国政府分步骤、分领域、

积极稳妥地推进综合经营试点工作。2006 年通过的"十一五"规划纲要和 2007 年的全国金融工作会议均提出"稳步推进金融业综合经营试点",国内开始逐步放开银行业混业经营的限制。商业银行开展综合经营主要通过个案试点形式突破法律限制来进行。2005 年《商业银行设立基金管理公司试点管理办法》公布施行,鼓励商业银行采取股权多元化方式设立基金管理公司,标志着商业银行设立基金管理公司试点工作正式进入实质性操作阶段。2005 年首批 3 家银行系基金公司工银瑞信、建信、交银施罗德经国务院批准试点。2007 年至 2008 年,第二批银行系基金公司浦银安盛、农银汇理、民生加银先后成立。同时,招商银行、中国银行通过股权受让,分别参股和控股了招商、中银两家基金公司,银行系基金公司发展到 8 家。2007 年国务院批准交通银行控股湖北国投重组成立交银国信,成为开展商业银行投资入股信托公司试点的开始。此后,2009 年建设银行获批控股合肥兴泰信托重组成立建银信托。2011 年兴业银行获批控股联华信托重组成立兴业信托,银行系信托公司发展到 3 家。2007 年原银监会发布新的《金融租赁公司管理办法》,银行获准涉足融资租赁市场,该规定成为商业银行入股金融租赁公司的标志。2007 年,工银租赁获批成为第一家银行系金融租赁公司,此后 5 年间,大型商业银行中的工商银行、农业银行、建设银行、交通银行和国家开发银行,股份制商业银行中的民生银行、招商银行、光大银行、兴业银行、浦发银行都相继成立了金融租赁公司,银行系金融租赁公司发展到 10 家。2008 年初国务院批准了原银监会和原保监会联合上报的《关于商业银行投资保险公司股权问题的请示文件》,原则同意银行投资入股保险公司。此后不久,原银监会便批准工商银行、建设银行、交通银行和北京银行四家银行入股保险公司的申请,启动了商业银行投资入股保险公司试点。2009 年,交通银行获批控股收购中保康联更名为交银康联人寿。2010 年，北京银行获批控股收购首创安泰更名为中荷人寿。2011 年，建设银行获批控股收购太平洋安泰人寿更名为建信人寿。2012 年，工商银行获批控股收购金盛人寿更名为工银安盛人寿，商业银行入股保险公司已达 4 家。但商业银行入股证券公司试点尚未获得国务院的批准。目前银行系证券公司仅有 2 家。中国银行在香港设立的中银国际控股在 2002 年与 4 家境内企业发起设立中银国际证券。2009 年国家开发银行收购航空证券并更名为国开证券。随着综合经营试点的推进，部分试点的金融机构事实上已经成为金融控股公司，通过控股子公司的形式涉足不同领域的金融业务。

2007 年起地方金融控股平台兴起，2015 年呈爆发式增长。2000 年左右，最早的一批地方金融控股平台相继成立，例如，上海国际集团、重庆渝富、广东粤财等。2007 年左右地方金控集团发展较快，2008 年金融危机后速度有所下降。2015 年受益于国企改革的契机，五家省级金融控股集团挂牌成立，金融控股集团呈爆发式增长态势。地方金融控股集团也存在一定的弊端，一方面由于针对金融控股的监管法律制度尚未出台，地方金融控股将引发出资人监管难题；另一方面地方金融控股集团的快速发展也体现了地方政府从金融业务方面开展与商业银行为主的金融企业的博弈。2012 年国家开始逐步放宽法律法规限制，允许民营资本进入金融行业。目前已经有 5 家民营银行试点，券商、信托、不良资产管理（AMC）等行业也出现民营资本控股的公司。民营企业也成为推动金融控股集团的重要力量。此外，三大互联网公司（百度、阿里巴巴、腾讯）也成为布局金融控股的新生力量。

第二节　中国金融控股公司和产融结合的总体格局

　　近年来，随着中国金融业综合经营的快速发展，金融控股公司日益增多。实体企业产融结合也加快推进，有部分实体企业经营一定范围的金融业务，从而不同程度地参与金融公司，实体企业参与金融控股公司出现了交叉（本章第五节重点分析产融结合与金融控股公司之间的关系）。由于当前我国并没有从法律上给予金融控股公司明确的定义，现实中产生了诸多混乱。有的名称中尽管含有"金融控股"字样，但其下面的子公司多是参股而不是控股，从而没有实质性地参与子公司的运营管理，按照本书的定义，其不应算是金融控股公司；有的企业集团同时控股或参股实体企业和金融类子公司，但那些金融业务只占集团一小部分或者母公司只是股权投资了部分金融业务的产融结合型企业集团，也不能算是金融控股公司。但从规范监管和治理整顿的角度来看，实际上严格意义上的金融控股公司的经营运作一般都较为规范，恰恰是上述含混不清的企业集团存在不少问题和风险隐患，它们也正是监管规范的重点。为便于后续探讨与金融控股公司相关的监管和治理，本书将这些多少和金融控股公司"沾边"的各类集团一并纳入讨论范围。

　　从涉金融企业母公司属性来看，国内可大致分为五类，分别为金融系、央企系、地方系、民营系、互联网系的金融控股公司。除金融系的金融控股公司外，其他四类的金融控股公司有不少"鱼龙混杂"的现象，尤其是民营系和互联网系的金融控股公司为多，其中有不少是产融结合型公司，只有少数才能算作严格意义上的金融控股公司；从母公司是否经营具体金融业务来划分，中国金融控股公司大体上可分为纯粹型和事业型两种模式；按总部的集权分权程度差异可将中国的金融控股公司分成财务管控型、战略管控型和运营管控型三种类型。

一、金融系：壮大核心业务和开展综合经营同步

目前国内的金融系大型金融控股公司主要包括银行系（如五大国有银行）和非银金融系（如平安集团、四大资产管理公司等）。中国银行发展金融控股公司战略迈步最早，1978年中国银行便在香港成立了一家财务公司，从事其海外资本市场业务。其他四大行也紧随其后，逐步形成自身的综合金融服务格局。四大资产管理公司中国华融、中国东方、中国信达、中国长城在完成历史使命后，纷纷以金融控股公司作为其转型方向，通过系列收购开始搭建金融控股平台，这些大型金融控股公司具有集团资产规模庞大、金融牌照基本齐全并且掌握核心金融业务的特点。我国目前主要的金融牌照包括银行、券商、保险、基金、期货、信托、融资租赁、第三方支付等。大部分大型金融集团已经获得了5～7个牌照，且均以获得"金融全牌照"为目标继续完善金控平台的搭建。

总体来看，以五大行为代表的银行系的金融控股公司无论是牌照的取得、资产规模，还是综合化管理方面都具有优势。而资产管理公司的金融控股转型相对起步较晚（2006年才开始），尽管牌照已经基本获取，但在银行、证券、租赁等方面尚未形成有力的抓手，组织架构方面仍在进一步整合中。同时，部分股份行如浦发银行、兴业银行、民生银行等也在积极探索金融控股公司模式。以交通银行为例，交通银行是国内目前拥有最多金融牌照的商业银行之一，基本形成了以银行为主体，涵盖信托、金融租赁、基金、保险、证券等在内的综合金融服务集团。部分

金融系金融控股集团牌照见表6-2-1。

表6-2-1　截至2018年6月30日部分金融系金融控股集团牌照一览表

	金控集团	银行	保险	证券	基金	期货	信托	融资租赁
金融系	银行系							
	中国银行	中国银行	中银保险、中银集团保险、中银集团人寿	中银国际控股、中银国际证券	中银基金	中银国际期货		中银航空租赁
	工商银行	工商银行	工银安盛	工银国际	工银瑞信			工银金融租赁
	建设银行	建设银行	建信人寿	建银国际	建信基金	建信期货	建信信托	建信租赁
	农业银行	农业银行	农银人寿	农银国际	农银汇理基金			农银金融租赁
	交通银行	交通银行	交银保险、交银康联	交银国际	交银施罗德基金		交银国际信托	交银金融租赁
	浦发银行	浦发银行		浦银国际	上投摩根基金、浦银安盛基金		上海国际信托	浦银金融租赁
	兴业银行	兴业银行			兴业基金	兴业期货	兴业国际信托	兴业金融租赁
	民生银行	民生银行			民生加银基金			民生金融租赁
	非银金融系							
	平安集团	平安银行	平安寿险	平安证券	平安大华基金	平安期货	平安信托	平安融资租赁
	中国华融	华融湘江银行		华融证券		华融期货	华融国际信托	华融金融租赁
	中国东方	大连银行	中华联合保险	东兴证券	东方邦信	东兴期货	大兴信托	外贸金融租赁
	中国信达	南洋商业银行	信达财险	信达证券	信达澳银基金	信达期货	金谷信托	信达金融租赁
	中国长城	德阳银行	长生人寿保险	国瑞证券	长城投资基金		长城新盛信托	长城金融租赁

资料来源：各公司网站，交通银行金融研究中心整理。

二、央企系：产融尚未有机结合

央企参与的金融控股公司很多是产融结合形式，并不能称为真正意义上的金融控股公司。20 世纪 90 年代的时候，一些规模比较强大，实力比较强的央企，通过参股入股的方式，涉足了证券、信托、银行等金融机构，如华润集团、中石油集团等，估计在国资委管理的众多央企中，有三分之二以上的企业不同程度涉足金融业。一方面，央企有足够的资金满足金融业需要不断补充的资本；另一方面，过去金融业的利润在社会平均利润率之上，央企半金融化将为企业带来更高的盈利。实际上，这类公司并不是严格意义上的是金融控股公司，应该属于产融结合的一种形式。由于这些产融结合大多涉及不止一个金融领域，具有一定金融控股公司的功能，且有发展成为真正金融控股公司的可能，因此本书一并纳入讨论范围。从组织模式上来看，大部分央企参与的金融控股公司主要以产业集团控股为主，由集团内的部门或旗下设立金融控股平台对它的金融业务进行管理，如中石油、中海油、国家电网等，这种为产融结合的模式；少部分集团自身成立控股公司但不从事业务，将旗下分为金融板块和产业板块进行管理的纯粹型架构，如中信集团、光大集团。

目前，部分央企参与的金融控股公司已拿到两个以上金融牌照，如中石油、国家电网等。以中石油为例，目前已控股昆仑银行、昆仑信托、昆仑金融租赁，保险方面也有中石油专属财产保险、中意人寿保险公司。除招商局、中信集团、光大集团在金融业已打造自身优势，金融业务具备一定规模外，其他部分半金融化的央企的金融板块尚无法超越其主业。理论上产融结合的最终目的是以金融服务实业，互相支撑，形成交叉销售的协同效应，但从实际运行情况来看，大多央企产融相对独立，尚未进行有机的结合。央企控股的产业半金融控股集团牌照见表6-2-2。

表6-2-2　　　　截至 2018 年 6 月 30 日央企控股的产业半
金融控股集团牌照一览表

	金控集团	银行	保险	证券	基金	期货	信托	融资租赁
产业半金融	招商局	招商银行	信诺人寿保险	招商证券	博时基金	招商期货		招商金融租赁
	中信集团	中信银行	信诚人寿	中信证券	信诚基金	中信期货	中信信托	中信金融租赁
	光大集团	光大银行	光大永明人寿	光大证券	光大保德信基金	光大期货	光大兴陇信托	光大金融租赁
	中石油	昆仑银行	中石油专属财产保险、中意人寿保险公司				昆仑信托	昆仑金融租赁
	国网英大		英大泰和财产保险、英大泰和人寿保险	英大证券		英大期货	英大国际信托	

资料来源：各公司网站。

三、地方系：地方政府强力推动

地方政府参与金融业一方面是为了提高国有金融资产的规模集聚效应和资源利用率，提高区域金融业竞争力，更好地服务本体企业融资和地区经济发展；另一方面在地方国企改革和明确股份制改造背景下，能够加大国有企业改制上市的力度。由于有区域性资源扶持和本地化特色业务，地方参与金融业的集团发展迅速，资产规模增长较快；在政商关系扶持下具有资产端业务开发和议价能力，竞争中优势明显。地方政府参与金融业作为地方金融创新的一部分，2008 年左右发展较为迅猛，金融危机后则略有停滞，到目前，各个地方均建立了参与金融业的大型投资集团，但如何进行综合经营仍在进一步探索中，而集团也随着自身战略的调整进行转型。

地方政府参与金融业，一般以"地方财政＋金融资本"的形式出现，对分散的地方财政性股份进行整合，吸引各类金融要素资源区域化聚集。依托地方政府的推动，该类公司能获得较为齐全的金融牌照。地方政府参与金融业最主要的一类为产融结合，包含两种，一是以打造股权类国有资本运营公司为重要抓手的集团，其重点投向金融领域、战略新兴产业领域和其他投资价值领域，主要手段包括股权投资、基金管理、资本运作等，既有金融业又有产业，但金融类运作在集团中占比较高。例如，重庆渝富、陕西金融控股集团、广西金融投资集团等。二是以产业板块为主，同时兼顾发展金融业务的集团。例如，天津泰达控股、江苏国信资产管理集团，尽管该类集团旗下拥有多张金融牌照，但其主营业务仍然以实业为主，金融只占其旗下资产的一部分，如天津泰达控股主要以房地产与区域开发为主；江苏国信主要以能源、贸易、不动产、酒店为主。尽管这些集团中不少以"金融控股公司"命名，但实际上只是产业资本参与金融业的一种形式。由于这些集团整体股权结构较为复杂，旗下子公司和参股企业众多，并且大多涉及不止一个金融领域，因此也有可能最终发展成为真正金融控股公司，所以值得关注。仅有小部分的地方政府参与金融业务的集团属于真正的金融控股公司，如广东粤财、合肥兴泰、成都金控等，其主要目标为金融集聚、资本运营综合经营等战略。省级地方金融控股平台数量见图6-2-1。部分地方金融控股平台主要模式见表6-2-3。

家
6

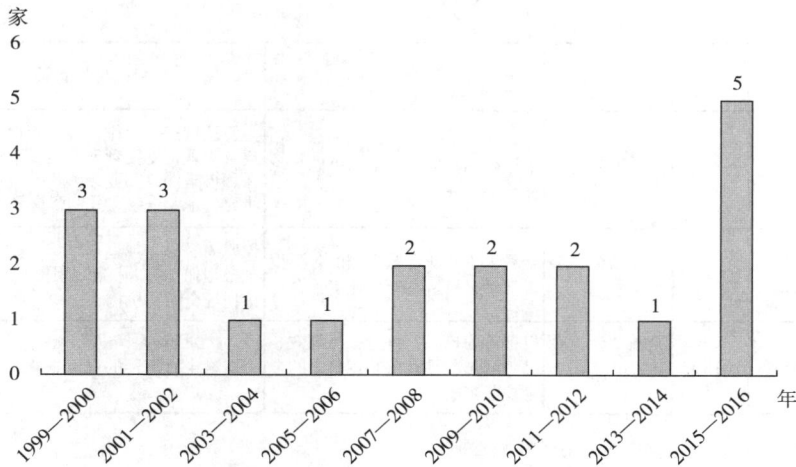

资料来源：国信证券研究所。

图6-2-1 省级地方金融控股平台数量

表6-2-3 截至2018年6月30日部分地方金融控股平台主要模式一览表

平台	成立时间	主要模式	战略定位	涵盖业务范围
天津泰达	1994年	产融结合，以产业为主	以土地为核心资源，对接国内外资本市场，实现股权多元化	区域开发、商业地产、工业地产、住宅地产、节能环保、洁净材料、石油仓储贸易、金融投资、进出口贸易、高端酒店、商业运营、物业管理多个领域
上海国际	2000年	纯粹金融系	发展定位是战略控制型的以金融投资为主业的投资集团	涵盖银行、信托、证券、基金、保险、资产管理、金融服务等多个金融领域
江苏国信	2001年	产融结合，以产业为主	以电力为主的能源产业平台，以信托为主的金融服务业平台和以房地产开发、酒店业为主的不动产平台	能源（新能源）、金融、房地产、贸易、酒店旅游和社会事业六大业务板块
合肥兴泰金融控股	2002年	纯粹金融系	金融集聚战略、金融服务战略、资本运营战略、综合经营战略	银行、保险、信托、担保、融资租赁、典当、小额贷款、股权交易、风险投资、资产管理、股权投资、基金管理、产业基金、互联网金融、金融服务外包15个金融和泛金融领域
渝富集团	2004年	产融结合，股权投资为主	股权管理、产业投资、基金运营、资产收处、土地经营等业务	股权投资、基金管理、资本运作
浙江省金融控股	2012年	纯粹金融系	金融类股权投资、政府性股权投资基金管理及资产管理等业务	涵盖银行、证券、期货、信托、基金、保险、金融租赁等

续表

平台	成立时间	主要模式	战略定位	涵盖业务范围
陕西金融控股集团	2011年	产融结合，股权投资为主	立足陕西、服务大局的宗旨，积极实施加快发展、创新发展、多元化经营战略	主要从事资本运作及资产管理，股权投资及管理，受托管理专项资金，信用担保和再担保，实业经营，投融资及金融研究，企业重组、并购咨询等经营业务
广西金融投资集团	2008年	产融结合，金融为主	金融为主、非金融为辅的各类投资活动，打造心形投融资平台	控股（参股）地方银行、证券、保险、金融担保、期货、金融租赁、产业基金、信托等金融类机构
越秀金控	2016年	产融结合，金融为主	以证券为核心，打造服务高效、品牌卓越、具有核心竞争力的金融控股集团	"金融＋百货"的双主业模式

资料来源：交通银行金融研究中心整理。

四、民营系：传统业务下滑形势下的转型

不少民营集团在入股金融业后自称为"金融控股公司"，但实际上只是产融结合的初期模式，仅仅拿到部分金融牌照，其金融业尚未形成规模。只有极少部分相对做得比较好的民营企业旗下设立了金融控股平台专门管理金融业务。民营资本转型参与金融业，一方面由于其传统主业下滑以及银行惜贷，民营企业寄希望于金融业务增加收益来源，也希望通过布局金融业来加强对集团融资的支持；另一方面通过参与控股金融业，能够达到降低资金运营成本、提高收益的作用。民营资本参与金融业大部分尚不能称作严格意义上的金融控股公司，如协鑫集团主营业务为煤电、新能源装备制造，其下设立协鑫金控，致力于通过金融租赁、资产管理、保险、信托、保理、产业基金等各类金融业务全方位支持其实体产业领域。但目前协鑫金控仍处于起步阶段，规模仍相对集团较小，因而协鑫集团不是金融控股公司，但其下面的协鑫金控则属于金融控股公司，应将其纳入金融监管。

协鑫集团设立协鑫金控平台更有利于自身的公司治理和方便监管。

但不少民营企业参与金融业短期仍以获取金融牌照、支持实体产业为主要目的，而对产融结合的具体形式、运行模式、组织架构等考虑不多。这类民营资本一般涉及不止一个金融领域，因而具有一定金融控股公司的功能，需要加以治理整顿和监管规范；也有少数布局较为成功、金融业占比已超过其传统主业的公司，如泛海控股、复兴集团等。但大多数涉足金融领域的民营资本的传统主业仍集中在房地产、零售、能源等现金流较为宽裕、近年来盈利下滑较为明显的行业。

五、互联网系：具有后发优势

三大互联网巨头百度、阿里巴巴、腾讯也成为民营参与金融业的新兴力量。随着民营银行政策限制的放开，三大互联网巨头在金融业的动作不断。但由于互联网企业涉足金融领域时间不长，组织架构上尚不完善，并且金融业还未超过其主业的规模，因此均不是严格意义上的金融控股公司，相对做得比较好的如阿里巴巴，其设立蚂蚁金服金融平台管理旗下的金融业务。由于当前该类公司涉足了不止一个金融领域，具有一定金融控股公司的功能，因此也需要进一步予以关注。

以阿里巴巴为例，其在电商方面占有优势地位，从该领域切入金融行业，积极引入大数据、虚拟信用，以互联网的优势催化自有的金融控股平台升级，一方面互联网平台能够增加客户流量的导入渠道和流量变现渠道，提高客户黏性；另一方面成立金融控股公司有助于其降低金融业务交易成本，持续介入不被传统金融业关注的长尾市场，获取长期稳定收益。阿里巴巴通过蚂蚁金服进入金融业，将其打造为旗下的金融控股公司；百度、腾讯也分别利用其在搜索和社交方面的优势地位，加速布局金融业务，使金融业成为其互联网生态中重要一环。整体来看，目前金融业务只占其主业的一小部分或是其中的事业部，且尚未完全脱离集团独立运作。

互联网参与金融业的协同效应部分来源于其云计算、大数据和人工智能为代表的技术运用方式，这主要是因为相对于传统金融控股的技术后台，以云计算、大数据和人工智能为特色的金融控股公司能够更好地对客户进行用户画像，更加精准地了解客户的金融需求和提供相应的金融产品和服务，更好地为客户提供一站式服务，所以能够有效促进内部协同和提升运行效率。另一部分则来源于其特有的企业文化，因为互联网系的金融控股公司获得了中国经济以及互联网渗透率的高速增长带来的双重红利，并且成功经历了产品、运营、商业模式、目标客户等多次快速迭代，形成了一些富有特色的企业文化，所以其企业文化对员工的影响力要高于传统金融控股公司。另外，企业文化带来的较强执行力，以及该类公司广泛的用户覆盖面和高频使用也导致了这些公司一旦发生风险，其导致的后果也会比传统金融控股公司更为严重。三大互联网巨头渗入金融领域见表6-2-4。国内金融控股公司按母公司性质分类见图6-2-2。

表6-2-4　截至2018年6月30日三大互联网巨头渗入金融领域一览表

控股集团	平台	银行	证券	保险	基金	第三方支付	小微金融
百度	百度金融（事业部）	与中信银行合作成立直销银行——百信银行		与安联保险、高瓴资本宣布,三方将联合发起成立互联网保险公司——百安保险,险种涵盖旅游、餐饮、出行、医疗和教育等	与国金证券合作推出"国金百度大数据基金"	百度钱包支付	百度小贷
腾讯		微众银行	与国金、华鑫展开合作	与中国平安、腾讯合作设立众安保险	腾讯理财与华夏基金合作	微信支付	财付通小贷
阿里巴巴	蚂蚁金服	网商银行	云峰证券（筹）	与中国平安、腾讯合作设立众安保险	与天弘基金合作	支付宝	蚂蚁小贷

资料来源：交通银行金融研究中心整理。

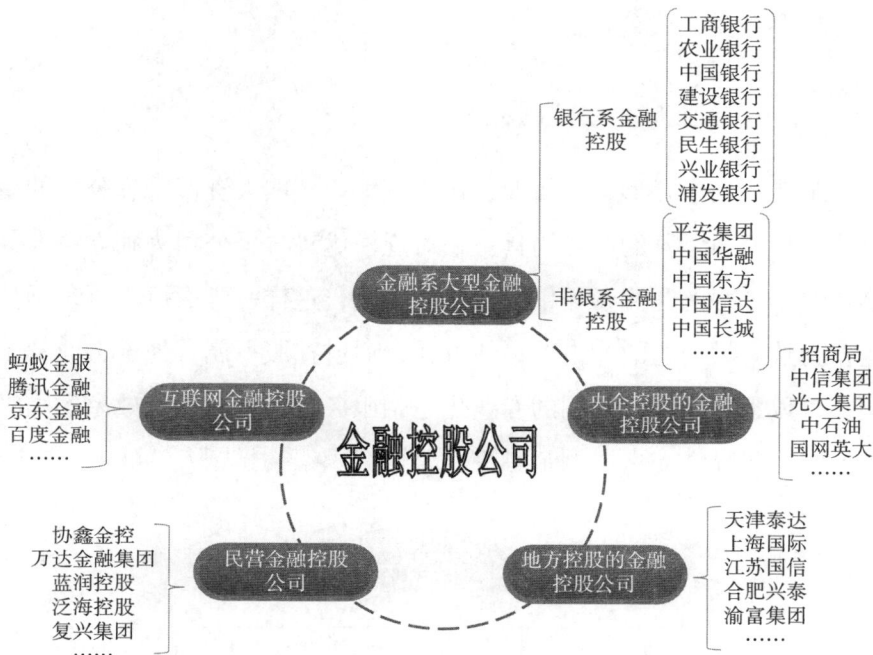

资料来源：交通银行金融研究中心整理。

图 6-2-2　国内金融控股公司按母公司性质分类

第三节　中国金融控股公司的模式和类型

一、两种运行模式：事业型和纯粹型

从母公司是否经营金融业务来划分，与国际上类似，国内主要存在两种金融控股公司模式，即纯粹型和事业型。母公司除了控股子公司外，本身还经营特定业务的控股公司为事业型金融控股公司；本身不从事具体业务，而是以控股子公司开展具体业务经营的控股公司称作纯粹型金融控股公司。

（一）事业型金融控股公司

最典型的事业型金融控股公司为五大行、四大资产管理公司的组织模式，母公司经营的业务均具备相对规模优势，子公司为独立法人，母公司对子公司的法律责任仅以投资额为限，这样一方面可以避免子公司运营失败对母公司的冲击；另一方面，通过控股下属其他金融业务子公司，可以为客户提供不同的专业化金融服务，在提高业务效率的同时能够增强客户黏性。事业型金融控股公司组织架构见图6-3-1。

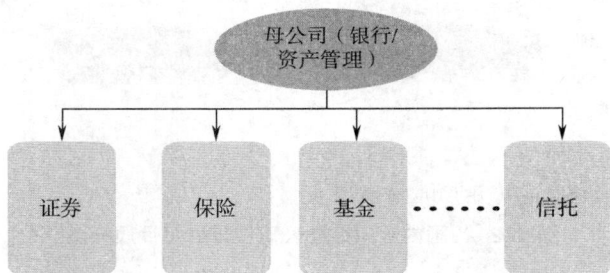

资料来源：交通银行金融研究中心。

图 6-3-1　事业型金融控股公司组织架构

以银行为控股母公司的情况为例，我国的金融体系以银行为基础搭建的、以银行为母公司的金融控股公司业务兼容性强，可以与非银行金融业务结合，实现业务互补。银行的网点也是稀缺资源且具有先发优势，银行控股非银子公司可以充分发挥银行与网点人员的优势，尤其是大型商业银行的子公司可以享受母公司的品牌优势及信息技术优势。但经营投资型金融控股公司最大的弱点是金融业务的整合程度并没有最大化。跨文化管理不利于子公司做强做大。例如，五大行均存在银行"独大"，非银子公司相对弱小，发展缓慢的问题。银行作为母公司来管理其他金融类子公司，不可避免地会导致其用管理银行业务的方法来管理非银行业务。而证券、保险以及信托等业务由于资金来源渠道与银行不一样，业务运作的方式以及内部的企业文化也完全不同。比如，商业银行相对保守的稳健经营文化与投资银行的勇于承担风险、快速发展的激进氛围其实是格格不入的。因此，银行母公司对其他非银行金融业务的跨文化管理必然导致文化冲突，从而不利于其他金融业务的发展，也制约了其他金融业子公司的做强做大。"防火墙"的建立并非完全有效。在银行母公司管理非银行子公司的模式下，一旦内部控制和外部监管不到位，不同种类金融业务之间的风险容易相互传导，一旦子公司出现问题，这种风险也必然会通过传递效应影响到银行母公司，加大了集团风险管理的难度。母子公司的组织结构存在较高的组织成本和管理成本，且容易因为管理分散带来职责不清、内部协调困难的问题。

以五大行为例，综合来看我国银行综合经营子公司与银行的协作尚处于松散的渠道合作、小规模的介绍客户、项目等浅层次的合作模式，许多银行旗下的证券、基金、租赁以及信托等公司对集团公司的利润贡献较少，更有甚者有一部分子公司还未给集团公司带来任何收益。从牌照取得方面来看，建设银行、交通银行优势明显。但整体来看，五大行尽管依托母公司平台更容易开展业务，旗下子公司无论从资产规模和盈利贡献角度来看都无法与母公司相比，就子公司在其细分行业里面的盈利情况来看，也低于行业平均水平，尤其是保险、证券和信托领域。从资产规模来看，融资租赁业务规模相对较大且利润贡献占比最大，基金规模较小且利润贡献最小（交银施罗德除外），证券、信托，银行系的保险公司虽然资产规模扩张迅速，但利润贡献较小。在基金规模方面，尽管五大行管理的基金规模在公募领域尚能排名靠前，但与第一名的资产规模相差甚远。以信息披露较为全面的建设银行来看，租赁、保险、证券、信托、基金合计净利润贡献占比为 2.23%；盈利能力方面除建信基金的盈利能力高于其银行业主业，ROE 为 67.88% 外，信托略高，ROE 为 16.76%，其他均低于其银行主业，且与其所在的子行业同业相比，盈利能力至少低于行业平均水平的 6 ~ 10 个百分点。相对而言，尽管中国银行子公司的资产规模与工商银行、建设银行两大银行无法比较，但其子公司的盈利能力及利润贡献度综合来看表现较为突出。2016 年五大行主要控股子公司盈利贡献情况见表 6-3-1。

造成商业银行旗下不同行业经营效率不同的主要原因在于子公司与银行的协同契合程度。例如，租赁公司主要依靠母公司商业银行的授信业务获取资金支持，以满足其业务开展的资金需要，本质上仍然是银行贷款业务的延伸，因此与银行协同无任何障碍，因此规模与业绩增长都在银行子公司中排名靠前。证券、信托、基金等业务基本都需要借助银行的渠道、资源（如基金代销通道、信托通道项目、券商投行项目等），一方面缺乏深层次协作，运作独立性强，且协作多取决于行政命令；另一方面银行与子公司的风险偏好、文化、战略导向均存在差异，相对而言子公司的市场化程度理应更高，由母银行控股子公司可能存在风险文化及战略方面的不匹配，因此银行系的子公司发展中规中矩。保险子公司虽然借助银行渠道实现了资产总额的迅速扩张，但合作大多局限于销售联盟等简单形式，因此盈利能力无法跟同业龙头相比。

表6-3-1　2016年五大行主要控股子公司盈利贡献情况一览

单位：亿元人民币

银行	净利润(亿元)	ROE	板块	子公司（持股比例）	净利润	占比	ROE
工商银行	2782.5	14.80%	租赁	工银租赁（100%）	34.2	1.23%	15.20%
			保险	工银安盛人寿保险（60%）	5.03	0.11%	4.94%
			证券	工银国际控股（100%）	5.48	0.20%	9.37%
			基金	工银瑞信（80%）	16.41	0.47%	57.80%
			合计		61.12	2.01%	
建设银行	2314.6	15.38%	租赁	建信租赁（100%）	12.66	0.55%	11.86%
			保险	建信人寿（51%）	3.88	0.09%	4.41%
			证券	建信国际（100%）	11.84	0.51%	13.53%
			信托	建信信托（67%）	14.2	0.41%	16.76%
			基金	建信基金（65%）	9.13	0.26%	67.88%
			合计		51.71	2.23%	
农业银行	1839.4	14.55%	租赁	农银金融租赁（100%）	3.01	0.16%	7.00%
			保险	农银人寿保险（51%）	0.1799	0.00%	0.82%
			证券	农银国际控股（100%）	6.34	0.34%	15.01%
			基金	农银汇理基金（51.67%）	2.24	0.06%	39.93%
			合计		11.77	0.64%	
中国银行	1646	12.12%	租赁	中银航空租赁（100%）	29.00	1.76%	18.61%
			保险	中银集团保险（100%）	0.92	0.06%	2.83%
			保险	中银集团人寿（100%）	9.31	0.57%	16.62%
			保险	中银保险（100%）	1.52	0.09%	3.03%
			保险	中银三星人寿（51%）			
			证券	中银国际证券（37.14%）			
			基金	中银基金（83.5%）	10.09	0.51%	67.95%
			合计		50.84	3.09%	
交通银行	672	11.55%	租赁	交银租赁（100%）	20.01	2.98%	15%
			保险	交银康联（62.5%）	3.1	0.00%	14.08%
			保险	交银保险（100%）	0.12	0.02%	2.81%
			证券	交银国际（100%）	3.14	0.47%	22.70%
			信托	交银国信（85%）	8.41	1.06%	20%
			基金	交银施罗德（65%）	4.52	0.44%	
			合计		39.30	5.85%	
行业平均ROE（上市公司为例）			租赁 15%	保险 14.16%	证券 22.70%	信托 20%	

注：括号内百分比为母公司控股子公司的持股比例。图中以港币或美元披露盈利及资产情况的子公司测算过程中均已折算为人民币（折算依据2016年12月31日中行外汇牌价折算价，1美元=6.937元人民币；1港币=0.8945元人民币）。

资料来源：交通银行金融研究中心。

155

（二）纯粹型金融控股公司

纯粹型金融控股公司，即金融控股公司在一个集团内分设有数个子公司，母公司负责战略规划、投资管理、风险控制和重大人事调配等，不做具体业务；旗下每个子公司都是独立的法人机构，从事不同的金融业务如银行、证券、保险、信托等，从而形成规模庞大、业务齐全、联系紧密的一站式金融产品超市，通过"集团混业，经营分业"实现风险隔离基础上的内部协同。实际上，一些实业集团参与的产融结合型金融控股公司也是通过实业集团下设金融控股子公司平台来管理下属的各类金融业务，这类平台管理模式也是纯粹型的组织架构。纯粹型金融控股公司架构见图 6-3-2。

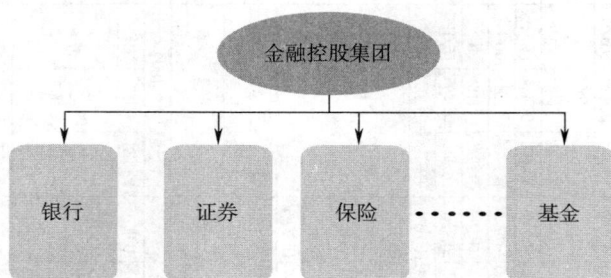

资料来源：交通银行金融研究中心。

图 6-3-2 纯粹型金融控股公司架构

子公司在法律和经营上是独立的法人，相互之间的关系为兄弟公司，因此利益冲突、风险传递的问题相对较小；各子公司又可以通过金融控股公司的统一指挥，提供全方位的金融服务；通过内部的"防火墙"设计可以达到分业监管、混业经营的目的。这种模式最大的好处是子公司的经营活力被充分激发。但该模式对于集团对子公司的控制力及协调能力提出更高的要求，需要利用控股公司的组织架构有效整合各子公司的资源，从而提高单位资源利用率，降低单位固定成本分摊，有效扩大金融服务业务量，从而实现范围经济。

　　国内典型的纯粹型金融控股公司为平安集团。目前中国平安集团已经发展成为集保险、银行、投资三大主营业务为一体、核心金融与互联网金融并行发展的金融控股集团，致力于打造"一个客户、一个账户、多个产品、一站式服务"，逐步实现保险、银行、投资三大业务均衡发展，目标为保险、银行和投资业务各占1/3。一个账户指的是银行账户，多个产品含银行、保险、信托/投资等业务，最终实现经营基础平台共享、客户共享、业务贯穿整个金融产业链，形成类似"金融产品超市"的综合服务体系。中国平安已成为中国第二大产险和寿险公司，盈利能力领先同业。中国平安集团组织架构见图6-3-3。中国平安集团经营管理阵型见图6-3-4。

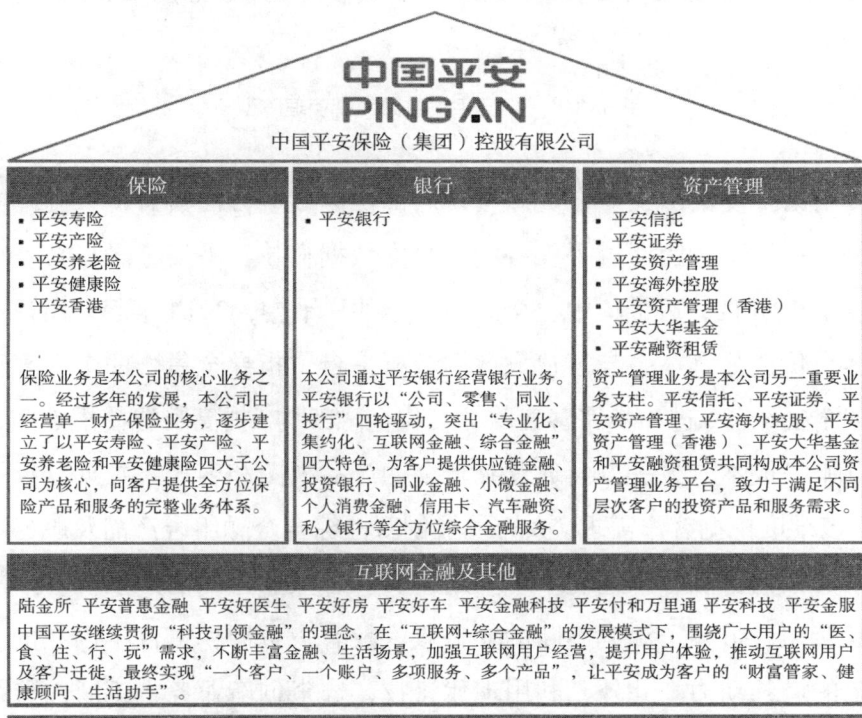

中国平安保险（集团）控股有限公司

保险	银行	资产管理
• 平安寿险 • 平安产险 • 平安养老险 • 平安健康险 • 平安香港	• 平安银行	• 平安信托 • 平安证券 • 平安资产管理 • 平安海外控股 • 平安资产管理（香港） • 平安大华基金 • 平安融资租赁
保险业务是本公司的核心业务之一。经过多年的发展，本公司由经营单一财产保险业务，逐步建立了以平安寿险、平安产险、平安养老险和平安健康险四大子公司为核心，向客户提供全方位保险产品和服务的完整业务体系。	本公司通过平安银行经营银行业务。平安银行以"公司、零售、同业、投行"四轮驱动，突出"专业化、集约化、互联网金融、综合金融"四大特色，为客户提供供应链金融、投资银行、同业金融、小微金融、个人消费金融、信用卡、汽车融资、私人银行等全方位综合金融服务。	资产管理业务是本公司另一重要业务支柱。平安信托、平安证券、平安资产管理、平安海外控股、平安资产管理（香港）、平安大华基金和平安融资租赁共同构成本公司资产管理业务平台，致力于满足不同层次客户的投资产品和服务需求。

互联网金融及其他

陆金所　平安普惠金融　平安好医生　平安好房　平安好车　平安金融科技　平安付和万里通　平安科技　平安金服
中国平安继续贯彻"科技引领金融"的理念，在"互联网+综合金融"的发展模式下，围绕广大用户的"医、食、住、行、玩"需求，不断丰富金融、生活场景，加强互联网用户经营，提升用户体验，推动互联网用户及客户迁徙，最终实现"一个客户、一个账户、多项服务、多个产品"，让平安成为客户的"财富管家、健康顾问、生活助手"。

资料来源：中国平安集团年报。

图6-3-3　中国平安集团组织架构

"平安战车" 4-2-3-1经营管理阵型

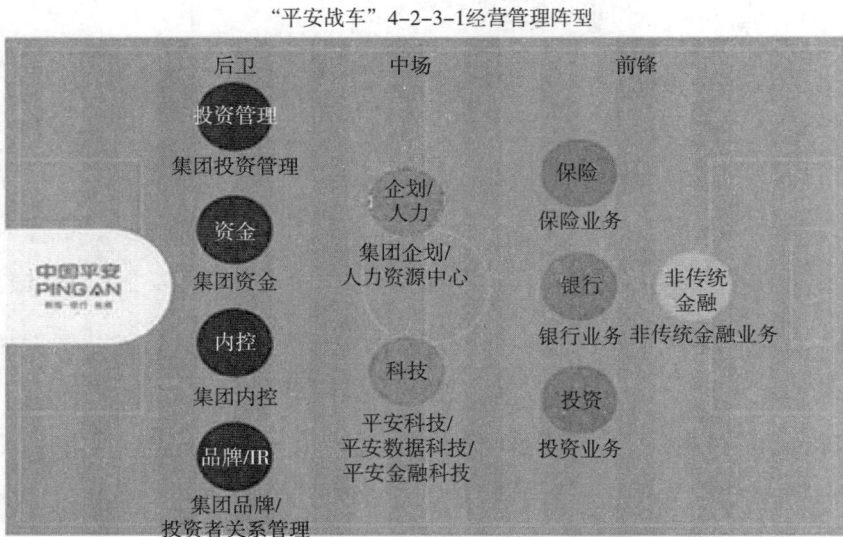

后卫　　　　　中场　　　　　前锋

投资管理
集团投资管理

资金
集团资金

内控
集团内控

品牌/IR
集团品牌/
投资者关系管理

企划/
人力
集团企划/
人力资源中心

科技
平安科技/
平安数据科技/
平安金融科技

保险
保险业务

银行　　　非传统
金融
银行业务　非传统金融业务

投资
投资业务

资料来源：中国平安集团官网。

图 6-3-4　中国平安集团经营管理阵型

中国平安集团在整合资源实现内部协同效应方面具有得天独厚的优势。一方面集团通过平安科技、平安数据科技、平安金融科技发展建设了集团 IT、后援集中、交叉销售等共享平台；2013 年起公司建立了客户价值分群体系与客户大数据分析平台，指导全集团的个人客户综合金融经营，进一步完善集团综合化金融架构，提高资源使用效率，降低服务成本。另一方面通过综合金融产品视图和客户大数据分析平台，多维度挖掘客户需求，大力发展创新性综合金融组合产品及服务，推动交叉销售和客户迁徙水平不断提升。各项业务的协同以及客户的相互转化，带来了源源不断的业务收入及客户资源，提供了内在的、稳定的增长动力。此外，利用现代科技，未来创新业务将不断向传统业务进行客户迁徙，例如，平安集团依托传统金融业务的庞大积累，以保险、银行、资产管理等金融业务板块为核心，凭借对互联网重要性的敏锐判断，在核心业务中进行客户迁徙。2015 年平安集团迁徙客户约 1235 万人次，平安集团内各子公司新增客户中的 33.9% 来自客户迁徙。2015 年，平安集团保险业务交叉销售成果显著，通过个人寿险业务代理人渠道实现平安产险、平安养老险、平安健康险新增保费近300 亿元。2015 年平安集团互联网用户转化为新增客户的人数达 575万人，占当年新增客户总量的 18.7%。同时，3146 万核心金融公司的客户通过注册互联网服务平台账户转化为线上客户，占当年新增互联网用户总量的 30.2%。2015 年中国平安集团传统金融业务客户迁徙情况见表 6-3-2。

表 6-3-2　　　　2015 年中国平安集团传统金融业务客户迁徙情况

单位：万人次

迁徙起点	迁徙终点					
	平安寿险	平安产险	零售银行业务	信用卡业务	其他业务	合计
平安寿险	—	235	139	111	110	595
平安产险	61	—	62	65	36	224
零售银行业务	50	103	—	56	53	262
信用卡业务	19	47	51	—	11	128
其他业务	5	9	6	5	1	26
合计	135	394	258	237	211	1235

　　注：（1）客户迁徙指某公司的客户购买另一公司的金融产品，从而成为另一公司的客户，按客户迁徙人次统计。

　　（2）其他业务包含平安证券，平安信托等核心金融公司的业务。

　　资料来源：中国平安集团 2015 年年报。

（三）两种模式的比较

金融控股公司的构建主要是为了有效整合集团各子公司的资源，提高单位资源利用率，降低单位固定成本分摊，并有效扩大金融服务业务量，实现范围经济；利用股权收购等手段可以扩大经营单位的规模范围；通过子公司之间的业务互补，共享品牌优势，达到协同效应，优化集团的服务质量。在国内无论是事业型金融控股公司，还是纯粹型金融控股公司，其存在均有特定的历史原因和背景，例如，五大行的模式是国家资源的逐步倾斜；光大、中信集团是试点模式，是各项业务逐步发展壮大起来的；平安集团的模式更多的是市场化运作的结果；民营企业的产融结合则是经济增速下滑，传统主业增长乏力后的结果。

两种模式各有利弊，分析国内做得比较好的金融控股公司，可以发现无论是哪种运行机制下的金融控股公司想要集团内部资源整合，各业务间互为因果、互为链条、互为补充，实现各子公司并驾齐驱，产生整体的协同效应，必须具备五方面基本要素。一是集团对子公司必须具有有效的控制力，同时子公司要具有一定的自主权。二是集团与子公司间的信息平台得以构建，客户数据、信息资源充分共享。三是有效的风险隔离，需要做好不同业务单元之间的风险隔离，设立母子公司之间、子公司之间的防火墙，同时在集团及子公司之间在信息流通、人事安排、业务联营及资金融通等方面作出禁止或限制性制度安排，防范机构之间的利益冲突和风险传染，使防火墙真正发挥隔离风险的作用。四是建立与集团战略相匹配的考核引导机制。五是人才队伍的保障。下面分别从战略、效率、内控、监管、子公司运营五个方面对比国内两种模式下金融控股公司的优劣势。

一是发展战略。从战略目标来看，事业型金融控股公司、纯粹型金融控股公司的最终目标都是通过组织架构达到提升资源配置效率，实现规模、范围、协同效应。略有不同的是产融结合的金融控股公司还肩负金融业保障实业发展，两者共同达到优化行业生态的目的。从战略管理难度上来看，纯粹型金融控股公司优势相对明显，集团战略规划管理与事业经营相分离，使得母公司专注战略管理和资源分配；而事业型金融控股公司，由于母公司需要兼顾自身经营和子公司管理，容易导致子公司的发展附属于母公司，不利于集团整体战略规划。

二是协同效率。事业型金融控股公司相对纯粹型金融控股公司相对有效，体现在：规模经济与范围经济方面，事业型金融控股公司，主要其以控股母公司为核心，可以起到业务互相推进，扩大特定业务经济规模，有效降低平均成本的作用；纯粹型金控公司则很大程度上取决于能否充分发挥协同效应，集团的管控力是否强硬。信息共享方面，事业型金控公司实现相对容易，而纯粹型金融公司可能需要增加一定的成本。协同效应方面，事业型金融控股公司相比较更加容易，以母公司为主体，充分运用母公司的渠道和品牌优势；而纯粹型的金融控股公司则取决于信息共享的情况及集团的战略策划。

三是内控机制。从信息透明度及内控方面来看，相对而言，纯粹型金融控股公司透明度稍高，而产融结合型企业在实业与金融业内控方面要求较高；事业型金控公司的内控并不太透明。从风险控制能力及防火墙的有效性来看，金融系的纯粹型金融控股公司更加有效，不同种类的金融业务之间建立严格的防火墙，有效控制金融风险；产融结合的风险控制相对较难，在协同效应发挥下，有可能出现不正当投资、高财务杠杆、不正当内幕交易的风险，如德隆事件；事业型金控公司的防火墙相对有效，但当子公司发生困难时，母公司有可能突破防火墙，导致风险向母公司聚集，影响风控的有效落实。

四是监管体系。纯粹型金融控股公司的监管难度一般，只要求功能性监管，各监管机构之间保持充分协调即可；事业型金融控股公司对监管的要求相对要高，要求较为完善的以母公司为核心的监管法规和机构，透明度高，监管机构需要信息共享；产融结合的监管较难，要求监管机构信息充分共享，监管人员的专业水平，素质及管理能力要求更高。

五是子公司运营。就子公司金融创新力和竞争力而言，纯粹型金融控股公司的子公司经营基本上不存在文化冲突，这有利于各子公司均衡发展，且子公司的竞争力、创新力较强；事业型金融控股公司的子公司对母公司依赖较强，不利于其创新，整体竞争力偏弱，如五大行的子公司很少能做到母行的规模。利益冲突和内幕交易方面，金融系下纯粹型金融控股公司各子公司相对独立，能有效降低各子公司利益冲突和内幕交易风险；事业型金融控股母公司与子公司之间容易产生利益冲突和内部交易；产融结合型金融控股，尽管在集团统一协调下，各子公司相对独立，但金融业支持实业的过程中监管不到位，有可能出现不正当内幕交易的风险，如著名的德隆事件。两种组织架构下的金融控股公司比较见表6-3-2。

表 6-3-3   两种组织架构下的金融控股公司比较

比较的方面	细分领域	事业型金融控股	纯粹型金融控股	产融结合模式下设金融控股平台
战略	战略目标	提升资源配置效率，发挥范围经济、规模经济和协同效应等优势	提升资源配置效率，发挥范围经济、规模经济和协同效应等优势	提升资源配置效率，保障实业更好发展，金融业实业优化行业生态
	战略管理	母公司需要兼顾自身经营和子公司管理，容易导致子公司的发展附属于母公司，不利于集团整体战略规划	集团战略规划管理与事业经营相分离，得以专注战略管理和资源分配	

续表

比较的方面	细分领域	事业型金融控股	纯粹型金融控股	产融结合模式下设金融控股平台
效率	规模经济与范围经济	较为容易。以控股母公司为核心，业务互相推进，扩大各特定业务的经济规模，有效降低评价成本	取决于能否充分发挥协同效应。通过集团统一战略策划，子公司协同有效可以达到扩大经济规模，降低平均成本的作用	相对不易。实业与金融业信息共享前提下，集团统一战略策划有助于扩大经济规模和降低资本运用成本
	信息共享	可以实现	可能降低，成本增加	相对不易，成本增加
	协同效应	容易。以母公司为主体，充分运用母公司的渠道和品牌优势	较为容易。信息共享前提下，发展交叉业务，开发客户潜在服务需求，达到优势互补	相对不易。金融业如何更好地服务实业仍在进一步探索中
内控	透明度及内部控制	不太透明	透明度稍高	透明度一般。金融业与实业内部控制要求较高
	风险控制能力及防火墙有效性	相对有效。但当子公司发生困难时，母公司有可能突破防火墙，导致风险向母公司聚集，影响风控的有效落实	有效。不同种类金融业务之间建立严格的防火墙，能够有效控制金融风险	相对较难。在协同效应发挥下，有可能出现不正当投资、高财务杠杆、不正当内幕交易的风险
监管	金融监管的要求	监管难度提高。要求较完善的以母公司为核心的监管法规和机构，透明度高，监管机构需要信息共享	监管难度一般。要求功能性监管，各监管机构之间保持充分协调	监管难度较高，要求监管机构信息充分共享，对监管人员的专业水平、素质及管理能力要求更高
子公司运营	子公司金融创新力和竞争力	子公司对母公司依赖度较强，不利于创新，竞争力偏弱	子公司间经营不存在文化冲突，有利于各子公司均衡发展，竞争力、创新能力增强	
	利益冲突及内幕交易	部分。母公司与子公司之间容易产生利益冲突和内部交易	较少。在集团统一协调下，各子公司相对独立，交易按市场原则内部核算，能有效降低各个公司利益冲突和内部交易风险	可能。尽管在集团统一协调下，各子公司相对独立，但金融业支持实业的过程中监管不到位，有可能出现不正当内幕交易的风险（德隆事件）。

资料来源：交通银行金融研究中心。

二、三种管理类型：财务管控、战略管控、运营管控

按总部集权分权程度的差异可以将金融控股公司划分成财务管控型、战略管控型和运营管控型三种类型。战略控制型是一种中间形式。财务管控型下，总部参与子公司的程度较低，业务相关多元化的程度较低。运营管控型下，总部参与子公司经营的程度较高，业务相关多元化的程度较高。选择不同的管控模式，总部的功能定位也有所差异。

（一）财务管控型

总部集权程度低，只负责集团的财务规划、投资决策和实施监控，以及对外兼并收购等资本运作工作，在正常情况下并不过多地介入下属公司的经营管理活动。像 Hanson Trust 之类的公司，管理总部的机构、职能都极其简单，一般只负责财务管理工作，而其他诸如规划等工作则由各个战略事业单位自行完成。在 Hanson Trust 中，各自独立的下属企业产品之间无任何联系。既然下属企业之间没有任何协同关系，那么对研发、市场协调、详细规划等进行集中管理也就没有什么必要了。相应地，公司管理总部压缩规模且仅根据财务指标来对下属企业进行控制和组合管理也就是顺理成章的事情了。

从实际情况来看，一些地方参与的金融控股公司由于集团控制力偏弱，对其子公司的经营管理无法介入，且下属于子公司间相互独立，因此，属于实质意义上的财务管控型金融控股公司，部分股权投资型地方金融控股公司就属于典型的财务管控型，如重庆渝富、浙江省金融控股有限公司等。

（二）战略管控型

战略管控型总部则在负责集团的财务、资本运营的同时，还要制订

集团整体的战略规划，并且要求下属公司据此制订自己的业务战略规划和资源预算。我国大部分金融系大型金融控股公司均属于战略管控型，以五大行为代表，下属公司根据母公司的战略规划制订自身的业务发展规划和资源预算，但由于母公司对子公司的控制力较强，很容易变成实质性运营管控型金融控股公司。相对而言，平安集团在对子公司的战略管控方面拿捏较好，既让子公司根据集团战略有效协同发展，又使子公司保持相对的独立性。

（三）运营管控型

运营管控型总部，其总部的集权程度就高。一般会对下属公司实行高度集权管理，从战略定位、战术规划、市场策略、资源调配到具体的目标达成全面介入，甚至直接决定下属公司的组织结构、人事安排等；下属公司仅仅是负责实施执行的事业部。整体来看，运营管控型金融控股公司使得子公司在细分领域没有自主权，很难做大做强。而商业银行架构改革过程中对子条线的事业部制管理模式则更多的像是运营管控型。此外，央企控股的产融结合型金融控股公司有部分就采用集团下设的事业部来管控其金融类子公司，属于运营管控型组织架构。

统筹考虑不同子公司在业务成熟度和战略重要性等因素之后，则可以为不同类型的子公司确定管控模式。并且，对于不同模式，可以选择不同的管理重点和管理深度。同时，在金融集团发展的不同阶段，集团总部的功能定位也要随着公司规模、外部条件的变化而作出动态调整。但从根本上讲，无论总部集权程度如何，其根本目标都应该是通过分散集团风险、改善和提高业务单元的协同效应，最终为集团整体带来各业务单元独立经营时不能实现的附加价值。

第四节　中国金融控股公司的监管

1993 年 12 月《国务院关于金融体制改革的决定》明确指出，我国金融业实行分业经营和分业管理。1995 年《商业银行法》和 1998 年《证券法》的颁布，从法律上规定了我国金融业实行分业经营的原则。2003 年则由中国银行监督管理委员会取代了中国人民银行实施对银行的监管职能。随着证监会、原保监会、原银监会的相继设立，"一行三会"的分业监管体制逐步得以确立，但在 2003 年和 2005 年对《商业银行法》和《证券法》进行修订时，分别在"商业银行在中华人民共和国境内不得从事信托投资和证券经营业务，不得向非自用不动产投资或者向非银行金融机构和企业投资""证券业和银行业、信托业、保险业分业经营、分业管理。证券公司与银行、信托、保险业务机构分别设立"的条款之后增加了"国家另有规定的除外"，为未来的混业经营预留了空间。2004 年《三大金融监管机构金融监管分工合作备忘录》的发布，使得我国对金融控股公司的监管分工有了具体参照。其中，第八条提出"对金融控股公司的监管应坚持分业经营、分业监管的原则，对金融控股公司的集团公司依据其主要业务性质，归属相应的监管机构，对金融控股公司内相关机构、业务的监管，按照业务性质实施分业监管。被监管对象在境外的，由其监管机构负责对外联系，并与当地监管机构建立工作关系。对产业资本投资形成的金融控股公司，在监管政策、标准和方式等方面认真研究、协调配合、加强管理"。

　　随着备忘录的签署，我国初步建立了金融控股公司的监管架构，即成立了"监管联席会议制度"，建立了信息收集与交流制度，三方监管联席会议机制、经常联席机制等一系列辅助制度，进一步打开金融监管思路。尽管如此，目前我国对金融控股公司的监管仍存在两方面的主要问题，一方面原三大监管（银监会、证监会、保监会）部门地位平等，联席会议制度下缺乏有效的牵头机关，导致监管真空，监管效率低下，而央行肩负维护金融系统稳定的重任却不具备相应的金融监管权；另一方面，相对于金融控股公司，我国缺乏有效的机制实现对资本充足率、业务经营交叉化的有效监管。国务院金融稳定发展委员会的正式成立将有利于统筹协调相关监管。

　　非金融企业涉入金融控股公司则受到的监管限制更大。例如国有、地方实体企业接受国资委监管，民营企业缺乏明确的监管部门。一方面，国资委推动下的产融结合型的金融控股公司有全局性的考虑，但以招商局、中石化等大型企业为例，其迅速广泛地进入金融领域使得监管有滞后脱节的现象。涉足金融业后，国有实体企业受国资委和"一行两会"的多重监管，效率和成效有待考察。另一方面，民营实体企业由于大多为上市公司且也大多通过控股、参股等方式进入金融业，还将会受到证监会监管。互联网金融旗下的金融控股公司也存在监管主体缺位现象，随着《互联网金融风险专项整治工作实施方案》的印发，央行、证监会、原银监会、工商总局等部委相继出台多个政策，明确各自的整治重点。总之，该类金融控股公司在金融监管主体和非金融业监管主体之间并没有达成一致的监管，缺乏统一且独立的监管主体，导致监管灰色地带的存在。我国现行金融控股公司的主要监管模式见图6-4-1。

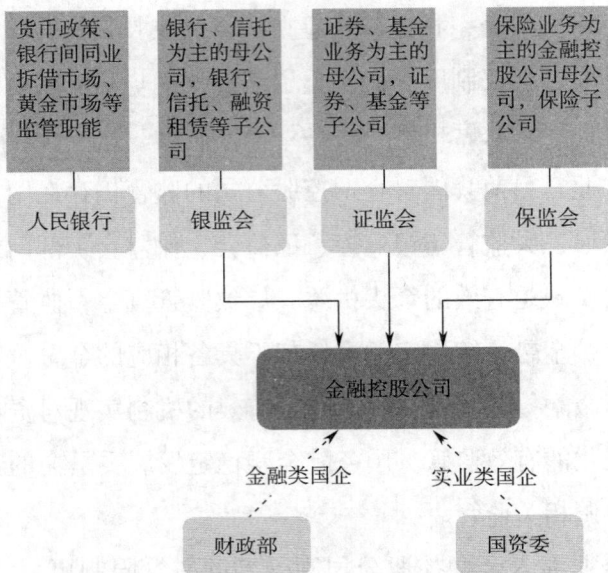

货币政策、银行间同业拆借市场等黄金市场等监管职能 → 人民银行

银行、信托为主的母公司，银行、信托、融资租赁等子公司 → 银监会

证券、基金业务为主的母公司，证券、基金等子公司 → 证监会

保险业务为主的金融控股公司母公司，保险子公司 → 保监会

金融控股公司

金融类国企 — 财政部

实业类国企 — 国资委

资料来源：交通银行金融研究中心。

图 6-4-1　我国现行金融控股公司的主要监管模式

第五节　中国金融控股公司与产融结合

　　近年来快速发展的中国金融控股公司，如地方金融控股公司、互联网金融控股公司等较多的是以产融结合的形式存在。产融结合大体上可以分为"由产到融"及"由融到产"两种形式。由产到融，即产业资本主导型，是产业资本旗下，把部分资本由产业转到金融机构，形成金融核心；而由融到产，即金融资本主导型，是金融资本有意识地控制实业资本，而不是纯粹地入股。中国的产融结合与金融控股公司既相互联系又不完全对等。相对而言，发达国家产融结合领域发展较为成熟，我国的产融结合尚处于探索阶段。

一、产融结合的国际经验

发达国家中以美国、日本的产融结合模式最具有典型性，其他国家的银行与企业关系模式均是在借鉴这两种模式的基础上，结合本国的经济发展水平和特点而形成的。

（一）美国的产融结合

美国的产融结合表现为非金融企业在产融结合中的地位和作用较为突出，而银行等金融机构处于非主导地位。企业的外源融资主要通过直接融资方式，便于筹集巨额资本，银行间接持有企业股权，便于分散控制风险。这一方式对市场提出了较高的要求，如利率的形成机制比较健全，金融市场运作有效，中央银行具有较强的货币控制力。美国的产融结合就是以市场为驱动力，不断进行企业股权整合的过程，呈现出市场机制主导、金融创新驱动、产业竞争力不断增强的特点。

美国的产融结合经历了四个阶段。第一阶段是20世纪30年代初以前，产业资本和银行资本的流动与融合形成了托拉斯组织，洛克菲勒投资控股花旗银行，由原来依靠对石油的垄断转向通过它的银行和保险公司的金融力量渗透并控制其他主要工业部门，美国进入了垄断市场经济阶段。第二阶段是1929—1933年世界经济危机之后，垄断和混业经营被认为是引发经济危机的重要根源，《格拉斯—斯蒂格尔法》和《证券交易法》出台后，美国出现了银行持股公司、企业内部金融机构和大型商业银行信托部三种新型的产融结合组织。第三阶段是20世纪80年代以来，美国重新反思了经济危机产生的原因，陆续推出了一系列放松金融管制，推进金融自由化的政策措施，进一步促进产融结合，培育跨国企业集团。第四阶段为2008年金融危机爆发后，美国政府加强对"非银行系统重要性金融机构"的监管，解决"大而不倒"的问题，实施更为严格的资本充足率和其他审慎性监管标准，迫使部分产业集团开始收缩撤离金融，回归主业。

（二）日本的产融结合

日本的产融结合表现为银行在产融结合中处于主导地位，企业以间接融资为主，形成了以主银行制为核心的法人相互持股的产权关系，从而抑制了资本市场的发展。主办银行充当贷款人，与企业保持长期稳定的信用交易关系，存在有效的监督、相机控制机制。这就要求银行机构运转效率很高，国内储蓄水平较高，并且需要一个引导企业投资的经济计划。日本的产融结合在二战之后得到较快的发展，一些大型的产融型企业逐步出现，主要是三菱集团、三井集团、芙蓉集团、住友集团等。这些企业集团都有自己的核心大银行，集团内部的重要大企业相互交叉持股，大股东多为本集团内部的大企业。核心大银行对企业承担着监督的责任，该银行被称为主办银行即主银行，主银行与企业保持长期和稳定的持股、人员派遣等关系，当企业发生财务危机时，主银行会出面组织救援，当企业重组时，主银行拥有主导权。

主银行和企业捆绑在日本经济腾飞期确实发挥了巨大的优势，实现了防止外部资本入侵、持续稳定经营、降低经营风险的效果，但是，这一模式也限制了竞争，削弱了市场对企业的监督，易引发系统性金融风险。特别是 20 世纪 80 年代以后日本与美国发生贸易摩擦，金融监管放松和金融创新兴起，叠加主银行模式，被资金追捧的金融资产脱离了产业的支撑形成了泡沫，最终导致了日本经济泡沫的破裂。

二、中国产融结合的现状

（一）国内产融结合的发展路径

整体来看，国内产融结合大致经历了三个阶段，由于银行投资实业的法律限制始终存在，"由产而融"的模式是发展主流。第一阶段为2004年以前，产业资本通过控股、参股金融机构形成各具特色的产融集团，业务普遍涉及多个行业，如海尔集团。国务院初步批准综合金融集团开始试点，中国光大集团、中信集团和中国平安集团成为首批试点。第二阶段为2004—2008年，"德隆事件"促使监管层加强对企业产融结合模式的监管力度，产融结合一度处于低潮。第三阶段为2008年以后，政府出于刺激经济的考虑，出台了一系列规范性的法律法规逐步放松产融结合的限制，尤其是2010年国资委明确对中央企业产融结合模式持支持态度以后，形成了新一轮产融结合的浪潮。催生了大量央企控股的金控集团和地方性金融控股集团。2013—2015年间伴随实体经济增长趋缓，以上市公司为主的大量民营资本转型金融控股公司，寄希望于金融业务增加收入来源，也希望通过布局金融业来加强对集团融资的支持，包括兴起的互联网金融控股，又一次将国内的产融结合推向高潮。

（二）国内产融结合的主要模式

国内的产融结合形成了三种模式。一是以金融内部化为特征的企业"司库"模式，企业通过成立财务公司，将企业内部资金进行集中收付与调度，从而实现降低资金交易成本、降低资金财务风险，在保持企业稳健经营现金流的同时，开展金融业务服务本集团成员企业。二是以产业链金融为特征的"司库＋供应链信用模式"，该种模式下企业依托金融服务主业、突出主业，企业利用产业链金融增加资源协同配置效应。

三是金融控股公司模式，包括战略管控、财务管控、运营管控，产业资本向金融领域的挺进主要以上市公司参股、控股或设立非银行金融机构为主，大致经历了单牌照、多牌照、全牌照的过程。互联网金融的兴起将这种模式推向了更深的领域，包括了互联网金融机构、创投基金、产业基金、融资租赁等。当前，国内较多的产融结合集团是以这三种模式中任意两种，或三种并存或者仅以金融控股公司的模式存在的。前者如新希望集团、海尔集团等，后者如股权型地方金融控股公司等。从管理方式来看，企业集团在管理旗下金融板块的时候也有三种模式：一是由其内部部门对旗下金融部分进行管理，比如中石油、中海油；二是由集团内部门和一个控股公司同时进行管理，如招商局分别管理内地和香港的金融板块；三是成立专门的控股公司进行管理，如国家电网专门成立了英大国际控股管理所有参股和控股金融机构。中国金融控股公司和产融结合的关系见图 6-5-1。

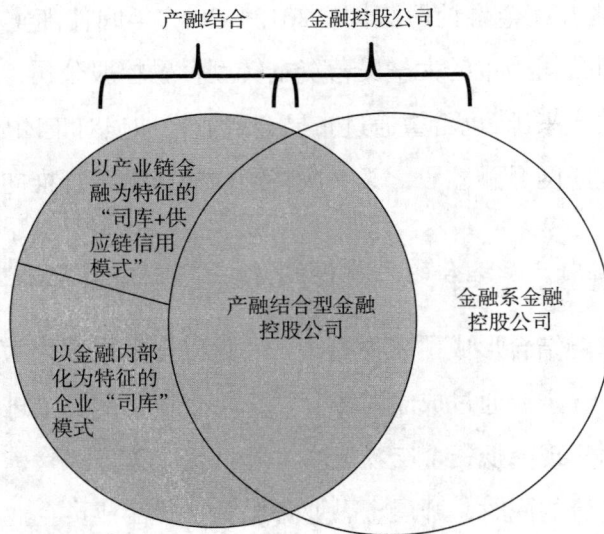

资料来源：交通银行金融研究中心。

图 6-5-1 中国金融控股公司和产融结合的关系

三、中国产融结合的现存问题

产融结合是把双刃剑，一方面可以给企业带来多方面的好处，如满足金融服务需求、提高资本盈利水平、降低交易成本和创造协同价值等；另一方面也蕴含内部交易复杂、账面资本虚增和掏空主业等潜在的风险。国内产融结合型金融控股公司除了兼有金融控股公司本身存在的风险问题以外，还存在以下三方面值得关注的问题。

一是产融结合目标不清。 产业资本投资金融领域时缺乏清晰的目标，部分企业在探索产融结合时并不是出于对主业发展需要的考虑，而是以获取金融牌照为主要目标。但这类企业在进入金融领域后，事实上仅能获得相应的投资收益，并未完全发挥产融结合的作用。尤其是企业集团对金融机构的经营管理、风险控制和发展规划都缺乏起码的认识，早期对金融领域投资并没有统一的规划，导致企业对金融机构参股控股的发展杂乱无章，股权结构往往过于复杂，内部同业竞争的情况也时有发生。由于金融牌照较难获得，因此企业通常不愿轻易放弃，导致部分控股金融机构对牌照"食之无味，弃之可惜"。

二是产融结合协同效应有限。 当前我国的产融结合发展尚处于初级阶段。对于实施产融结合的企业而言，需要在产业与金融结合的长期发展中找准自己的定位，只有两者之间实现有效的整合才能在经营上产生协同效应。实际上，不少国内产业集团进入到金融领域时，并没有实现产业资本和金融资本"双轮融合驱动"作用，有的只是比较松散的产融结合发展；不注重无形资产等在企业发展中的影响和作用，也并没有形成真正意义上产融结合的"渗透性""互补性"和"组合优化"。我国大多数产融结合型金融控股公司存在着金融牌照不少但效率不高、金融业务规模不小但竞争力不强的两个特征。

　　三是产融结合存在监管盲区。产融结合的金融控股公司监管相较金融系统的金融控股公司监管更为复杂。目前看，监管部门可以分为两大类，一是国资委，对作为产融结合型金融控股公司的央企进行管理。但国资委也仅从国有企业的角度，对央企投资金融业纳入非主业投资进行管理，包括企业合规性和投资比例等方面，很多民营系、地方系产融结合型金融控股公司普遍游离于监管之外；二是原银保监会、证监会，分别从金融行业分业监管的角度对企业参股、控股本行业的金融机构进行监管。事实上，目前只有金融系的金融控股公司才受到较为严格和规范的监管。如果控股公司是非金融企业，则很难受到金融监管机构的约束。《非金融企业投资金融机构监管指导意见》的出台将有助于在一定程度上解决这一问题。在现有体制下，不同监管部门往往难以准确判断集团内部交易的真实情况和资本金状况，更无法对资本金不足的集团采取强制措施。目前，产融结合集团内部监管和行业自律缺失。例如，当前产融结合的企业多数为上市公司，而内部的监事会往往并不能非常客观地对产融结合的风险作出准确评估。尽管金融业和实体产业协会各自都发挥重要的行业自律作用，但产融结合的自律效果却无法得到保障。此外，产融结合还存在金融市场准入约束低、对参控股东的资质及股权监管不完善、立法滞后等问题。尽管现有的法律法规对银行业的设立和变更股东的条件做了较为明确的规定，但对于其他类型的金融机构的股东资产、关联企业和参股金融机构并没有作出相应的法律规定。一些不具备相应资质的工商企业通过股权投资而成为各类金融机构的实际控股人。产融结合监管盲区的存在增大了金融体系的风险隐患。

第七章 CHAPTER 7

中国规范发展金融控股公司的必要性

自从被业界认可的第一家金融控股公司——中国国际信托投资公司于 1979 年成立以来，中国金融控股公司已然走过近四十年的历程。尽管目前中国仍然实行分业经营和分业监管，但政府和金融机构对金融控股公司这一综合经营模式的探索和实践却没有停止。近年来，中国金融控股公司快速发展，形成了有别于欧美等国的特征。但由于起步较晚以及金融市场环境、监管体制等方面的影响，中国金融控股公司仍面临法律地位不明确、公司治理不完善、盲目追求"大而全"等问题，金融控股公司发展不规范，需要引起足够重视。

第一节　中外金融控股公司的比较

尽管中国立法尚未对金融控股公司以明确定位，但这种类型的企业却由来已久。20 世纪 70 年代末 80 年代初，金融体制改革开始之时，中国金融业也曾经历了混业经营的发展阶段。1979 年成立的中国国际信托投资公司（中信集团前身）和 1986 年重新组建的交通银行等都曾涉足银行、证券、保险、信托等业务。经过多年发展，中信、光大、平安集团已发展成为实质性的金融控股公司。国有大型商业银行纷纷通过在中国香港设立独资或合资公司等形式，以"迂回"方式形成实质上的金融控股公司。上海国际集团等地方性金融控股公司相继组建，华融等资产管理公司相继向金融控股公司转型。部分大型央企及实力雄厚的民营企业则通过直接主导或参与新设等方式积极进入金融领域。中国第一家明确使用"金融控股公司"名称的金融机构——银河金融控股公司于 2005 年 8 月 8 日经国务院特批正式成立。尽管中国实质性的金融控股公司发展如火如荼，但由于发展背景、监管政策等差异，中国的金融控股公司与欧美等国的金融控股公司大相径庭。

一、形成和发展背景

中国金融控股公司的起步和形成时间相对较晚，远落后于欧美等国。改革开放以前，在高度集中的计划经济体制下，中国实行结构单一的"大一统"银行体制，不存在真正意义上的现代化金融机构，更谈不上金融控股公司。1979 年，国务院特批成立的中国国际信托投资公司可以说是中国最早的、具有金融控股公司特点的企业，但与欧美等国相比，依然晚了一个世纪左右。美国金融控股公司的雏形可追溯至 18 世纪末 19 世纪初。英国最古老的银行——劳埃德银行自 1775 年在伦敦开设分支机构后，就为富商提供存贷款和保险等业务。1836 年劳埃德银行收购西肯斯公司，后者成为其专门的证券投资公司。[1]德国在 19 世纪末已发展成为全能银行模式，商业银行可以全面地经营各种金融业务。部分国家金融控股公司的雏形见表 7-1-1。

表 7-1-1　　　　　　　　　部分国家金融控股公司的雏形

国家	时间	代表性公司
美国	18 世纪末 19 世纪初	美国第一银行
英国	18 世纪末 19 世纪初	劳埃德银行
德国	19 世纪末	德意志银行
中国	1979 年	中国国际信托投资公司

资料来源：作者整理。

---

[1] Lloyd，S. The Lloyds of Birmingham，with Some Account of the Founding of Lloyds Bank [M]. Oxford: 1907.

中国金融控股公司主要由政府推动，欧美等国则主要由市场推动。欧美等国金融控股公司的产生和发展主要由市场推动，这主要是因为欧美等国市场经济体系比较完备，金融市场比较发达，金融控股公司相关监管和法律制度比较完善。花旗银行与旅行者集团、所罗门公司的合并，德意志银行与美国信孚银行的合并等都是市场自主行为的结果。总体来看，尽管各国政府对金融控股公司的形成、发展乃至运作模式选择等都起着举足轻重的作用，但中国政府在金融控股公司的产生、形成及发展壮大过程中发挥的作用更为突出。不管是由国务院特批成立的中信、光大等金融控股公司，还是地方政府出面组建成立的地方金融控股公司，乃至部分央企产业集团发起设立的金融控股公司，政府都在金融控股公司的形成、发展过程中起重要作用。

二、发展路径和运行模式

中国金融控股公司的成立多以新设或合并整合为主，欧美金融控股公司多以兼并收购为主。欧美主要金融控股集团大都是通过并购重组方式组建并发展壮大的，如花旗集团、汇丰控股、德意志银行集团等都是通过不断收购而从单纯的商业银行向金融控股公司发展。中国金融控股公司的形成和发展壮大则大都以合并整合、新设等形式为主。不管是较早成立的中国国际信托投资公司，还是地方政府主导下形成的地方金融控股公司，抑或是产融结合型的金融控股公司大都是通过新设或资源整合而形成。

中国金融控股公司的核心业务各异，欧美等国则以银行为主。欧美等金融控股公司的起点大都是银行。美国金融控股公司的始作俑者是银行，无论是《格拉斯—斯蒂格尔法》之前的金融控股公司的雏形——银行关联公司，还是 20 世纪 50 年代的银行控股公司，以及具有标志意义的花旗银行与旅行者的合并，都是由银行主导，金融控股公司的监管也是由银行监管机构主导。可以说，银行的发展影响着美国金融控股公司的创设与走向。英国最早的金融控股公司雏形也是银行，不管是劳埃德银行等商业银行，还是以英格兰银行为代表的清算银行，主营业务都是商业银行。德国全能银行的核心业务自然也是银行业务。中国金融控股公司的核心业务各不相同。目前来看，以国有商业银行为主体形成的金融控股公司的核心业务是银行，但部分地方金融控股及产融结合型的金融控股公司等的核心业务大都是非银行金融甚至是非金融业务。这可能与中国金融控股公司仍处于发展的初级阶段、相关法律缺失及发展不规范有关。

中国金融控股公司的业务复杂度较高，欧美等国金融控股公司则是有限多元化。 欧美等国金融控股公司大都是有限多元化经营，即使是具有开拓性的《金融服务现代化法》，也要求金融控股公司的关联企业只能从事那些"本质上是金融"的活动，而未放弃限制金融与非金融混业的底线。[1]所谓"有限"就是限定在金融领域，"多元"则指金融业内的各个行业多元化。在我国，目前，中信、光大等不仅经营金融业务还有非金融业务。地方性金融控股平台也大都是产融结合形式，而民营金融控股公司的发起股东大都是零售、房地产等产业资本，非金融业务更加突出。

中国金融控股公司的运作模式各异，欧美等国则大都有主要运作模式。 金融控股公司运作模式的选择不仅受公司自身发展战略、发展阶段等影响，而且受到金融结构、监管政策、金融制度安排等影响，因此，即使在一个国家内部也不存在单一的经营模式。从实践来看，欧美等国金融控股公司的运作模式各有侧重。如美国以纯粹型金融控股公司为主，英国则以事业型金融控股公司为主。中国金融业正处于发展的初级

---

[1]仇京荣.美国金融控股公司的变迁，当代金融家[J].2014（9）.

阶段，实践中存在各种类型的金融控股公司，既存在中信、光大等纯粹型的金融控股公司，也有以国有大型商业银行为代表的事业型金融控股公司，还有产融结合型的平台类的金融控股公司。各类金融控股公司的运作模式各异，难以进行统一归类。

中国金融控股公司仍处于母（子）公司分别上市阶段，欧美等国金融控股公司的母公司大都是整体上市。汇丰控股、德意志银行等欧美大型金融控股公司目前已实现整体上市，即使收购上市子公司后，子公司也不再上市。如安联集团收购德累斯顿银行后，德累斯顿银行不再上市，而是以集团名义发行股票。总体来看，国外金融控股公司的子公司大都没有上市，这一方面是由于监管原因，另一方面则出于有效管控子公司的考虑，子公司作为全资公司，由母公司统一管控，有利于发挥金控公司的协同效应。在我国，尽管中信、平安等国内有代表性的金融控股公司目前已实现整体上市，但大多数国内金融控股公司目前仍停留在某一主营业务公司的上市，还有相当部分尚未完成上市过程。如国有大型银行主导的金融控股公司大都是银行母公司上市，而大多数地方金融控股公司及民营金融控股公司治理结构仍不够完善，尚未实现上市。而中信、平安等不仅整体上市，旗下部分子公司也分别上市，与欧美等国金融控股公司整体上市有所不同。

三、组织架构

中国金融控股公司的组织架构多以并行式和母子公司架构为主，欧美等国则大都是事业部制。从集团总部的组成来看，中外金融控股公司的组织架构差别不大，如都设有风险控制委员会、资产负债委员会等经营管理专业委员会，以统筹协调控股公司的整体运营管理。中外金融控股公司组织架构的最大差异在中间层。欧美等国的金融控股公司的组织架构一般是事业部模式。如环球银行及资本市场事业部、工商金融事业部、零售银行与财富管理事业部、资产管理事业部等。根据监管要求不同，事业部在不同地区采取相应的独立法人或分行形式，但无论哪种组织形式，都是按照事业部的分工由下而上向全球总部纵向报告。核心的经营管理职能，如业务决策、绩效考核、人事等方面也以事业部条线决策为主导。可以称为"纵到边"式的条线事业部模式。汇丰控股的组织架构见图7-1-1。中国金融控股公司的组织架构比较常见的是类似行政管理模式设置的并行式组织架构和母子公司架构。即各子公司是平行设置，母公司持有子公司部分或全部股份，下属各子公司具有独立法人资格，是相对独立的利润中心。中国金融控股公司的典型组织架构见图7-1-2。

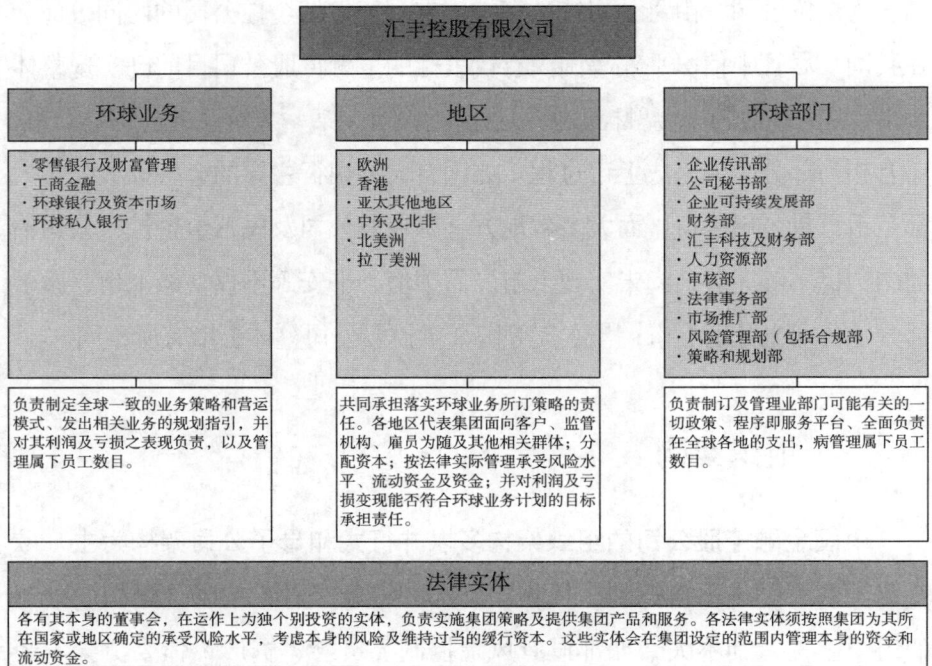

数据来源：HSBC Holdings plc Annual Report and Accounts。

图 7-1-1 汇丰控股的组织架构

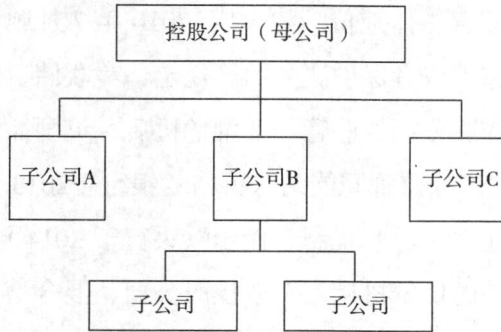

资料来源：作者绘制。

图 7-1-2　中国金融控股公司的典型组织架构

中国金融控股公司的职能部门相对较多，欧美等国相对简洁。中国金融控股公司职能部门设置相对复杂，中后台职能部门普遍偏多，管理人员相对较多，一般的集团总部动辄几十个总部级部门。而欧美等国的金融控股公司职能部门设置则相对清晰且比较简洁。如汇丰控股只有战略和规划、公司秘书、市场营销、科技及营运服务、企业传讯、风险合规、财务、人力资源、内部审计、法律、金融政策、企业可持续发展等12 个职能部门。这些职能部门的存在主要也是为保障四大事业部的顺利运转，而非只是考核、确定财务目标等行政式的管理。

四、监管模式

中国尚未明确金融控股公司的具体监管机构，欧美等国则有专门的金融控股公司监管机构。欧美等国金融控股公司起步较早，相应的金融控股公司法律制度和监管体制也较完备，基本建立了适应金融控股公司发展的监管架构。全球金融危机以来，美国、英国、欧盟等国家或地区均对金融监管体系进行了改革，其中，突出的特点是明确央行对系统性重要金融机构的监管主体地位。美国于 2010 年 7 月颁布的《多德—弗兰克华尔街改革和消费者保护法》明确规定，美联储负责对系统性重要金融机构及金融控股公司的监管。金融危机后，英国撤销金融服务管理局（FSA），将大部分监管职能纳入英格兰银行。2013 年 9 月，欧洲议会通过欧盟银行业单一监管机制，授予欧央行于 2014 年 11 月起直接监管具有系统重要性的信贷机构、金融控股公司、混合型金融控股公司。中国的监管体制形成于 20 世纪 90 年代，是典型的分业监管。虽然实质上的金融控股公司已成燎原之势，但中国对金融控股公司尚没有明确的法律规定。在国务院等部门的规定中仅以文件形式提出对个别金融控股公司的监管主体。如 2000 年 10 月 21 日，国务院办公厅曾发文指出："中国光大集团有关金融业务的监管，以中国人民银行为主，按照分业监管的原则，分别由中国人民银行、中国证监会、中国保监会依法进行监管。"[①]但实践过程中，绝大多数金融控股公司的监管主体并不明确，具体监管缺乏法律依据。

第二节　中国金融控股公司的现存问题

近年来，中国金融控股公司迅猛发展。不仅大型金融机构致力于形成金融控股公司，而且地方政府、央企产业集团、民营企业和互联网企业等纷纷以金控"巨无霸"为发展目标，一时间各类金融控股公司等如雨后春笋，一哄而上。但与此同时，金融控股公司相关法律缺失，监管主体不明确等

---

①国务院办公厅关于中国光大集团党的领导体制调整后有关业务管理问题的通知，国办函〔2000〕74号。

原因，导致金融控股公司的设立、命名、发展等极不规范，不仅不利于相关企业自身的发展，而且影响了中国金融业的潜在的金融风险。

一、宏观层面：法律缺失与分业监管

（一）金融控股公司相关法律缺失导致其法律地位不明确

各国金融控股公司的发展经验表明，金融控股公司的规范发展、有序运行，离不开法律的保障。因此，各国相继在金融控股公司这一典型的综合经营微观组织形式产生前后，出台了金融控股公司相关法律，以规范金融控股公司的发展。美国于 1999 年出台了《金融服务现代化法》，该法允许美国的银行控股公司转型为金融控股公司。英国 2000 年出台了《金融服务与市场法》，日本、韩国也于 20 世纪 90 年代末和 21 世纪初颁行了金融控股公司相关法律。完备的法律法规，不仅明确了金融控股公司的法律地位，而且明确了监管主体，从而有力地促进了金融控股公司的持续稳定发展。部分国家有关金融控股公司的立法时间见表 2-2-1。

表 7-2-1　　　　　　　　部分国家有关金融控股公司的立法时间

国家	时间	法律法规名称
美国	1999 年	《金融服务现代化法案》出台
英国	2000 年	《金融服务与市场法》正式通过（1997 年提出）
德国	1961 年	《联邦银行法》《银行法》
日本	1997 年	《由控股公司解禁所产生的有关金融诸法律整备之法律》

资料来源：作者整理。

目前，尽管中国金融业仍然实行分业经营和分业监管，但综合经营乃大势所趋，金融控股公司已经成为现实存在。中信、光大、平安集团已经发展成为实质性的金融控股公司。金融机构和大量非金融机构在金融效益诱导下充满着组建金融控股公司的冲动。不但有实力的银行、证券和保险公司和央企产业集团谋求组建金融控股公司，试图借此搭建一个金融服务平台，打通货币市场、证券市场和保险市场间的通道；部分资金雄厚的民营企业和互联网公司也试图打破实业界和金融界的壁垒，希冀在金融市场分得一杯羹。但由于中国金融控股公司法律缺失，《商业银行法》明确规定商业银行不得从事信托投资和证券经营业务。2005年新修订的《公司法》中也未涉及控股公司的有关规定，而只是在条文中提及"控股股东、实际控制人"等词语。金融控股公司法及其配套法律的缺失，不仅导致金融控股公司的设立、运行、公司治理及监管等缺乏依据，不利于金融控股公司的长期、稳健发展；法律的缺失也使得借金融控股公司之名成立的各类金融控股平台野蛮生长，发展极不规范，对整体金融体系的稳定也构成了一定影响。

（二）金融控股公司的监管不足

国际经验表明，金融监管滞后于金融业发展，可能会给金融业和金融体系带来灾难性后果。英国"金融大爆炸"后出现的金融业动荡及全球金融危机的爆发，在一定程度都是金融监管发展的速度滞后于金融业的发展所致。本轮金融监管机构改革之前，中国以机构监管为主，现实中往往出现"铁路警察，各管一段"的现象。尽管金融监管协调部际联席会议制度已建立，但实质性的作用及效果不强。政府部门虽然只正式批复了个别金融控股公司，但对其后出现的不同类型的金融控股公司采取了容忍的态度，并试图从一些政策和部门规章上加以引导。但正式法律缺失，导致对金融控股公司的监管主体不明确，监管行为缺乏法律依据。从中信、光大、平安这三家金融控股公司的实践来看，其受到国务院、央行、财政部等多家机构的多头监管，没有明确的监管主体。财政部 2009 年公布的《金融控股公司财务管理若干规定》，对中信、光大两家金融控股公司的资本、投资、经营、资产管理、风险控制、利润分配、信息披露等进行了规定。[1]原银监会、证监会和保监会分别对银行、证券和保险相关股东提出了"一参一控"的要求，即同一投资人及其关联方、一致行动人作为主要股东入股商业银行（证券公司或保险公司）的数量不得超过 2 家，或控制商业银行（证券公司或保险公司）的数量不得超过 1 家。对具备金融控股公司特征的金融机构和企业的监管相对不足，而对部分地方金融控股、产融结合型金融控股以及民营企业发起设立的金融控股平台的监管则几乎处于真空状态。[2]2017 年 4 月 25 日中央政治局就维护金融安全集体学习，明确提出了"三个统筹"，即统筹监管系统重要性金融机构，统筹监管金融控股公司和重要金融基础设施，统筹负责金融业综合统计，明确了金融控股公司的统筹监管。2018 年 3 月，国务院机构改革方案决定组建中国银行保险监督管理委员会，同时，将拟订银行业、保险业重要法律法规草案和审慎监管基本制度的职责划入央行，有助于补齐监管短板，加强金融监管统筹和协调。未来监管重心将从机构监管更多转向功能监管和行为监管，对金融控股公司的监管也将逐步加强，不断完善。

（三）过度限制银行业开展证券、保险等非银金融业务不符合市场趋势

目前世界上绝大多数国家都是综合经营。美国、英国等国家的金

---

[1]详见财政部网站，财政部关于印发《金融控股公司财务管理若干规定》的通知。
[2]周小川在《守住不发生系统性金融风险的底线》一文中指出"系统重要性金融机构缺少统筹监管，金融控股公司存在监管真空"。原文刊于中国人民银行网站，2017 年 11 月 4 日。

融控股公司就是从银行控股公司进化而来的，德国的全能银行经营主体自然也是银行。2008年国际金融危机爆发后，美、欧等一批大型金融机构遭受重创。部分金融机构出现战略收缩，花旗集团、苏格兰皇家银行集团等国际大型金融控股公司为渡过难关而"壮士断腕"，主动分拆出售投资银行、保险等非核心业务，似乎向分业经营回撤，但这并不代表去综合化的整体趋势。美国银行收购美林证券，以及高盛和摩根士丹利两大投资银行被允许各自拥有并经营一家商业银行便是例证。而且大多金融机构的巨额损失主要源自投资和交易业务，如花旗集团在危机所形成的损失中，80%以上源自其大量买入的CDO和CDS。总体来看，综合经营并不是这场金融危机的主要原因。事实上，金融危机中综合经营的优势反而更为明显。综合经营使金融机构具有更强的抗周期性，虽然这些机构在危机中受到重创，但许多业务仍然是盈利的，部分弥补了经营亏损。以花旗集团为例，2008年亏损277亿美元，2009年仅亏损16亿美元，2010年则盈利106亿美元。在亏损最严重的2008年，其全球银行卡板块和全球财富管理板块整体上还是盈利的。

近年来，中国居民收入快速增长，居民理财意识提高，财富管理需求持续上升。随着中国经济转型升级、金融市场深化和对外开放度提高，实体经济的融资需求也发生了深刻变化。传统的"老三样"（存款、贷款和发债）已无法满足企业客户日益增长的多元化、个性化和跨境、跨市场的综合融资需求。如果商业银行运用某种统一的金融控股平台为客户提供更加综合化、一体化、多样化和个性化的金融服务，可以更好地服务实体经济。

二、微观层面：公司治理机制不健全

（一）称谓混乱，内涵不明

由于没有明确的法律指引，缺乏统一的法律规范，金融控股公司的设立和组建难免带有盲目性，其运作也就会产生种种不规范行为。首要表现是称谓混乱，有的称为金融控股公司，有的称为金控集团，也有的称为金融投资控股集团等。法律缺失导致金融控股公司内涵不明。各界对于究竟哪些企业可以视为金融控股公司、哪些企业可以设立或转型成金融控股公司等基本问题，缺乏统一认识。由于缺乏明确的法律规定，金融控股公司的设立也比较盲目。各类企业设立金融控股公司缺乏相应的限制和规范，也缺乏对设立主体的导向性政策和相应的限制措施，造成了"一哄而上"的局面。尤其是部分地方金融控股平台和民营金融控股平台，"揽牌照"热情高涨。在实践中还存在部分企业以设立金融控股公司为手段，达到套取不正当资金和规避监管的目的。国际经验表明，金融控股公司并非所有金融机构的发展目标，金融控股公司对资本运作和风险控制能力要求非常高，并非所有机构都适合成立金融控股公司。

（二）公司治理机制不健全

金融控股公司股权结构更加复杂，关联交易风险较大，相应的金融控股公司治理结构较一般企业更为复杂，特别是存在控股母公司、子公司及孙公司等多层次的治理问题，以及母、子公司之间，子公司之间的自我交易和管理控制等特殊问题。这些特点决定了金融控股公司一旦出现风险，将对金融体系造成较大影响，甚至引发系统性金融风险。2008年国际金融危机也再次暴露了欧美等国金融控股公司在公司治理上的缺陷，银行体系和资本市场之间缺少"防火墙"是部分大型金融机构损失惨重的重要原因。中国金融控股公司由于法律缺失、监管不足等原因，公司治理机制相对不健全，子公司之间没有建立真正有效的"防火墙"，刚性兑付问题短期内难以彻底消除，风险交叉传染风险较大。此外，中国金融控股公司治理结构还存在股权过于集中、股权结构不合理等问题，尤其是国有股"一股独大"。有相当部分的金融控股公司属于政府绝对控股，国企弊端自然而然反映在公司治理方面。股权结构单一且高度集中使得第一大股东利用控股地位支配公司董事会和监事会，政府行为容易影响企业的经营管理决策。部分公司决策和高层管理者激励机制不健全，透明化水平偏低，对中国金融控股公司的公司治理带来了负面影响。部分地方金融控股平台，在地方政府主导下盲目扩张，容易造成地方经济的割据，甚至滋生腐败。而部分民营资本和互联网公司设立的金融控股平台则主要以"揽牌照"为主，忽视了对金融控股平台内部管理及组织架构等的建设和完善，潜在风险不容忽视。

（三）盲目追求"大而全"

中国金融业当前面临的突出问题是同质化，在发展战略上的突出表现是规模情结难以割舍。大多数金融机构都以做大、做全、做强为目标。近年来，随着金融业综合经营的发展，中国金融机构再次出现"一哄而上"的局面，纷纷以打造"全牌照"金融控股平台为目标，不仅大型金融机构和地方资源整合成立的金融控股公司等欲打造"全牌照"金融控股公司，部分民企和互联网企业也以打造"全牌照"金融控股公司为发展战略。从各国的实践来看，金融控股公司至少要涉及两个以上金融业务，但金融控股公司的业务类型并非越多越好，越大越好。[1]任何一个企业都存

---

①凌涛. 金融控股公司经营模式的比较研究 [M]. 上海：上海人民出版社，2007.

在最大效益的边界。国外金融控股公司的发展经验也表明，不断增加的合并有时并不能创造出整体优势，反而可能造成协调成本增大、效率低下、专业性降低等弊端。事实上，近年来，部分国际大型金融控股公司在经历了若干年的尝试后开始重新考虑更集中或更专业化的经营道路，为保持核心竞争力，反而主动剥离相关金融业务。如2005年花旗集团出售旅行者保险和旗下的资产管理业务，因其保险业务净收入只占全部净收入的6%左右，但却消耗了大量的资源，而其核心业务——消费者业务的净收入占比高达70%以上。因此，花旗集团决定向优势业务回归，集中资源于最具增长和收入潜力的核心业务。同时采用横向联盟等方式，实现与非银金融机构的强强合作，在有效保持金融控股公司规模效应和协同效应的同时，尽可能减少在一个屋檐下维持不同性质金融机构所带来的各种冲突和管理难度。花旗集团的经验再次表明，任何企业都存在最优边界，金融控股公司在强化综合经营时，不应盲目追求"大而全"，而应量力而行。

（四）公司内部利益冲突问题不容忽视

金融控股公司内部各业务单元之间既相互联系又相互冲突，这可能导致控股公司内部母子公司之间以及各子公司之间的利益冲突。而且，由于金融控股公司各子公司处在不同的竞争环境中，需要保持各自独特的企业文化。如投资银行的企业文化相对进取和激进，而商业银行的企业文化则是稳健的。近年来，中国出现的很大一部分金融控股公司是通过简单合并、整合等方式形成的，不同类型金融企业的文化差异较大，在实际运营管理中不可避免会出现由于文化冲突而导致的子公司之间的利益冲突，不利于金融控股公司的长远发展。而且，大部分中国金融控股公司的公司治理水平与国际大型金融控股公司相差甚远，金融控股公司与客户、投资者可能面临外部利益冲突。如花旗集团 2012 年曾被处以巨额罚款，主要原因是其在一些研究报告和分析师的公开报告中，未能披露利益冲突。未来，在公司治理不完善，信息披露及风险隔离不完善，以及金融监管趋严背景下，中国金融控股公司的内外部利益冲突问题也可能日益突出。

（五）风险管理体系不完善

金融控股公司的股权关系复杂程度远高于普通公司，风险管理要求自然较高。但由于法律缺失、监管体制等方面原因，加之部分企业盲目追求"大而全"，导致中国金融控股公司的风险控制难度整体较大。一是资本金可能在总公司和子公司之间重复计算，导致资本监管失真的风险。控股公司拨付子公司资本金，可能造成同一笔资本金在控股公司和子公司的资产负债表中同时反映。控股公司与子公司之间相互持股，各子公司之间相互担保、相互抵押，或是控股公司向下属公司权益投资，下属公司又向其他子公司投资，可能造成同一笔资金多次重复计算以及集团内部财务杠杆率提高。二是控股公司内部关联交易风险。金融控股公司为了实现收益最大化，可能出现资金和商品的相互划拨，甚至为了避税或规避监管而相互转移利润等，增加了资金流向监管的难度，并形成实质性的关联贷款和关联交易。金融控股公司还可能促使关联方作出损害其他金融主体利益的关联交易、损害中小股东及投资者利益的暗箱操作等行为，违背市场公平原则。三是子公司间风险相互传染。在风险管理机制不健全、内部没有有效"防火墙"的情况下，控股公司各子公司间风险容易交叉传染，进而引发风险在行业间的传染。四是内外部监管缺位风险。金融控股公司往往会在不同国家、地区或行业从事综合经营，股权结构、业务结构及管理结构复杂，涉及多个行业监管当局，对控股公司总部的管理层和外部监管者提出了更高要求。

总体来看，尽管实质性的金融控股公司层出不穷，但由于中国金融控股公司法律缺失，缺乏顶层设计，金融控股公司整体仍处于发展的初级阶段，对金融控股公司的相关监管不健全。金融控股公司的综合经营仅停留在资源整合层面，主要目的还是规避监管，而金融控股公司的规模经济、协调效应、品牌等优势不明显，并未实现真正的资源共享、客户共享、业务互补、分散风险等金融控股公司的基本优势。金融控股公司发展不规范，对我国金融稳定也产生了一定程度的不利影响。

第三节　规范发展中国金融控股公司的重大意义

从有效管控系统性金融风险、提升服务实体经济质效、促进直接融资发展和改善金融结构、提升中国金融业国际竞争力、培育综合经营高端人才等角度看，当前和未来一个时期，中国有必要发展金融控股公司，但必须是在监管规范、稳妥有序的前提下。规范发展中国金融控股公司具有一系列重要意义。

一、维护金融体系安全

2017年中央经济工作会议将防范化解风险列为未来三年的三大任务之首，并明确"重点是防控金融风险"。金融控股公司本身并不必然加大风险，但在相关法律法规不健全、金融综合监管没有跟上的情况下，不加约束和引导的金融控股公司有加大金融风险的可能。如前所述，近年来我国各类金融控股公司一哄而上、良莠不齐，部分金融控股公司在公司治理、内控机制、风险管控上存在不少问题，有不小的风险隐患，若不尽早加以治理整顿和监管规范而任其"野蛮"生长，整个金融体系安全就有可能受到威胁。因此，应尽快将金融控股公司的规范发展提上日程，从总体战略、运行模式、监管架构、监管立法等方面着手，推动和促进中国金融控股公司尽快走上稳妥有序发展之路，使其既能充分发挥支持实体经济发展的功效，又能确保整个金融体系的安全。

事实上，监管完善、规范经营、稳健发展的金融控股公司有利于维护整个金融体系的安全，更好地控制系统性金融风险，在一定程度上可以起到金融稳定器的作用。金融控股公司的架构下，通过加强对系统性重要性金融控股公司的监管，监管机构可以更为直接和全面地掌握跨行业、跨市场金融信息，及时发现跨行业、跨市场、跨境潜在风险隐患，并通过对作为母公司的金融控股公司的监管，更为直接、有效地开展统一监管，提高宏观审慎监管的效率，有效管控系统性金融风险。当银行、证券或保险等子公司爆发风险时，作为母公司的金融控股公司首先可以对其进行支持和开展救助，因而可以在第一时间避免风险传染和扩大，将风险控制在有限范围内。因此，和严格的分业经营相比，金融控股公司相当于在母公司层面为子公司提供了一层屏障，在发生风险时，母公司可以在集团内部调度资源进行解决，而不必直接由政府出面。

二、提高金融服务实体经济的质效

随着中国经济的持续快速发展，全社会财富保值增值需求不断增加。2016 年，全国居民人均可支配收入达 23821 元。随着居民可配置收入的稳步增长，居民理财意识的不断增强，金融服务需求日益多元化、综合化和个性化。而随着中国经济转型升级、金融市场的深化及金融创新的提速，企业客户的金融需求早已不再局限于存、贷、汇等传统业务，而是包含包括存贷汇、贸易融资、资金管理、风险管理、结构融资、债券发行、并购顾问、资本重组等在内的一站式产品和全方位、多层次服务。不管是单纯的商业银行服务，还是单纯的投行服务、保险等服务都难以满足实体经济的需求。客户不断升级的金融和非金融需求与落后的服务能力之间的矛盾，已经成为当前中国金融业面临的主要矛盾。金融控股公司可以实现规模经济和协同效应，有助于推动资源集中、平台整合和渠道共享，优化金融资源配置，推动金融机构产品和服务创新，从而为企业和居民客户提供综合化、一体化、多样化的金融服务，更好地服务和支持实体经济的发展。

三、优化金融业结构

"十三五"规划纲要提出，要积极培育公开透明、健康发展的资本市场，提高直接融资比重。中国是以间接融资为主导的金融体系，商业银行在金融体系中具有举足轻重的地位，银行业总资产占金融体系的90% 左右，商业银行拥有强大的资本实力、规模优势、客户基础和渠道资源。以金融控股公司模式深化金融业综合经营，开展银行、证券、保险等业务，有利于推动银行业的各类资源流向证券、保险等非银行金融业，推动非银行金融业的发展，特别是促进证券业的发展壮大，进而有助于推动资本市场发展和促进多层次资本市场体系建设，扩大直接融资规模，改善融资结构。

以金融控股公司模式深化金融业综合经营，有助于优化融资结构，降低宏观杠杆率。分业经营下，银行、证券、保险仅能在各自领域内开展业务，协同效应较有限。银行在资本、客户、渠道、品牌等方面都处于绝对优势地位，而银行又以吸收存款和发放贷款为主要业务，在银行的资源不能向证券、保险等非银行金融行业直接和充分流动的情况下，银行只能将其资本、客户、渠道资源投入其存贷款业务上，从而进一步推动信贷规模扩大和间接融资的发展。而在银行业总体上自我运行并持续加强的条件下，股权融资等直接融资方式发展则容易受到相应的抑制，加剧融资结构的不平衡。这也是长期以来，我国银行信贷融资"一家独大"，宏观杠杆率较高的原因之一。从国际经验来看，英美等国以直接融资为主的融资模式也与其金融控股公司这一微观组织形式有着密切关系。美国允许银行控股公司收购证券、保险等非银行业子公司，通过证券子公司从事证券业务，通过保险子公司从事保险承销业务，刺激了股票、债券等直接融资的发展。对中国来说，若能以金融控股公司的方式将资源在银行和非银行金融机构之间合理配置，母公司将会真正以客户为中心，以最大化满足客户需求为目的，将资本、客户、渠道等资源在银行、证券、保险之间进行有效整合、合理分配，统筹协调发展信贷融资、股权融资、债券融资等各类业务，这有利于在宏观层面上改善和优化现有的融资结构，并降低宏观杠杆率。

以金融控股公司模式推动商业银行和证券公司的协同效应有利于发展直接融资。制约我国资本市场发展、直接融资扩大的重要因素之一就是我国证券行业的实力还不够强，行业规模还不够大，特别是相对银行业而言。截至 2016 年末，我国银行业总资产达 232 万亿元，而证券公司总资产仅约 5.8 万亿元；商业银行净资本达 14.7 万亿元，而证券公司净资本仅 1.47 万亿元，两者差距甚远。一直以来，在部分学术和业界人士中存在一种误区，即由于银行体系过于庞大，允许银行进入证券业会形成垄断，导致证券公司成为银行的附庸，不利于证券行业的发展。事实上，在纯粹型金融控股公司模式下，商业银行和证券公司同为金融公司的子公司，若允许商业银行，特别是资本较为充足的大型银行组建纯金融控股公司，有利于把银行业各种资源主要是资本资源引入证券业，进而推动证券业快速做强做大，打造一批资本实力雄厚、具有相对规模的证券公司和投资银行。

四、促进金融体系内部良性循环

以金融控股公司深化综合经营有利于证券业、保险业充分利用银行的资源开展业务，提升综合服务能力，促进金融体系内部形成良性循环。2017 年中央经济工作会议提出要促进金融体系内部的良性循环。以金融控股公司的微观组织形式，将银行业的各类资源引入非银行金融业，推动银行和非银行金融机构优势互补、协同发展、资源共享，改变目前金融行业内部银行和非银行发展不均衡的局面，正是金融体系内部良性循环的一种体现。

在监管规范发展、稳妥有序推进的前提下，允许公司治理健全、风险内控完善的银行以组建纯粹型金融控股公司的方式开展综合经营，将显著增强非银行金融行业的风险抵御能力，这可以看作是稳健发展能力在金融体系内部的良性循环。随着我国市场化改革的不断深入和对外开放程度的提高，市场竞争愈发激烈，行业波动加大。以金融控股公司的方式将银行的客户、资金等资源引入证券业，有助于提升整个行业的资本水平，这本身就增强了证券公司的抗风险能力。在有金融控股公司这样强大的"金主"作为母公司支持的情况下，证券公司抵御周期性波动的能力大大增强，破产倒闭的可能性显著降低。而且，银行，特别是大型银行公司治理较为健全、持续稳健经营、风险管理控能力较强，有利于将其稳健经营理念和风险管控经验带给证券业，促进其平稳健康发展。从做好风险管控、维护金融体系稳定的角度来看，这也是一种形式的金融体系内部良性循环。

Barth 等(2000)通过监管和所有权对银行体系绩效和稳定性的研究，得出如下结论：金融稳定性与监管环境有着很强的联系，对商业银行的证券活动实行更严格的监管限制的国家，面临重大银行危机的可能性更大。具体地说，在监管环境抑制银行从事证券承销、经纪、交易和所有共同基金业务的能力的国家中，金融体系往往会更加脆弱。因此，该研究结论证明了综合经营有利于金融稳定。实际上，金融危机后，高盛、摩根士丹利等美国投行也申请了商业银行牌照，开展存款业务，以增强其流动性稳定能力，这说明了综合经营有利于各金融行业之间更好地相互支撑，有利于金融体系稳定，进而促进形成内部的良性循环。

五、做强做优国有金融资本

2017年中央经济工作会议提出要做大做强做优国有资本，包括国有金融资本。金融业综合经营是大势所趋，金融控股公司是中国金融业综合经营的最佳模式，也是重新整合国有金融资本、提升国有金融资本资源配置能力、进一步发挥国有金融资本影响力的有效途径。随着金融业对内对外开放的深入推进，我国金融业将面临来自全球金融业的竞争。汇丰控股、花旗集团、德意志银行等国际大型金融集团均实行综合经营，为客户提供全流程、一站式、跨市场服务。而目前我国商业银行综合化程度很低，业务经营范围狭窄，尽管我国大型银行在资产规模上已位居世界前列，但综合国际竞争实力仍难以与这些国际金融"巨头"匹敌。证券业、保险业则受限于自身规模和实力，难以做大综合经营。面对已经实行综合经营、金融产品和服务齐全、资金实力雄厚、金融创新能力极强的外资金融控股公司，我国金融业的竞争力明显较低。通过发展金融控股公司，稳妥推进大型商业银行与成熟的证券、保险公司进行跨业整合，实现客户、渠道、系统的充分共享，推动机构、产品和服务的深度融合，充分发挥范围经济和规模经济优势，降低运营成本，提高经营收益，在推动国有金融资本重新优化组合和保值增值的同时，还将提高我国金融机构的国际竞争力和跨境金融资源配置能力，增强中国金融业在国际市场上的话语权，推动我国从"金融大国"向"金融强国"转变。

六、促进和配合金融监管体制改革

"十三五"规划纲要明确提出要"改革并完善适应现代金融市场发展的金融监管框架"。随着银行与证券、保险、信托等非银行金融机构融合发展、交叉合作、协同服务的趋势越来越明显，社会各界对改革监管体制、加强监管协调、构建统一监管框架的呼声日益高涨。国际经验来看，从金融监管与被监管的角度看，金融控股公司的发展是金融机构和监管当局互动博弈的结果，金融监管对金融控股公司治理、发展模式选择等都有着直接影响，而金融控股公司的发展则推动了金融监管水平的提高和监管体系的完善。

美国在金融控股公司发展、成长和完善的几十年间，其国内监管制度日趋成熟，监管理念不断提升，监管体系也不断完善。这既促进了金融控股公司制度的完善，也保证了金融控股公司所带来的风险被控制在可控范围内。在美国，市场力量推动了综合经营与金融控股公司的出现，监管部门也随之调整，建立了以美联储为主的伞形监管模式，监管体系不断完善。英国金融"大爆炸"催生了统一的监管机构——金融服务管理局，尽管全球金融危机后相关职能有所调整，但其对英国金融监管效率的提升起到了至关重要的作用。因此，以金融控股公司形式开展综合经营，有助于配合和促进以完善统一协调监管为主要目标的金融监管架构改革。

七、培育金融业综合经营高端人才

我国金融体系以商业银行为主导，证券、保险等行业在各自的业务范围内实现专业化经营。但如今泛资管行业正在成为主流，综合经营乃大势所趋。在金融业不断发展壮大过程中，高端的综合性管理人才是关键。金融专业人才不缺，而综合经营管理人才，尤其是高端综合管理人才奇缺，具体地说，既懂银行又懂证券和保险等的高端管理人才缺失。在金融控股公司模式下，母公司管理人员管理和协调集团的多类金融业务，可以做到"干中学"，从经营管理实践中提高自身的专业水平和综合管理能力，可以有效培育一大批综合化、跨领域、国际化的高端管理人才。

第八章 CHAPTER 8

中国金融控股公司规范发展的总体设计

第一节　规范发展中国金融控股
公司的总体设想

全国金融工作会议指出要"规范金融综合经营和产融结合"。中国发展金融控股公司要有总体设计，将其作为整个金融业改革发展的重要内容。应明确发展金融控股公司的总体目标、主要方向、基本原则和重点举措，以统一思想、形成共识、明确方向，推动中国金融控股公司稳步、有序、健康、良性发展。

一、规范发展金融控股公司应纳入金融业发展规划

作为微观金融组织形式，金融控股公司发展是世界潮流、大势所趋，金融控股公司必将逐渐发展成为我国金融体系中的重要组成部分。当前我国各类金融控股公司或类金融控股公司正快速发展，但同时存在种种问题和风险隐患，亟待加以治理和规范。在"十三五"全面深化改革的大背景下，在全国金融工作会议提出的金融工作要紧紧围绕服务实体经济、防控金融风险和深化金融改革三项主要任务的指引下，有必要将规范发展金融控股公司上升到战略高度，从提升金融服务实体经济质效、提高金融业整体实力和国际竞争力、防范系统性风险、维护金融体系稳定的视角来审视我国金融控股公司的发展，将规范发展金融控股公司融入我国金融业整体改革发展的规划中。建议明确由金融稳定发展委员会总负责、人民银行牵头推进中国金融控股公司的发展和监管，财政部、银保监会、证监会和国资委等有关部门参与，共同研究制定和出台相关

规划、意见、规定和办法。

规范发展中国金融控股公司，首先要统一思想认识、明确发展方向，正确看待金融控股公司。尽管国内外金融控股公司在发展过程中曾经出现过问题和风险，但应看到金融控股公司组织形式是市场发展和运行中的内在和客观要求，金融控股公司的规范发展将有利于金融运行效率的提升和金融体系的稳定。建议在金融业改革和发展规划中，增加有关中国金融控股公司发展的内容，确立金融控股公司在监管规范和风险可控的前提下稳步发展的总基调，制定中国金融控股公司发展的主要目标、总体方向、基本原则、整体策略和重点举措，以统一思想、明确方向、形成共识，推动和促进我国金融控股公司平稳健康有序发展。

二、中国金融控股公司规范发展的总体目标和基本原则

建议中国金融控股公司改革发展的总体目标为：以服务实体经济为根本，以风险可控和运营安全为前提，对现有各类金融控股公司加强监管规范，明确金融控股公司的准入条件，确保行业稳健发展。顺应我国整体金融监管体制改革，建立和完善分工明确、职责清晰、全面覆盖、分级管理的金融控股公司监管体系。制定《金融控股公司法》，建立和完善规范和促进金融控股公司发展的法律法规体系。推动建立公司治理完善、组织架构合理、风险管控能力强、协同运行效率高的金控股公司运行模式，显著增强为客户提供一站式、综合化的全面金融服务能力。推动形成监管有效、立法完备、运行稳健的金融控股公司发展业态。力争用 3 ~ 5 年的时间，形成一批具备较强跨境跨业经营能力、风险管控

能力和国际竞争力的大型金融控股公司。

规范发展金融控股公司应遵循以下基本原则。

一是坚持服务实体经济。服务实体经济是未来五年金融工作的主要任务之一，是金融业赖以生存和发展的根本，金融业脱离实体经济发展无异于无源之水、无本之木，金融控股公司也不例外。发展金融控股公司必须坚持以客户为中心，以提高实体产业融资的可获得性、提升客户服务的便利性、提高产品的多样性为目的，以增强综合金融服务能力、推动实体经济转型升级。发展金融控股公司绝不能脱离实体经济，不能以多个子公司、多种金融牌照为便利来开展套利、空转和投机，开展"伪创新"，进而引发资产泡沫，加大金融风险。

二是坚持稳健审慎和风险可控。金融控股公司在提高运行效率、改善服务质量的同时，因其跨行业、跨市场经营的特点，不可避免地会存在风险隐患。由于金融控股公司经营规模大、风险容易相互传染，如果发展不慎，有导致大规模金融风险的可能。金融控股公司必须坚持稳健审慎、风险可控的原则，金融控股公司的设立和准入应有严格的标准，不能一哄而上。金融控股公司及其子公司均应接受严格的监管，特别是在关联交易、业务协同等方面应予以全面和严格的监管和指导，必须建立有效的"防火墙"制度，防止金融控股公司片面追求业务发展而不顾风险管控。

三是坚持立足中国国情。前述国际经验表明，各国金融控股公司的发展应与各自的历史和制度环境相适应。金融控股公司在不同国家、不同阶段都呈现出不同的特征，难有千篇一律的统一标准。中国金融控股公司的发展应顺应我国实际情况，充分考虑当前实体经济运行特点、金融体制阶段性特征以及长远发展规划。金融控股公司运行模式选择、监管架构设计、立法体系完善都应坚持适应性原则，在借鉴先进国际经验的同时坚持"以我为主"，立足中国国情，选择适合自身情况的目标、策略和路径。

四是坚持市场化导向。从主要国家金融控股公司的发展历程来看，金融控股公司的形成和发展主要是市场本身自然发展的结果。无论是自行设立还是收购兼并，都是金融机构依据自身发展需要的市场化行为。党的十八届三中全会关于全面深化改革的决定中指出，要"让市场在资源配置中发挥决定性作用，更好地发挥政府的作用"，发展金融控股公司也应坚持市场化的导向。政府应主要在加强监管、健全立法和提供配套设施等方面发挥重要引导作用。在推动整合金融资源、组建金融控股公司的过程中，应坚持市场化原则，不能以行政命令代替市场规律。

五是坚持以质量和效益为核心。金融控股公司应以质量和效益为核心，以是否有利于提升客户服务水平、发挥协同效应、提高运营效率、多元化盈利结构和拓展市场空间为主要目的。单纯为了求大求全而盲目开展并购、组建金融控股公司，忽视子公司间是否具备协同效应的做法不可取，且有加大风险、危害金融体系稳定的危险。出于为集团实体产业提供融资、视金融牌照为"提款机"的目的而组建金融控股公司的行为也应明确予以禁止。

六是坚持整体协同推进。我国正在稳步推进金融体制改革，金融机构、金融市场、金融监管等都处在改革转型的过程中。将金融控股公司发展作为整体金融改革的一部分，统一规划，整体部署，协同推进。金融控股公司的监管、立法都应与整体监管体制改革、金融业立法完善相互协调配合。金融控股公司的内部经营管理模式选择也应与金融机构正在推进的内部体制机制改革相衔接。

三、规范发展的着力点

为稳妥有序发展控股公司，应重点做好以下五个方面的工作。

第一，严格监管规范和加强治理整顿。当前，我国各类金融控股公司参差不齐、一哄而上，部分金融控股公司存在较大的风险隐患，亟待加强监管和规范。应尽快对现有各类金融控股公司进行排查，了解实际情况，摸清风险隐患。对各类金融控股公司进行差异化监管和引导，对运作不规范、潜在风险较大的金融控股公司责令整改，对运行稳健、制度健全、风险管控能力强的金融控股公司予以鼓励和支持。

第二，明确基本运行模式。确立基本模式是对现有金融控股公司进行规范引导、设计监管架构、健全立法体系和搭建内部组织架构的必要前提。纯粹型、事业型是金融控股公司的两种基本运行模式，应明确发展中国金融控股公司应采用哪种运行模式。对不符合标准模式的，应明确立即整改或逐步转变。

第三，健全监管架构体系。这是当前最为迫切的。应加快完善金融控股公司监管的顶层设计，明确金融控股公司母公司和子公司的监管主体，厘清监管责任分工，统一监管理念，确立基本原则，明确监管内容，并尽快研究制定出台一系列监管规定和指导意见。

第四，加快启动立法工作。美国、英国、日本以及我国台湾地区均是先立法。我国规范发展金融控股公司也应"立法先行"，从法律上明确金融控股公司的地位、内涵、经营以及破产退出等，以有效避免先无序发展、再立法整顿治理产生的负面效应。

第五，完善内部体制机制。在完善监管和健全立法的基础上，对金融控股公司的内部组织架构和体制机制也应加以引导和规范。要求金融控股健全公司治理结构、强化信息披露、建立内部"防火墙"制度和提高全面风险管控能力。引导金融控股公司在内部协同机制、子公司管控模式、组织管理架构等方面进行积极探索，以更好地满足客户需求和服务实体经济。

第二节 中国金融控股公司的重点发展方向

目前国内外金融控股公司模式有纯粹型和事业型两种。事业型模式存在主业独大、非主业子公司难以发展壮大、风险隔离较低等弊端。从平衡好业务协同和风险管控的角度出发，我国应主要鼓励和发展纯粹型金融控股公司。在一定时期内，可以允许事业型和纯粹型两种模式并存。

一、事业型模式占据主导地位

当前我国大型银行综合经营即采取事业型模式。但这种模式的突出问题是：母公司"独大"，子公司相对弱小，发展缓慢，如目前五家大型银行的非银行子公司的资产和净利润规模占比均较小，最高也还不过约5%。在事业型模式下，母公司对子公司往往进行居高临下的管理，子公司在管理模式、企业文化、组织架构等受母公司业务的影响很大，这导致子公司发展过于依赖母公司，难以很好地按照各自的市场规律和行业特点进行经营和管理，从而难以发展壮大。这种母公司业务独大、子公司弱小的问题在未来较长时期内仍然难以根本改变，难以很好地实现提升我国金融机构综合国际竞争力的目标。

我国金融体制以间接融资为主，商业银行在我国金融体系中占据绝对主导地位。全国金融工作会议提出"要把发展直接融资放在重要位置"，未来大力发展资本市场、扩大直接融资、优化融资结构是深化金融改革的重要内容之一。鉴于商业银行雄厚的资本实力和广泛的客户与渠道基础，未来以商业银行为主体组建的金融控股公司很可能成为主流。但在事业型模式下，证券、基金等非银行子公司受到母公司的影响很大。在获得母公司资本支持和渠道与客户优势的同时，很难在管理体制、经营文化上不受母公司经营文化的影响，甚至在监管上也会受到母公司的主监管部门的直接或间接影响，独立性有所削弱，不利于非银行子公司的发展壮大。因此，从有助于证券、基金等直接融资相关金融机构发展的角度看，事业型模式占据主导地位存在明显不足。

事业型模式的另一主要弊端是风险隔离不够好。由于母公司也开展具体业务经营，子公司业务的独立性很难充分保证，母子公司之间、各子公司之间风险传染的概率相对更高。在当前环境下，以大型银行为母公司的金融控股公司还容易导致银行母公司对非银业务的隐性担保和刚性兑付。从国际经验看，事业型控股公司是金融控股公司的初中期阶段。美国、日本等国的一些金融机构在成长壮大的过程中，大都先后从事业型控股公司转向纯粹型控股公司。

二、纯粹型应是重点发展方向

纯粹型模式既有效隔离了风险，又能发挥综合经营的优势。纯粹型模式是当前国际金融业综合经营的主流模式，目前英国、美国、加拿大、日本、韩国和我国台湾地区均主要采取这种模式。国际金融危机期间，较之遭受重创的雷曼、贝尔斯登等投资银行，汇丰、花旗等纯粹型综合性金融集团尽管也不同程度地遭受损失，但表现出了相对较强的抗风险能力，盈利能力较为稳健。在纯粹型模式下，子公司各自独立，通过共享品牌、联合创新、交叉销售、人员交流，各子公司可以充分开展业务协同，发挥规模经济和范围经济效应；作为独立的法人实体，各子公司又可以按照各自的市场规律相对独立地开展业务经营和管理，从而更好地服务实体经济，促进直接融资的发展，提高金融机构国际竞争力。在事业型模式下，由于母公司是经营某类业务的具体经营实体，各国监管机构对这类经营实体的收购兼并、股权运作等投资活动都有许多限制，而对纯粹型金融控股公司的管制则相对宽松。因此，纯粹型金融控股公司模式更加便利资本运作，有利于企业通过重组和兼并收购等方式做优做强。

纯粹型金融控股公司"集团控股、各自经营"的运作模式可以使不同金融业务之间建立起有效的"防火墙"，更好地防止金融风险的相互传染。比如，银行业务与非银业务实现风险隔离，大大降低了银行对非银子公司的隐性担保及刚性兑付问题。即使银行、证券、保险等某个子公司经营出现问题，控股公司可以将风险和影响在一定程度上限制在子公司层面，而不至于对母公司和其他子公司造成难以控制的损失。从防范系统性风险的角度来看，当子公司出现问题时，作为母公司的金融控股公司首先可以开展救助，从而在风险管控方面增加一道屏障，既有利于金融体系稳定，也可以降低政府干预的成本。

从我国的实际情况看，在现有的各种类型金融控股公司中，实业集团出资设立的金融控股公司越来越多，包括央企集团、地方国资、民营资本以及新兴互联网企业等。从目前的架构看，既有母公司为原实业集团、金融类企业和实体企业同为子公司的，也有在原实业集团下面单独成立纯粹型金融控股公司，通过该金融控股公司来管理金融类企业的。从有利于统一监管、防止过度关联交易的角度来看，显然后一种纯粹型金融控股公司更为可取。因此，为对现有各类金融控股公司加强规范管理，纯粹型模式也应是主要选择。

　　纯粹型模式与我国金融监管体制改革相统一、协调。我国金融监管体制正处于从分业监管向统一监管转变的过程中，新成立的金融稳定和发展委员会将从高层次、更大范围进行统筹监管，人民银行在宏观审慎和防范系统性金融风险中的地位显著提高。而母公司从事具体金融业务的事业型金融控股公司显然不适应这一监管要求。在事业型模式下，母公司同时经营具体业务和管理子公司，母公司主要受其业务属性对口的监管部门监管，但该监管部门不但对子公司业务不够熟悉，而且难以从整个集团的角度加以全面监管，很容易产生监管空白。而如果将事业型控股公司交由人民银行作为主监管者，人民银行又面临对母公司主营业务监管专业性欠缺的问题。而在纯粹型模式下，主监管者负责从整体的角度对没有具体业务的母公司进行监管，各子公司分别受各自监管部门的监管，主监管者也能够及时迅速地对从事新兴金融业态的子公司进行识别，从而确保监管全覆盖。

　　不同金融机构、不同发展阶段和不同市场情况等因素都会对采用何种运行模式产生影响。银行系金融控股公司，特别是大型银行控股公司本身的商业银行业务体量很大，非银行金融子公司的发展较为倚重银行的网点渠道和客户资源，因而在一定时期内事业型是合适选择。若强行将其改造成为纯粹型金融控股公司，后果很可能是像日本金融控股公司一样，即名义上是纯粹型模式，但实际上母公司仍由最大的子公司（多是银行）掌控。保险业务牌照比较齐全的大型保险集团本就采取集团控股、子公司（寿险、财险等子公司）具体经营的事业型模式。在控股银行、证券等子公司后，显然这种模式将会继续沿用下去。平安集团、人保集团就是如此。地方金融控股公司则可能两者兼而有之，有的地方将会以现有的银行或保险公司为主来搭建事业型控股公司，有的则会以现有的控股集团或单独成立控股公司为平台，将当地各类金融机构整合进控股公司，控股公司本身则作为纯粹管理型集团，不经营具体业务。因此，考虑到种种因素，当前和未来一个时期，可以允许这两种模式并行。但从长期来看，基于确保金融系统稳健运行、规范金融控股公司发展的角度考虑，应明确鼓励和要求所有开展跨行业经营的事业型金融控股公司转为纯粹型的金融控股公司。

第三节 中国金融控股公司的监管和立法

一、监管架构设计

采取"两步走"、分级式的策略构建金融控股公司监管架构。世界各国的金融监管模式与其各自金融体系特点和历史沿革有关，同一国家在不同阶段的监管模式也有很大不同。在借鉴发达国家经验的基础上，我国金融控股公司的监管架构设计应统筹考虑历史发展、现有模式及存在问题，同时还要有一定的前瞻性，要充分考虑到未来我国金融改革发展的总体战略和行业趋势。充分结合未来我国整体金融监管架构改革的进程，我国金融控股公司的监管架构设计可以采取两步走的总体策略。短期内，在我国现行的分业监管架构模式下，建议参照美国的伞形监管模式，尽快明确金融控股公司的监管主体，各子公司则仍受各自行业的监管部门监管。短期内，鉴于主要金融监管机构在地方的分支机构和人员配备不足，还应尽快建立金融公司分级监管架构，按照金融控股公司规模大小来划分其监管主体。长期来看，随着我国分业监管逐步向统一监管推进，金融控股公司及其子公司也应逐步转变为由单一监管机构进行全面、统一监管。

短期内建立由央行主监管、两会分业监管的监管架构。人民银行可以作为伞形监管的牵头人，在金融稳定发展委员会领导和指导下，负责对全国性大型金融控股公司的监管，包括金融控股公司的市场准入、经营范围确定、高管资格审核和整体性的风险监控等，但不负责对各个子公司的具体业务进行监管，各子公司按照所属行业分别由银保监会和证监会进行监管。对于资产规模较小的地方性金融控股公司，应明确由人民银行各地分行或地方金融监管部门作为主监管人，各地银保监局、证监局及地方金融监管部门分别对其子公司进行监管。这种监管架构的好处是与现行的分业监管模式没有冲突，既能对金融控股公司进行总体监管、防范系统性金融风险，还可以实现对各子公司具体业务的监管规范，促进各子公司的创新发展。不足之处是仍会存在各监管机构之间的信息沟通和监管协调的问题。为此，应充分发挥新成立的金融稳定发展委员会的作用，进一步强化和健全现有的监管协调机制。人民银行作为主监管机构应牵头建立金融控股公司的监管协同机制，注重监管信息共享和监管沟通。

长期应从分业监管迈向统一监管模式。纵观当今世界，只有少数国家仍实行分业监管，绝大多数国家均已经或正在实施统一监管模式。综合经营是我国金融业的发展方向，我国最终迈向统一监管也将是大势所趋。短期内建立的以人民银行为主监管者的伞形模式仍存在各监管机构各自为政、协同不力、监管重叠和监管真空共存的局面。在利率市场化基本完成、金融市场快速发展、信息技术不断冲击现有模式的情况下，随着一系列新型金融业态不断涌现，很多名义不是金融性质的公司实际也在从事金融业务。出于促进业务协同和把握市场机会的考虑，金融控股公司会根据市场形势变化设立一些新型子公司。在分业监管格局下，这些新兴业态很难迅速被纳入监管范围，容易滋生风险。因此，逐步从分业监管迈向统一监管，应是我国金融监管体制改革的大方向。在这一过程中，金融控股公司的监管模式也转为由统一的监管机构进行市场准入、高管资格审批、风险监控以及子公司具体业务的监管规范等全面、统一监管模式。

在统一监管模式下，为确保对金融控股公司所有业务的监管全覆盖，监管理念应从机构监管向功能监管和机构监管并重转变。金融控股公司涉足多个业务领域，拥有多个业务牌照，创新能力强，新产品、新业务不断出现。应借鉴西方国家经验，逐步向功能监管转换，进一步厘清各监管机构职责，防止出现局部重复监管与监管真空并存的局面。应依据金融创新所实现的基本功能而非金融机构业务类别来确定相应监管归属和规则，根据产品性质划分监管归属，监管当局按照法律定义来实施监管，确保将金融控股公司的新产品、新业务纳入监管。

二、具体监管内容

我国金融控股公司监管主要从六方面开展。

一是市场准入监管。金融控股公司经营范围广，跨境、跨业、跨市场经营特征明显，具有较为复杂的风险特征，产品复杂程度大，管理难度高，应设立严格的市场准入条件。目前我国对于金融控股公司的设立还没有公开的正式标准。应尽快明确金融控股公司的设立条件，改变目前的无序状态，以杜绝风险隐患。对于金融类企业申请设立金融控股公司的，应对其资本充足水平、财务稳健性、近几年盈利情况和未来的业务范围加以严格审查。对于实体企业要发起设立金融控股公司的，应采取审慎原则，除了上述条件外，还应对其与实体产业之间的关系进行严格审查和问询。

二是宏观审慎监管。大型金融控股公司应归为系统重要性金融机构，除了一般的监管要求外，还应对其附加更为严格的监管标准，包括提高资本充足率要求、降低杠杆比例和提高流动性要求等；还可以根据实际情况变化增加诸如房地产贷款占比、高风险衍生品业务占比等监管要求。还应建立针对系统重要性金融控股公司的危机处理机制，明确当期发生严重经营困难时，由人民银行、财政部等主要政府部门牵头对其进行特别处理，并事先制定整套的破产程序和条件，以防止因其破产而引发系统性金融风险。除此之外，还应督促和要求系统重要性金融控股公司开展压力测试、完善公司治理、加强风险内控机制建设。

三是资本充足率监管。资本充足率是金融控股公司监管的重要内容。金融控股公司的资本充足率包括三个层次：控股公司本身的资本充足率；子公司的资本充足率；集团合并后的整体资本充足率。其中，整个集团的资本充足率是金融控股公司资本充足率监管的核心。因此，控股公司资本监管的重点包括以下三个方面：一是资本真实性监管。这是因为控股公司及其子公司的股权结构和资金来源往往较为复杂，应严格审查资本的真实性。二是附属监管。即各子公司应满足各自监管机构的资本充足要求。三是并表监管。必须将所有内部交易扣除后，再把所有子公司的财务报表合并在一起，合并后的财务报表应能够保持充足的偿付能力。建议参照目前各国的普遍做法，将合并报表后的集团整体资本充足率标准设为所有子公司剩余资本（指超出最低资本限额的资本）构成的集团自有资本必须大于零。

四是关联交易监管。监管机构除了要求控股公司自己建立内部风险隔离机制外，还要从监管上对关联交易进行监管，制定准则，包括业务范围限制、人员交叉任职、资金内部流动和内部相互担保等。从确保金融体系稳定角度，建议严格禁止金融控股公司直接开展非金融业务，投资实体企业，以杜绝此类内部交易。但可以允许金融控股公司成立专门的子公司来投资实体企业。对于银行和证券子公司之间的关联交易，也应坚持严格审慎的做法，允许其开展业务上的协同，共同营销和服务客户，但应对银行给证券公司提供贷款应加以限制。

五是信息披露监管。金融控股公司牌照多、经营范围广，内部各子公司间还可能存在关联交易，应建立强制性的金融控股公司信息传递和披露制度，对金融控股公司的信息披露范围、内容、形式、时间、频率、责任和处罚等作出明确要求和规定，应确保信息准确、完整、公正和有效。金融控股公司应定期向监管部门报告相关内部交易，特别是大额内部交易的信息。此外，对金融控股公司内部信息交流和共享也应有明确要求，禁止各子公司间利用信息非法转移损害客户利益。

六是跨国监管合作。大型金融控股公司一般都开展国际化经营，在其他国家还设有分支机构甚至拥有规模不小的境外子公司，对金融控股公司的监管开展跨境合作就很有必要。监管合作内容包括互通信息、联合检查、事前告知等。我国监管机构不仅要对控股公司的国内业务进行监管，还应通过监管合作对其境外子公司进行有效监管。对外资金融控股公司在境内的子公司，除了对境内子公司本身开展监管外，还应与东道国监管机构合作，对其母公司进行监管，掌握其经营动态，以防止境外机构风险传导到境内。

三、加快推动金融控股公司立法

美国、日本、韩国以及我国台湾地区都有专门的金融控股公司立法或类似法规，而我国目前尚无专门的金融控股公司法。鉴于金融控股公司未来发展态势，应尽快启动我国金融控股公司的立法工作，从市场准入、业务范围、公司治理、股权结构、风险内控等方面加以规范和引导。

　　第一，明确金融控股公司的法律界定。参照其他国家经验和我国实际情况，应从法律上界定金融控股公司为从事银行、证券、保险、信托、期货、金融租赁等金融性行业中的两个（含）以上的金融集团。对于同时包含有金融类和非金融类子公司的企业，应同时明确其金融类子公司的合计总资产规模和其在整个集团总资产中的占比两项标准，只要两者之中达到一项，就应纳入金融监管范围。对于同时拥有金融类和非金融子公司的企业集团，在立法中要明确其必须单独成立一家金融控股公司，由该金融控股公司来统一管理所有金融类子公司，并以该金融控股公司作为牌照申领和接受监管的主体。从法律关系属性来看，与银行（债权债务关系）、资产管理公司（信托关系）等不同，由于在多个领域开展业务，金融控股公司没有明确的法律关系属性。

　　第二，实行牌照管理。立法应明确金融控股公司实行牌照管理，要有严格的设立标准。立法在金融控股公司应具有的资本结构、资本总量和业务范围等方面有明确限制条件，并要求其建立完善的公司治理结构和内部控制制度。立法还应明确哪些机构可以申请设立金融控股公司。鉴于目前各种类型的金融控股公司良莠不齐，不少金融控股公司还存在较大的风险隐患，对金融控股公司的设立主体应严格审核。对金融机构发起设立金融控股公司应予以准入。对于实体企业发起设立金融控股公司则应建立严格的审核标准，包括其近年来的盈利情况、资本实力、经营目的、信息披露以及可能存在的关联交易等。

　　第三，引导向纯粹型模式发展。如前文所述，纯粹型金融控股公司在风险隔离上具有优势，有利于维护金融稳定，应在立法中予以明确。但考虑到我国的实际情况，特别是很多银行系金融控股公司主业独大、非银行子公司规模很小，在一定时期内暂不宜要求所有金融控股公司都为纯粹型模式。只要符合一定标准和条件，就可以允许金融控股公司自由选择采取纯粹型还是事业型模式。但在立法中应明确，当事业型金融控股公司的子公司资产占比达到一定比例（比如20%或30%），就应转变为纯粹型模式，以做好风险隔离，防止风险交叉传染。

第四，界定业务范围。设立金融控股公司的主要目的是获得协同效应、更好地开展综合金融服务。因此，立法应鼓励和支持金融控股公司在坚持服务实体经济、风险可控的前提下，创新开展各类金融业务。在此前提下，为鼓励创新，金融控股公司的业务范围界定应采取广义的金融业务概念，即既包括传统银行、证券、保险、信托、金融租赁等业务，也包括与之相关、相互交叉而产生的诸如互联网金融、金融科技性质的新兴金融业态。对于事业型金融控股公司，应分别明确母、子公司的业务范围；特别是对于很多新兴金融业态，应明确由新设子公司独立开展，不应由母公司直接经营。对于纯粹型金融控股公司，应明确母公司不得开展具体业务经营，仅负责集团战略、财务、人力、系统等中后台事务。

第五，建立破产和退出机制。有进入就有退出，健全的金融机构退出机制也是防范金融系统风险、维护金融体系稳定的重要保障。当前世界上绝大多数国家都有专门的金融机构破产和退出的法律制度。我国已经在推进相关金融机构破产退出机制的建立，但目前尚无正式的破产和退出法律制度。金融控股公司的风险更为复杂、多样和隐蔽，为使其在危机和倒闭时能依法处置、有序退出、不波及整个金融体系和引发系统性风险，事先必须要有相关的法律制度安排。金融控股公司的市场退出法律制度应主要包括三个方面的内容，即破产重整、破产问责和破产前置程序。由于通常都是跨行业经营，金融控股公司破产的危害相对较大。各国破产法都鼓励金融控股公司破产更多地采取重整的途径。建议参照我国现行《企业破产法》，制定我国金融控股公司的破产重整法律制度，应以市场化为基本原则，最大程度保护债权人利益，特别应明确规定子公司破产时母公司应承担的重整职责。立法还应明确金融控股公司及其子公司的董事、监事和高管在公司破产时应尽的责任和义务。因失职而致使公司破产的，还应追究民事和刑事责任。金融控股公司破产还应遵循必要的申请程序，大型金融控股公司的破产申请必须得到金融监管部门的批准同意，以对其相关风险进行预估，确保风险可控。

第四节　推进商业银行以金融控股公司形式深化综合经营

一、有限放开商业银行以金融控股公司的形式深化综合经营

前已述及，允许商业银行组建金融控股公司、深化综合经营有利于打通银行和非银行之间的壁垒，在资本、客户、渠道等方面实现共享，进而推动非银行金融机构和直接融资的发展。当前我国商业银行已经以试点的形式拥有了保险、基金、信托、金融租赁等非银行子公司，但对境内证券牌照的限制仍没有放开。为进一步深化综合经营，同时也推动直接融资加快发展，建议开展商业银行联合证券公司组建金融控股公司试点。同时必须坚持稳妥审慎的原则，以有效防控金融风险为必要前提。

一是开展全国性商业银行与证券公司联合组建金融控股公司试点。全国性商业银行，特别是大型银行具备较强的资本和规模实力，具备组建大型金融控股公司的条件。全国性银行坚持稳健经营，风险偏好较为审慎，

公司治理结构较为完善，内控机制较为健全，形成了较为完备的风险管理架构，风险管控能力较强。允许部分综合管理能力完善的银行与证券公司联合，共同组建金融控股公司深化开展综合经营，既能给证券业带来资金、客户和渠道等方面的支持、推动证券业发展，还可以给其带来良好的稳健经营理念和风险管控经验，从而提升整个金融体系的稳定性。

二是明确商业银行联合证券公司试点组建金融控股公司的标准和条件。 在金融控股公司相关监管不断健全和完善的前提下，对全国性银行以金融控股公司的形式与证券业联合必须制定严格的标准和条件，包括在资本充足水平、公司治理结构、风险管理架构、内部防火墙设置、协同经营范围、人员交叉任职等方面予以严格的标准和条件。当前仍应坚持"一参一控"[①]的要求，即金融控股公司作为主要股东入股证券公司或保险公司的数量不得超过 2 家，或证券公司或保险公司的数量不得超过 1 家。

三是同步推进组建纯粹型金融控股公司试点。 银行和证券有各自的市场规律，即便是在同一控股母公司下运营，也应按照各自的市场规律开展具体经营管理。为防止银行过度干预证券公司的经营管理，避免证券子公司成为银行的"附庸"，同时也是为了更好地控制风险、稳健经营，应明确必须同步推进组建纯粹型的金融控股公司，成立独立的金融控股公司作为母公司，银行、证券等为同一级别的子公司。对于不能立即成立纯粹型金融控股公司的，可给予一定的过渡，如三年内可以以事业型金融控股公司开展运营，三年后必须转为纯粹型金融控股公司。

四是以完善监管为前提，采取逐步渐进的推进策略。 防范化解金融

---

① "一参一控"：2012 年 9 月 20 日，中国证券监督管理委员会令第 84 号公布《证券投资基金管理公司管理办法》。其中，第十一条规定："一家机构或者受同一实际控制人控制的多家机构参股基金管理公司的数量不得超过两家，其中控股基金管理公司的数量不得超过一家。"这就是业界简称的"一参一控"，市场俗称为"1+1 原则"。

风险是当前和未来一个时期金融工作的重点。当前监管部门正就资管统一监管、防止资金脱实向虚、限制过度套利、抑制高杠杆、限制通道业务等开展治理整顿，有关表外理财、委托贷款、互联网金融等监管细则正加紧出台或已落地。在此背景下，商业银行发展金融控股公司、深化综合经营必须以配合完善监管为前提，必须以严格遵守这些监管新规为条件，在监管尚未完善、相关细则还将陆续发布的情况下，节奏不可过快，否则反而容易加大本就存在的相关风险。

二、尝试大型银行主导的金融控股公司深化综合经营

目前我国五家大型银行均初步形成了事业型的金融控股公司。但普遍特点是银行"独大"，银行作为母公司对非银子公司往往采取居高临下"银行式"管理，导致非银子公司发展壮大路途漫长。考虑到大型银行公司治理较为健全、在风险管控上更为成熟，以及大型银行为国有控股，更有利于传导国家战略、政策意图和调配金融资源，未来综合经营深化可以考虑先行试点以大型银行为主体、联合成熟证券或保险公司组建纯粹型的金融控股公司，这将在深化综合经营、促进直接融资发展的同时确保风险可控，同时也更有利于培育和发展大型金融控股公司，增强我国金融业的综合实力。

在具体路径上，初期可以采取事业型模式，并要求其逐步转为纯粹型的金融控股公司。具体路径建议如下。

第一步，通过换股形成事业型金融控股公司。大型银行联合成熟的证券、保险公司组建事业型金融控股公司，现行方式主要有现金收购和股权转换两种。现金收购方式操作相对简单，但需要大笔资金支出；股权转换方式是证券或保险公司的原控股股东受让所持股份给银行，同时银行向这

些原控股股东定向增发等值的股份作为对价，这些原控股股东成为银行的股东。换股完成后，银行成为证券或保险公司的原控股股东共同出资管理的金融控股公司，证券或保险公司成为银行的子公司。一般来说，银行的市值远大于证券或保险公司，因此这些证券或保险公司的原控股股东换股后并不会成为大型银行的控股股东，大型银行国有控股的属性不会改变。

第二步，调整经营管理架构。换股后的银行除了经营自身银行业务外，还要承担集团整体的战略规划制定、子公司高管任命及考核、子公司高管薪酬管理、推进业务协同等职责。新的金融控股公司可以基本延续之前的管理架构，原董事会、监事会、高管层人员继续留任，证券、保险两家子公司的董事长和总经理可以成为新的金融控股公司董事会成员。银行原有部门设置基本不变，战略规划、人力资源、预算财务、风险管理等部门因要承担更多的集团职能，可以从证券、保险子公司对应部门抽调相关人员。

第三步，逐步构建纯粹型金融控股公司。新的事业型控股公司运行一段时间后，当各业务板块发展均较为成熟、协同机制较为完善时，应尽快成立不经营具体业务、只负责子公司管理的纯粹型控股公司。原事业型控股公司的所有股东自然成为新控股公司的股东，其他原由事业型控股公司持有的各子公司股份也全部转由新的控股公司持有。控股公司和银行分离，银行成为新的金融控股公司的全资子公司。

第五节　分类规范监管其他类型金融控股公司

当前应加紧推进对其他各类金融控股公司的清理规范，尽快制定出台金融控股公司管理办法，重点围绕股东资质、关联交易、脱虚向实、资本重复计算、交叉开展业务等进行治理整顿。对股东资质较差、资本金来源不明的，应予以清退处理。金融控股公司作为主要股东入股银行（或证券、保险、信托、基金等）必须坚持"一参一控"。对于同时拥有金融类和实体产业的控股集团，应严查其是否存在过度关联交易的行为，防止金融类子公司成为其实体产业的"提款机"。对各金融类子公司之间的业务合作是否符合现有规定也应予以重点排查。此外，针对不同类别金融控股公司的不同情况，还应分类施策、各有侧重，对保险系金控、央企金控、地方金控以及民营金控予以差异化的引导。

一、保险系注重防范潜在风险

未来保险系金融控股公司将是一股不可忽视的重要力量，平安集团已经在各金融领域有良好的布局，中国人寿控股广发银行后也逐渐形成了跨行业经营的金融控股公司。未来这些金融控股公司将在现有的基础上通过完善内部体制机制，不断深化综合经营。预计还将有其他保险公司也会相继开展跨行业布局，组建金融控股公司。保险系金融控股公司监管规范的重点集中在以下三方面：一是近年来部分保险公司为了加快跨行业布局、迅速扩大规模而频繁举牌并购银行、证券和基金等金融机构，未来应审慎开展保险公司涉足非保险金融业务，引导保险公司更多地专注于主业，组建金融控股公司必须是在确实有助于发挥协同效应、提升综合金融服务能力，同时风险可控的前提下；二是坚决制止保险公司以保费收入而不是自有资金开展盲目收购，以保费收入开展盲目收购既不利于行业公平竞争，也会加大自身及整体金融体系的风险隐患；三是有部分保险公司存在为扩大保险资金来源而提高产品收益、加大兑付风险以及流动性风险的危险，应从监管上进一步对这类保险公司切实加强治理和规范。

二、资产管理公司系注重完善内部经营管理

未来四家资产管理公司组建的金融控股公司将是一支重要力量。目前四家大型资产管理公司均为事业型金融控股公司，母公司仍以不良资产处置为主业，少部分地方性资产管理公司也有意发展成为金融控股公司。鉴于大部分资产管理公司的各子公司和主业在规模上相差不大，同时出于防止关联交易和避免风险交叉传染的考虑，应要求其逐步转为纯粹型的金融控股公司，同时加快调整完善体制机制、优化内部组织架构和构建集团风险管控机制，以有效发挥协同效应，确保稳健经营。

三、央企系注重深化整合和强化协同

央企金融控股公司规模大，子公司独立性强，协同效应发挥得不够充分，未来应推动其继续对集团下面的实体产业和金融产业进行清理和整顿。目前部分央企集团的实体产业占比已经很小，基本属于纯粹的金融控股公司。但仍有不少央企金融控股公司的实体产业体量较大，需要进一步加以梳理。结合其自身发展战略，应鼓励和促进其单独成立金融控股平台并做实，将该平台逐渐打造成为管理所有金融类子公司的纯粹型金融控股公司。央企金融控股公司还应进一步加强集团内部各子公司间的协同联动，特别是在激励考核、资源分配、信息共享和共同营销等机制上加以健全和完善以深化综合经营。

四、地方系注重严格监管与规范

出于提升综合实力和支持地方经济发展的考虑，在金融业综合经营的大趋势下，未来将会有更多的地方政府通过行政式整合当地金融资源来组建金融控股公司。这种主要通过行政整合形成的金融控股公司尽管在短期内能获得快速发展，但可能面临一系列问题：非市场化、"拉郎配"式的整合不可避免地会给内部各子公司之间带来一定矛盾，不一定能够带来"1+1＞2"的效果；不论是采用纯粹型还是事业型控股公司模式，由于原来各子公司间的独立性较强，在打造共同文化、建立协同机制和共享客户资源等方面都将面临不小的难度，不易发挥协同效应；强行整合后，如何对集团整体进行全面风险管控也是不小的考验。因此，应对地方金融控股公司予以规范引导，推动和促进其坚持市场化、规范化的原则，更加注重各子公司间的协同和整合，尤其是加快构建完善的风险管控机制。同时，鼓励和引导地方金融控股公司打破所有制界限，更多地从提升运营效率、加强资源协同的角度出发，与国有控股、民营控股的金融机构强强联合，共同组建大型金融控股公司。

五、互联网系注重严控风险隐患

防止"大而不倒"的风险。由于互联网公司与客户的日常生活紧密相关，并且因为其高频使用，覆盖面广，所以导致互联网类型的金融控股公司规模在某些方面远远超过了传统的金融机构。比如以蚂蚁金服的余额宝为例，其实质为天弘公司的一个货币基金，但自从 2013 年成立以来，规模迅速扩大，用户也大量增长，截至 2016 年 12 月 31 日，其资产规模达到 1.6 万亿元，成为世界上规模最大的货币基金。其规模带来了流动性管理的困难，一旦发生风险，对整个金融体系和用户的冲击很大。

防控用户隐私保护的风险。不同于传统金融机构，互联网公司借助其先进的技术手段（大数据、云计算、人工智能等）和广泛的用户覆盖，获取了大量用户数据，并且对第三方有条件地开放这些数据。但是，这些行为往往没有获得用户的明确允许，甚至用户在隐私和使用服务之间没有可以选择的余地。这样的情况在中国的互联网金融控股公司中屡屡发生。美国的互联网公司也曾经暴露过相关的问题，脸书还因为向第三方开放数据导致这些数据遭到恶意利用而被美国国会质询。为此，有必要建立用户隐私的保护机制。可以强制这些互联网金融控股公司建立面向监管机构以及大众报告用户隐私保护进展的定期机制，在开展业务中允许用户有保护自己隐私的选择权，对于法定情形以外的第三方使用数据采取更加谨慎的做法，以及对不当获得用户数据的行为加大惩罚力度等以保护用户的权益。

防范声誉风险。除了其他金融控股公司一般会面临的一些资本充足率、操作风险、市场风险等，互联网金融控股公司的声誉风险有一定的独特性。这主要是因为传统金融控股公司的历史更长，而且跟用户的日常生活保持一定的距离。但互联网金融控股公司因为其产品和服务与客户的日常行为紧密相关（如蚂蚁金服的支付宝），一旦公司、母公司、关联企业或者公司高管发生问题（即使只是未证实的传言），就会迅速影响互联网金融控股公司在市场上的行为，引发用户的恐慌甚至挤兑行为。所以，需要这些公司在透明度、公司治理、信息披露方面进一步改进以防止这样的声誉风险。

关注互联网金融控股公司的企业文化。荷兰监管当局已经开始意识到被监管的金融机构的企业文化对金融机构的行为，以及监管效果存在重大和实质性的影响，并且采取了一些措施来影响被监管的金融机构的企业文化。①互联网类型的金融控股公司与其他传统金融机构的金融控股公司一个显著的区别在于企业文化，因为这些金融控股公司成立时间大多较短，没有经历过完整的经济和金融周期，对风险的认识普遍不到位，同时又面临资本市场和投资者的压力，有迅速扩大业务规模（包括收入和利润）的强烈动机。所以，监管机构借助参加这些金融控股公司的股东会、董事会以及其他手段，引导和规范这些互联网金融控股公司的企业文化，树立风险意识。

防止行业垄断。互联网金融控股公司借助自己在某个领域的优势地位，向金融领域拓展，在局部产品和用户方面已经形成了垄断地位，并且在实践中借助这些垄断地位，实施不正当竞争。对此需要监管当局有力处罚垄断导致的不正当竞争行为，以及将这种责任落实到责任人本身。从长远来看，垄断问题的解决需要依靠发展其他金融控股公司，形成一个相对合理的竞争格局。

六、强化产融结合金融控股公司的监管和治理

出于降低资金成本、提升经营管理效率和支持实体产业发展的需要，未来大型实业企业独立出资或控股金融企业、发展产融结合仍将有增无减，但也会带来不小的风险隐患，应对其切实加强监管规范和正确引导。

一是确定责任主体。一旦产业集团投资控股两个或两个以上金融行业，正如前面在金融控股公司立法中所强调的，应明确要求其内部建立单独的金融控股公司来管理其所有金融类子公司资产，并以该金融控股公司作为其接受金融监管的责任主体。

二是从实体和金融两个层面对国资背景的产融结合加强协同监管。

---

① Kellermann, Joanne A., de Haan, Jakob, de Vries, Femke. Financial Supervision in the 21st Century. Springer, 2013.

实体产业集团的监管部门（中央国资委和各地方国资委）和金融监管部门（一行两会）应密切协同，对国有企业开展产融结合进行监管规范。建议国资委和各地国资委均建立相应的产融监管部，专门负责涉及产融结合相关事项的审查和监管，并与金融监管部门做好联动协同。

三是对实体企业设立金融控股公司应制定严格的准入标准，防止一哄而上、盲目攀比。明确其需要申领牌照，执照经营。企业集团进行产融集合之前，集团监管部门必须加强资质审批，首先确认企业的产融结合是服务于集团整体战略、服务企业主业发展；其次需要企业的经营规模、财务状况、治理结构、风险控制等方面满足一定的准入条件。金融监管部门需要严格审批、谨慎放行，同时加强对企业参股金融机构的比例、类别和数量限制，防止产融结合盲目扩张。

四是探索建立产融结合监管指标体系。监管指标既需要涵盖资本充足率、流动性等金融类关键指标，同时也应包括涉及实体部门和金融部门之间大额内部交易、关联交易等指标。加强产业集团公司治理机制建设，建立"防火墙"制度。为防止在产融结合中各业务、各公司成员之间风险相互传播、产融结合集团内应建立资金交易限制制度，尤其严格控制银行子公司向其他子公司贷款的规模和用途，限制银行持股关联公司买入企业资产和发放贷款等。

五是对部分行业的产融结合型金融控股公司加以严格治理和监管。对部分盈利能力一般、资产负债率偏高、现金流情况较差的企业，对其开展产融结合、设立金融控股公司应制定更为严格的准入门槛和监管标准。对于部分本身潜在风险就比较大的行业，如房地产行业，为防止进一步加大风险、加剧风险的复杂性，建议考虑禁止这些行业发展产融结合、设立金融控股公司；对于已经设立金融控股公司的，或在银行、证券等金融子行业有控股或参股的，应要求其在一定期限内退出。

第九章 CHAPTER 9

中国金融控股公司组织
架构和体制机制

成立金融控股公司的主要目的是最大限度地发挥协同效应（规模经济和范围经济效应），同时还要确保风险可控。实践经验表明，银行、证券和保险等各子公司之间的经营管理结合得越紧密，协同效率会增强，但相互之间也越容易发生风险传染，一定的风险隔离是非常必要的。因此，金融控股公司组织架构和体制机制设计的基本原则就是在协同效应和风险隔离之间进行很好的平衡。

第一节 公司治理结构和组织架构

金融控股公司应构建完善的公司治理结构、良好的内部组织架构和有效的经营管理模式，公司治理结构还包括母公司对子公司的股权控制大小，这是公司高效运营和稳健安全的制度保障。国内外金融控股公司的先进实践表明，不同于一般公司的治理结构和组织架构，金融控股公司还应更多地从促进内部协同和防范风险传染的角度去设计治理结构和组织架构。

一、子公司的股权结构和分拆上市选择

（一）母公司应全资或绝对控股子公司

无论是纯粹型还是事业型金融控股公司，都会面临母公司对子公司的控制权大小的问题。母公司对子公司的控制权大小主要由子公司的股权结构来决定。按照母公司对子公司的持股比例高低，可以有全资控股、绝对控股、相对控股和参股四种类型，不同的持股比例分别对应大小不同的

控制权。在全资控股的情况下，控股公司对子公司拥有全面、绝对的控制权，子公司和母公司的一家分支机构几乎没有区别。在绝对控股的情形中，由于控股公司对子公司的持股比例超过50%，控股公司也基本上拥有对子公司的全面控制权，但要通过董事席位、高管任命等法定程序和公司章程来行使权利，控制权较全资控股的情形稍弱。在相对控股的情况下，控股公司是子公司的第一大股东，但持股比例低于50%，若子公司持股比例非常分散、其他股东的持股比例远低于控股公司，则作为第一大股东的控股公司也基本拥有子公司的控制权；若子公司持股比例较为集中、其他几个大股东持股比例仅比第一大股东略低，则控股公司仅拥有对子公司的部分控制权，因为存在其他股东联合起来否决第一大股东提案的可能性。在最后一种情形中，控股公司仅是参股，因而基本不具有对子公司的控制权，控股公司仅是参与公司的经营管理或仅是财务投资者。

从更好地制定集团统一战略、发挥协同效应和控制风险的角度看，母公司应选择对子公司全资控股或绝对控股。因为只有在这两种情况下，母公司才能够通过对子公司行使绝对控制权来贯彻集团总体战略、搭建综合经营平台、促进协同效应发挥和全面管控风险，有效避免各子公司独立行事、各自为政，从而实现规模经济和范围经济。在股份较为分散的相对控股的情形下（这种情形下子公司一般是上市公司），尽管母公司基本上能够控制子公司，但存在在二级市场上被收购控股的可能性。股权较为集中的相对控股由于仅拥有对子公司的部分控制权，无法全面、直接和快速地将子公司融入集团整体战略布局，因而难以充分发挥协同效应，也难以全面管控风险。参股子公司则基本没有协同效应。总而言之，除非是财务投资或有其他目的（如发挥合作方在某些方面的经营管理经验），母公司应尽可能采取全资控股或绝对控股的形式以谋求对子公司的控制权，至少要达到相对控股。

（二）子公司是否分拆上市各有利弊

近年来，中资银行开始了子公司分拆上市新一轮深化改革实践。比如，中国银行分拆中银租赁、中银国际，交通银行分拆交银国际、石河子村镇银行等。但汇丰控股、花旗集团和摩根大通等国际大型金融控股公司都是采取集团整体上市、子公司不上市的模式。子公司分拆上市的好处有：有助于子公司进一步完善授权经营制度，提高投资、财务和经营管理的透明度，加强子公司风险控制、规范公司治理水平，进一步激发经营活力和市场竞争力；上市也为子公司开辟新的资本补充渠道；不同行业的市场估值有所不同，将市场估值高的子公司分拆上市有利于集团整体市场价值的提升，实现国资产保值增值的目标，比如，银行的估值一般低于证券公司，银行母公司将其证券子公司上市会提升集团整体估值。

从母公司要获取对子公司控制权、最大限度发挥协同效应的角度看，分拆上市有不利影响。即使在母公司对子公司持股比例超过50%的绝对控股情形下，也存在在公开市场上被某些机构大幅增持而失去控股地位的可能。子公司上市后与母行之间的关联交易，需要按照上市规则要求予以披露，而且要确保定价公允，不存在利益输送。这对母行与子公司之间的业务协同机制安排会产生一定的限制。而金融控股公司整体上市有利于统一规划资本资源，从集团整体角度规划财务资源，包括开展统一的负债管理和资金管理，从整体利益出发进行资源配置，有利于更好地实现对子公司的掌控。

因此，很难绝对评判子公司是否应该分拆上市。金融控股公司应视自身发展需要、不同的目的和不同发展阶段，合理选择是否对子公司进行分拆上市。

二、母子公司的公司治理结构和组织架构

金融控股公司母公司和子公司的公司治理都要符合相关法律规定。如果是上市公司，还要符合上市公司的相关规定，此处不再赘述。这里着重从集团统一管理和促进内部协同的角度来设计母公司和子公司的治理结构和组织架构。

（一）纯粹型金融控股公司的公司治理和组织架构

纯粹型金融控股公司模式下，母公司不经营具体业务，主要承担集团发展战略制定、业务协同、风险管理、高管任命、考核激励、高管薪酬管理等决策和管理职能。可考虑下设风险管理委员会、人事薪酬委员会、战略协同委员会、审计监察委员会等，统筹管理风险、人事、战略、协作等。根据实际需要不同，控股公司可以下设战略规划、人力资源、风险管理、预算财务、投资管理、信息系统、后台业务处理等部门。纯粹型金融控股公司组织架构见图9-1-1。

为确保母公司的战略意图能在子公司得以贯彻执行，促进业务协同，在符合监管规定的前提下，母子公司的高管应尽量交叉任职。控股公司的董事长和总裁最好能由集团最主要子公司的董事长和总经理兼任。其他子公司的董事长、总经理应分别兼任控股公司的副董事长、副总裁。为保证控股公司的日常运营，还应另设一名专职常务副总裁负责公司日常工作。上述所有高管均进入董事会。控股公司设立专职的监事

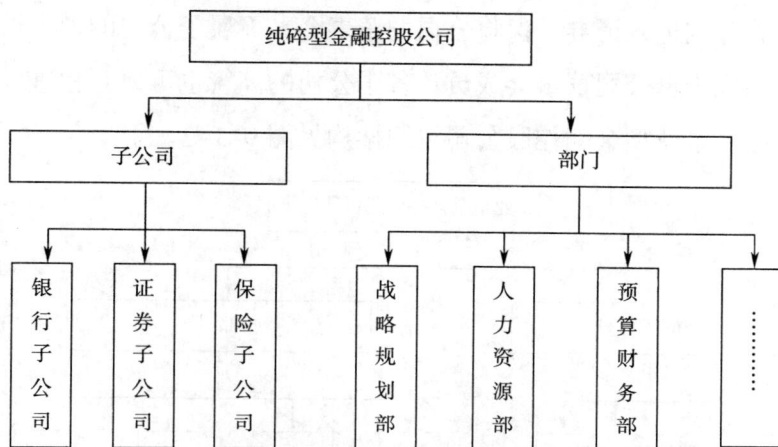

图 9-1-1 纯粹型金融控股公司组织架构简图

长。在国有控股金融机构中，公司党委构成也类似：董事长任党委书记，并兼任下面主要控股子公司党委书记；副董事长和总裁任党委副书记，并兼任子公司党委书记和副书记；监事长也是党委副书记；另设一名专职纪委书记。各子公司的高管还可以互相进入对方董事会，成为各自董事会成员。因同时兼任控股公司董事长和总经理，主要子公司的董事长和总经理无须进入另外其他子公司的董事会。

（二）事业型金融控股公司的公司治理和组织架构

事业型金融控股公司模式下，母公司经营银行、证券或保险业务中的一种，同时承担整个集团的战略制定、业务协同、风险管理以及子公司的高管任命、考核等职能。与纯粹型类似，母公司董事会也应下设风险管理委员会、人事薪酬委员会、战略协同委员会、审计监察委员会等。这些委员会以及战略管理、人力资源、预算财务、风险管理等部门要承担起对整个集团的支持和服务的职能，同时各个前台业务部门负责母公司的具体业务经营。在高管交叉任职上，母公司可以指派副总经理级的高管分别进入证券、保险公司的董事会。下属子公司的董事长和总经理可以成为母公司董事会成员。各子公司的高管也可以互相进入对方的董事会。事业型金融控股公司组织架构见图9-1-2。

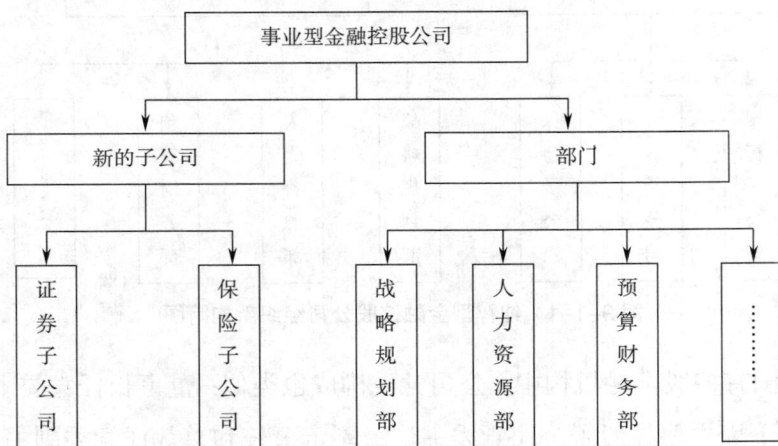

图9-1-2 事业型金融控股公司组织架构简图

（三）将党的领导与公司治理有机结合

党委融入现代公司治理结构，是党委发挥领导核心作用的前提与保障。对于国有控股的金融控股公司来说，应不断加强和完善党的领导，将之与公司治理有机结合。国有金融控股公司应明确党组织在公司治理机制中的法定定位，探索完善党委领导核心与现代公司治理有效结合的新途径，充分发挥党的领导的政治优势。依照公司治理程序，党委班子成员通过双向进入、交叉任职，分别进入董事会、监事会和高级管理层，党委书记担任董事长，党委副书记担任行长、监事长，部分党委委员进入董事会，同时把党委的机构设置、职责分工、工作任务纳入全公司的管理体制、管理制度、工作规范，有效促进党委领导核心作用与现代公司治理机制的有机融合。实现党委领导核心与公司治理、党委统领全局与董事会战略决策、党委推进深化改革与高管层全权经营的有机融合，打造相对独立、相互制衡、权责清晰明确、运作规范高效的"三会一层"公司治理机制。应在公司章程中明确党组织在公司法人治理结构中的法定地位，强化党建工作总体要求，明确党委在经营管理决策、执行、监督各环节的权责和工作方式，以及与股东大会、董事会、监事会、高级管理层之间的关系，努力使党委发挥领导核心、统领全局和保证监督作用组织化、制度化、具体化。

第二节　内部经营管理体制

经营管理体制与组织架构有关，但名义上的组织架构并不能反映出实际的经营管理体制。比如，出于避税的考虑，有不少的控股公司选择在一些税率低的国家或地区注册一家全资子公司，并将下面大部分子公司的股权转由该公司持有。名义上该公司是下属各子公司的二级母公司，但实际上集团所有的经营和管理职能仍由最高一级的母公司来负责，该二级公司仅是名义上的持股人。

一、三种内部经营管理体制

无论是纯粹型还是事业型，目前国内外金融控股公司的经营管理体制都基本可以分为三种，即独立子公司、协同子公司和事业部。

（一）独立子公司体制

独立子公司体制下，各子公司及其有具体业务经营职能的母公司（事业型）在业务发展上基本是相互独立，各自为政。尽管有统一的集团发展战略和长期目标，但母公司对子公司进行充分授权，对子公司的业务经营基本不予干预。各子公司的董事长和总经理由母公司任命和考核，拥有对自己公司的几乎全部经营自主权，并分别按照各自所处行业的特点和实际需要进行组织架构设计、服务各自客户和开展具体业务经营。纯粹型控股公司的母公司架构较为精简，仅设置有战略规划、人力资源、预算管理等少数几个后台部门。各子公司则"五脏俱全"，每个子公司都有各自独立的前、中、后台职能部门。母公司的人力资源、预算财务等后台部门主要负责母公司的管理运作，或是主要对母公司前台部门（事业型，下同）提供支持，对子公司仅提供总体性的考核和指导。在该体制下，各子公司及母公司的前台部门是集团业务发展和盈利贡献的主体，独立性很强。母公司主要通过指导引导、牵线搭桥等较为"软性"的方式推动各子公司及母公司前台部门的业务协同，协同效应一般。独立子公司体制下的经营管理见图 9-2-1。

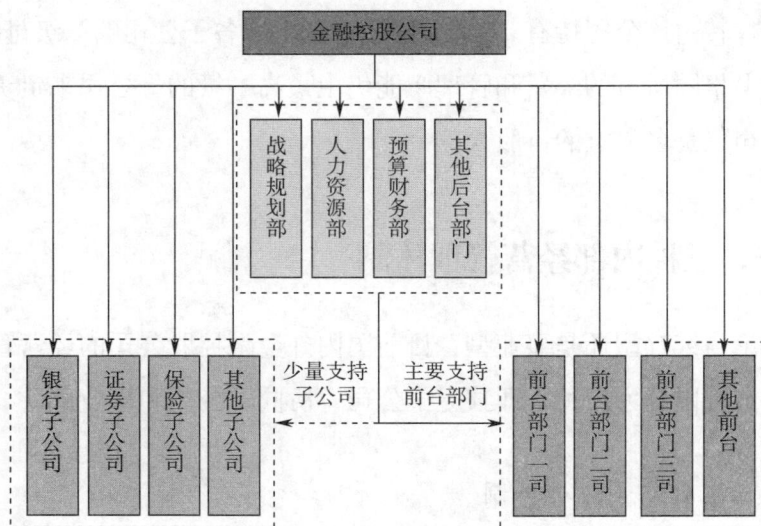

图 9-2-1　独立子公司体制下的经营管理

（二）协同子公司体制

协同子公司体制下，各子公司和母公司的前台部门仍然是主要的经营单位，但各经营单位之间实现了良好的业务协同。母公司主要通过两种方式来推动业务协同。一方面，母公司会搭建全集团范围的综合信息平台，将全集团的客户、项目等信息在平台上发布，从而实现全集团信息共享，推动共同营销和服务客户。母公司一般还会构建集团统一的业务处理、IT 系统等后台支援中心对所有子公司提供支持。母公司的人力资源、预算财务、风险内控等部门也比较强大，从而为子公司提供强力有支持。另一方面，得益于对子公司较强的控制力，母公司还会通过严格的考核来要求子公司加强业务协同，例如，母公司一般会直接要求子公司优先考虑与集团内部其他子公司开展合作、代销产品等。实行这种体制的主要是母公司全资或绝对控股子公司的金融控股公司，日本的瑞穗集团、我国的平安集团等都属于这种体制。协同子公司体制下的经营管理见图 9-2-2。

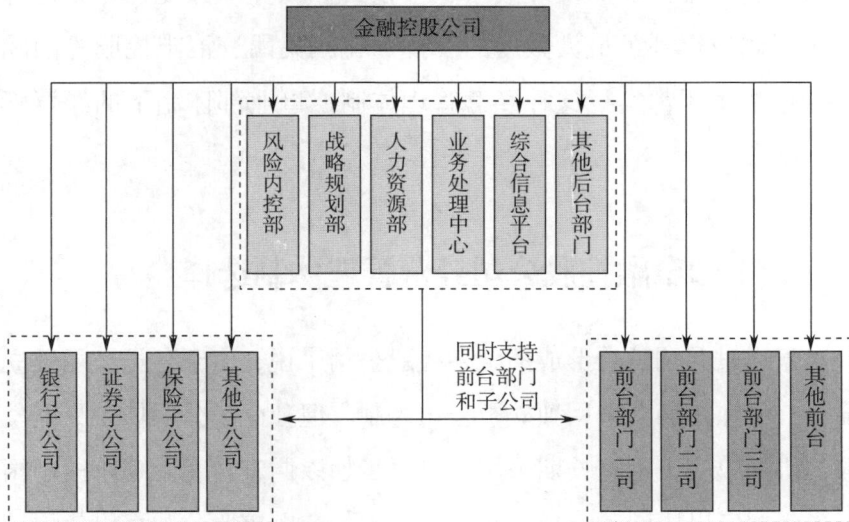

图 9-2-2　协同子公司体制下的经营管理

（三）事业部体制

事业部体制下，一般按照客户划分不同的业务条线，各地区分支机构相应的业务条线实行垂直管理为主、横向管理为辅的矩阵式管理。采用事业部制体制的多为母公司全资控股子公司的金融控股公司。在该体制下，控股公司按照以客户为中心的原则，根据功能性来划分事业部，将集团的所有业务整合起来，分成企业金融、消费金融、金融市场和财富管理等功能性事业部，每个事业部管辖几个相关的业务单元和子公司。与前两种体制明显不同，在事业部制体制下，子公司并非主要经营单位和利润中心，各大事业部才是主要利润中心。母公司不仅设立有战略管理、人力资源、预算财务等后台部门，以及业务处理、IT 系统等后援中心，还设有企业金融、消费金融、金融市场和财富管理等事业部总部。这些事业部总部负责管辖各分支机构的事业部分部和相关子公司。由于将子公司按照业务属性纳入各自事业部统一管辖，事业部负责各子公司的发展战略、考核目标和资源分配，显然这种体制下协同效应得到了最大限度的发挥。花旗集团、汇丰控股等国际大型综合金融集团都实行这种经营管理体制。事业部体制下的经营管理见图 9-2-3。

二、中国金融控股公司经营管理体制选择

对于通过并购整合形成的金融控股公司来说，由于各子公司独立性较强，一般在初期会采用独立子公司体制。但独立子公司体制只能发挥有限的协同效应，不宜长期采用，应逐步加以调整转变。现阶段中国金融控股公司应以协同子公司体制为主，少数金融控股公司可以考虑探索

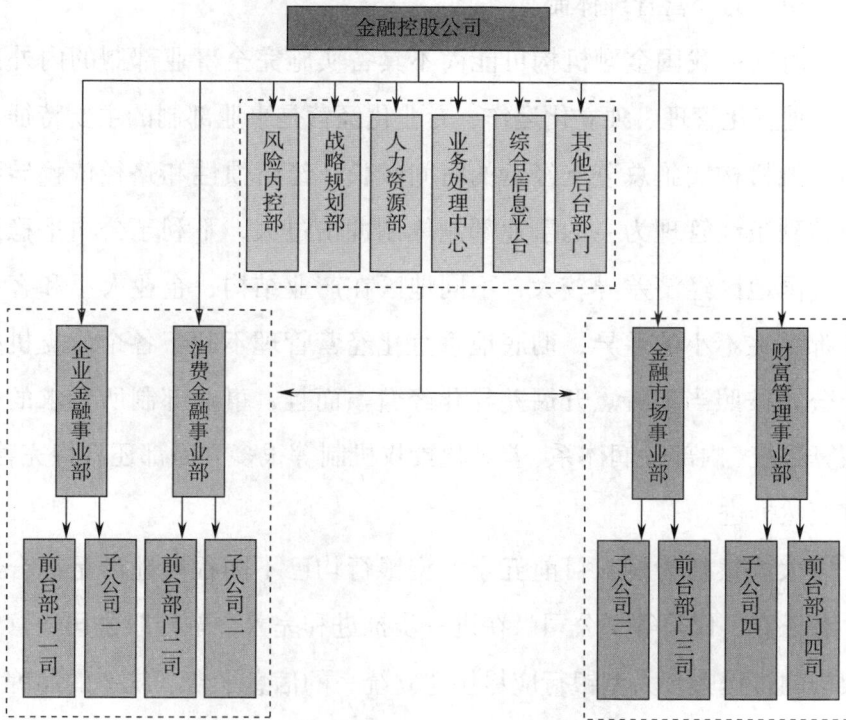

图 9-2-3　事业部体制下的经营管理

事业部制。

　　目前，除了少数银行开始尝试探索事业部制外，我国金融机构主要采取的仍是总分支经营管理体制。在该体制下，总部主要负责管理考核、资源分配和风险管控，并为分支机构提供业务处理、资金运营和 IT 系统等中、后台支持，分支机构是主要经营单位和利润中心。协同子公司体制本质上属于传统的总分支经营管理体制，子公司相当于母公司的分支机构，母公司拥有比较强大的中后台为子公司提供支撑。因此，为迅速获得显著的协同效应，协同子公司体制是在短期内比较适合采用并快速发挥功效的经营管理体制。

短时间内我国金融机构可能尚不具备实施完全事业部制的内外部条件。垂直化管理、独立化运作、专业化经营是事业部制的主要特征。我国金融机构实施总分支经营的时间较长，经营惯性和路径依赖导致快速转到条线管理为主的事业部制体制冲击过大，不利于公司平稳运行。我国地区经济差异较大，不同地区在产业结构、企业大小和客户需求都存在不小的差异，彻底地垂直化经营管理不利于各个分支机构和子公司按照当地特点开展差异化经营。而且，事业部制所要求的内部核算系统、内部分润体系、差异化授权机制等很多方面都还有待完善，不宜贸然推进。

以大型银行为例，目前五家大型银行均已不同程度地涉足综合经营，有证券、保险等子公司。在进一步推进和完善金融控股公司经营管理架构的过程中，大型银行应尽快建立统一的信息平台、统一的品牌、统一的后台处理中心。集团层面的综合信息平台把全集团各业务板块和子公司的客户信息、项目信息等放到平台上，实现信息共享；按照"一个集团、一个客户"的原则，在集团各个经营单位和子公司间共享品牌；积极尝试建立统一的后台处理中心，最大化规模经济效应；制定旨在促进协同联动的一整套考核体系。

长期来看，随着协同子公司体制运作的逐渐成熟，以及外部环境的发展变化，大型银行可以逐渐尝试探索实施事业部制改革，加强条线垂直化管理。参照国内外银行的先进经验，可以探索先在部分业务、部分行业实施事业部制运营。待内外部条件成熟时，再逐步将子公司转由事业部管理，从而转为完全事业部体制。

第三节　协同运营和风险管控机制

除了要有良好的组织架构和合适的经营管理体制外，有效发挥内部协同还要有相应的运行机制设计，包括战略协同、激励考核、后台共享等。金融控股公司不仅面临各类专业业务的一般风险，如商业银行业务的信用风险、市场风险、流动性风险、操作风险等，还因内部交叉协同、共享信息等面临更为复杂、特殊的风险，需要建立健全、有效的风险管理和内控机制。

一、构建协同运营机制设计

（一）战略上高度重视业务联动

控股公司要从战略上高度重视业务联动，将提升业务联动能力作为控股公司重要战略目标之一，让每一个业务板块，子公司以及前、中、后台充分认识和理解业务联动的重要意义。在细化目标市场基础上，应特别强调跨地区、跨部门、跨子公司间的业务联动，提倡为客户提供一体化服务。应将强化业务联动作为"必选项"写进各个业务条线和子公司的发展计划中，并建立联动情况的互评考核，将联动业务收入作为各子公司的重要考核指标。

（二）搭建客户信息共享平台

控股公司应建立面对全集团开放的客户信息管理平台，各子公司和业务部门都将其客户等重要信息在平台上发布，在监管规范的前提下，全集团共享客户信息。客户管理、客户需求，甚至业务发起、风险审核、风险控制都可以在此平台上实现，或至少能够跟踪流程进度。集团依托强大的客户关系管理信息系统和客户整体回报信息系统，引导和保证各子公司和业务部门之间的联动合作，实现各经营单位共享客户信息，有效推动跨公司、跨地域、跨条线开展客户互介，扩大业务联动收入规模。

（三）建立后台系统共享机制

搭建统一的后台共享机制是发挥规模经济的重要手段。母公司的战略管理、人力资源、预算财务和风险管理等总后台部门应改变之前的部门化、碎片化的状态，进一步提升集中化、专业化管理，为各子公司和前台业务部门提供专业支持，可以考虑采取向子公司派驻人力资源、预算财务等人员，实行双线管理。控股公司应逐步构建统一的后台处理中心，实行规模化、集中化运作和管理。有条件的金融控股公司还可以尝试构建统一的 IT 信息系统，实现内部网络化、线上化运营，提高内部管理效率。

（四）制定促进协同的激励考核机制

为促进集团内部协作与业务联动，要改进对客户经理的绩效考核办法。可以借鉴汇丰控股的先进经验，将原来以业绩指标为主的考核体系，调整为"业绩+行为评价"的考核办法。既考核客户经理做了什么，又评价如何做的。以活动、控制、价值观和行为来评价员工的业绩，引导客户经理着眼长远，主动协作，培育业务联动的文化导向。为鼓励各子公司间开展交叉销售，母公司要制定促进交叉销售的激励考核体系，将交叉销售作为重要的考核指标。要注重从机制上保证和引导各子公司之间加强业务联动，充分利用分润和影子记账机制。控股公司应建立全面、细化、完备的分润和影子记账机制，并根据实际情况进行动态调整和优化。任何一个子公司或业务部门向子公司和业务部门提供产品和服务或推荐客户，都会商定清晰的、当年及后续年份的分润比例或影子记账机制。

（五）集团内部采取项目团队制

通过组建专项团队的方式来加强子公司联动、推进综合金融服务是较为合适的一种选择，专项团队应包括前、中、后台人员，特别是中、后台人员可以提前介入，对可能产生的风险提前加以分析。要建立内部专家库，建立集团内部人才市场，通过自愿报名、审核把关相结合的方式，建立内部专家人才库，专家库囊括各子公司的前、中、后台人员，以供组建专项团队时选择。项目团队由客户部门牵头成立，实行专项激励、专项考核、专项资源配置。

二、建设全面风险管理体系

（一）我国金融控股公司面临的特殊风险

结合我国各类金融控股公司的运行特点，其所面临的特殊风险主要有交叉传染风险、关联交易风险、资本重复计算风险和高杠杆风险。为加强业务协同，金融控股公司各子公司一般都是统一品牌、统一后台，很多时候各子公司共同服务于同一客户，因而"一荣俱荣，一损俱损"，金融风险容易在集团内部蔓延。当集团某一家子公司发生重大经营问题时，其他子公司甚至整个集团都可能因此受到牵连。具体传导路径有声誉传染、流动性传染两种。由于集团各子公司使用同一品牌，当一家子公司出现重大事故导致声誉受损、客户信任度下降时，其他子公司和整个集团的声誉和形象都会下降，面临失去客户信任的风险。由于对集团内各子公司存在业务关联和资金关联，当某家子公司出现严重流动性紧缺时，控股公司一般会动用集团的所有资金，甚至从其他子公司调用资金来挽救该子公司。一旦处置不当，整个集团都可能面临较大的流动性风险。

控股公司各子公司之间、母子公司之间可能的关联交易包括资金相互划拨、相互担保、相互抵押、关联贷款甚至相互转移利润（出于避税的需要）。比如，银行子公司向证券、保险子公司提供贷款支持；银行、保险子公司利用自有资金或理财资金大量迈入证券子公司承销的债券或股票。这些关联交易往往是在推进业务协同的过程中发生的，有不少关联交易出于业务协同、提升综合服务水平的需要，是符合监管规范的，但也有部分关联交易存在很大的风险隐患，应予以高度重视。对于产融结合的控股公司来说，关联交易还包括金融类子公司向非金融类子公司提供不符合商业原则、违反监管规定的融资支持，进而致使金融类子公司承担了较大的信用风险，对资金提供者的利益构成损害。

有不少金融控股公司的股权结构复杂，有的控股公司各子公司还存在相互持股的现象。为了提高资金使用效率，母公司和子公司可能会多次使用同一资本。这意味着集团的净偿付能力可能会远低于各子公司名义上的偿付能力之和。例如，在各子公司存在交叉持股的情况下，银行子公司出资 20 亿元参股保险子公司，保险子公司在计算自身资本时，这 20 亿元确实是其资本金，但整个集团的合并资本并未增多，在合并时这 20 亿元要扣除。

高杠杆风险与资本重复计算有关。在多数情况下，母公司的资本是通过发行债券筹集的，母公司再用这种负债资本投资控股子公司，从而形成了双重的财务杠杆。如果子公司再把自己的资本投资控股另一家次级子公司，进一步形成了多重杠杆。一般来讲，只要符合行业监管要求，这种同一资本使用多次的运作模式有利于业务拓展，但其潜在的风险隐患不容忽视。由于控股导致同一资本来源在集团内部被同时用于多个法人实体投资，这导致控股公司在资本充足问题上存在很大的潜在风险。

（二）确立审慎的风险偏好和风险文化

鉴于所面临风险的复杂性，金融控股公司要从战略高度出发构建"依法合规、稳健经营"的风险文化，将全集团的认识统一到风险与收益的均衡发展上来。以风险文化纽带协调前中后台和各子公司间互助互信、协同联动、服务客户、管控风险的一致行动，推动风险文化向经营管理全方位渗透。要充分发挥各级经营管理层作为风险文化建设策划者、组织者和推动者的作用。将稳健经营的理念有效融入政策、制度、系统、流程、工具等，与业务实践更紧密结合，使风险文化的愿景、核心价值观、内涵等成为所有员工共同的行为指引和自我约束。应从基础理念、业务技能、专业管控和高级管理四个方面出发，对集团全体员工实行差异化、针对性的风险管理培训，持续推动风险养成教育。制定与集团战略相适应的审慎风险偏好，将董事会风险容忍度与日常管理衔接起来。一定要将集团风险偏好分解传导到所有子公司。

（三）建立起垂直独立的风险管理架构

借鉴国际先进同业在风险内控上的先进经验，我国金融控股公司应尝试建立矩阵式的风险管理模式。在这一架构下，控股公司母公司建立综合性的风险管理部门，负责对全集团进行全面风险管理，主要职责包括统一风险管理政策制定，客户统一授信，风险管理系统的开发等。各子公司和业务条线分别建立自己的风险管理部门，负责各自公司和条线的风险管控。各子公司和业务部门的风险控制人员主要对母公司的风险控制官负责，向其汇报本公司和业务条线的风险管控情况，不对其所在子公司负责人和业务条线主管做主要汇报。这种以垂直管理为主、横向管理为辅、具有较强独立性的矩阵式的风险管理架构对母公司的风险管理能力提出很高的要求。母公司的风险控制人员要对各子公司、业务条线甚至不同区域的风险情况有足够的了解，以防止"一刀切"式地进行风险管控，阻碍业务发展。

（四）重点打造有效的风险隔离机制

交叉传染和关联交易是金融控股公司特有的风险，控股公司应高度重视这类风险控制，必须打造一套健全、有效的风险隔离机制。具体来看，这一套风险隔离机制应包括资金、业务、信息和人事四个方面隔离或限制机制。资金隔离是对母子公司以及子公司之间的资金运作和流动加以限制，以防止这类资金流动给客户利益带来伤害。除了法定的股权投资以外，应禁止在集团内部随意调集资金，特别是要防止使用银行的资金无限制地支持证券和保险子公司。业务隔离是对各子公司开展联合营销、交叉销售以及子公司之间的交易加以限制，其主要举措应包括：集团内各子公司之间的交易应坚持商业原则和公平标准，防止利益输送；对子公司之间的交易（如银行对证券和保险公司提供贷款）要有总量限制；等等。信息隔离要求金融控股公司对跨公司的信息传递和流动加以规范和限制。各子公司间的信息共享应仅限于服务客户所需的相关信息，其他如涉及客户隐私的信息一律禁止共享和流动。人事隔离是指对各子公司的人员相互兼职和流动加以规范和限制。除了各子公司的高管可以相互进入对方董事会以外，其他人员应禁止相互交叉任职。

风险隔离机制的设立要注意把握好度。隔离过严会阻碍业务协同，降低经营效率，不利于协同效应的发挥；隔离过松则会带来风险隐患，不利于稳健经营，甚至形成致命的风险事件。金融控股公司的风险隔离机制首先应符合监管要求，不能突破监管底线。在此基础上，控股公司应结合自身的业务特点特别是各子公司的行业特点，来制定同时满足自身风险偏好和监管要求的关联交易、资金互转等旨在推动内部协同的规范和守则，并根据实际情况变化进行及时的修正和调整。在设立了风险隔离机制后，还应建立一系列监督、检查、培训、评价等配套措施，以确保风险隔离措施落到实处。

参考文献

［1］曹建华.资本监管与银行风险行为：一个理论模型［J］.探索，2012（2）:99–103.

［2］陈小荣，尹继志.金融控股公司监管研究——美国经验及其借鉴［J］.湖北社会科学，2013（12）:103–107.

［3］封世蓝，孙妍，邹文博.中国金融控股公司的经营绩效和风险研究［J］.贵州财经大学学报，2015，33（3）:49.

［4］黄强.中国金融控股公司发展模式研究：基于效率与风险视角［M］.北京：中国金融出版社，2013.

［5］姜立文.美国金融控股公司加重责任制度评析［J］.山东科技大学学报(社会科学版)，2004，6（4）:64–68.

［6］交通银行金融研究中心课题组.日韩金融集团综合经营管理模式评析［J］.新金融，2016（8）:16–20.

［7］李晗.论我国金融控股公司风险防范法律制度［M］.北京：中国政法大学出版社，2009.

［8］李志辉，李源，李政.基于Shapley Value方法的金融控股公司综合经营风险评估研究——以光大集团和中信集团为例［J］.南开经济研究，2015（1）.

［9］凌涛.金融控股公司监管模式国际比较研究［M］.上海：上海三联书店，2008.

［10］凌涛，张红梅.美国金融控股公司伞形监管实践对中国的启示和借鉴［J］.金融研究，2007（2b）:56–68.

［11］刘东平.金融控股公司法律制度研究：以金融效率与金融安全为视角［M］.北京：中国检察出版社，2010.

［12］宋建明.金融控股公司理论与实践研究：发达国家与中国台湾地区经验借鉴［M］.

北京：人民出版社，2007.

［13］唐建新，杨乐，黄琼.我国金融控股银行与非金融控股银行经营绩效比较研究［J］.财会通讯，2010（6）:73-76.

［14］田田，华国庆，杨辉.中国金融控股公司立法若干问题研究［J］.江淮论坛，2004（2）：48-55.

［15］夏斌.金融控股公司研究［M］.北京：中国金融出版社，2001.

［16］谢平.金融控股公司的发展与监管［M］.北京：中信出版社，2004.

［17］熊鹏.金融控股公司背景银行的经营绩效研究［J］.财经论丛(浙江财经大学学报)，2008（1）:51-58.

［18］徐文彬.金融控股公司发展与监管研究［M］.北京：经济科学出版社，2013.

［19］赵珈，王翠琳，许菡等.政府监管、市场约束对商业银行风险的影响［J］.财会月刊，2015（5）.

［20］张春子，张维宸.金融控股集团管理实务［M］.北京：机械工业出版社，2010.

［21］张涤新，邓斌.金融危机冲击下我国金融控股公司的经营绩效——微观主体风险控制权配置的视角［J］.管理科学学报，2013，16（7）:66-79.

［22］张慧智，翟舒毅，刘雅君.金融控股公司监管研究——韩国的经验与启示［J］.学习与探索，2016（9）:112-117.

［23］张红梅.德国金融集团的监管［J］.上海金融，2008（4）:74-77.

［24］张睿光.金融控股公司之绩效评估：以银行、证券、保险为例［R］.台湾侨光技术学院管理研究所硕士班毕业论文，2006年6月.

［25］张宇驰，揭月慧.监管改革、银行竞争与风险承担［J］.财经问题研究，2011（10）:52-59.

［26］牛锡明.大型银行应更好地服务实体经济发展［J］.新金融，2012（4）.

［27］牛锡明.把改革创新作为推动转型发展的一把关键钥匙——访交通银行董事长牛锡明［N］.金融时报，2014-10-16.

［28］牛锡明.深化银行内部经营机制改革 推动现代金融企业制度建设［N］.第一财经日报，2015-08-13.

［29］牛锡明.持续推进银行改革与转型［J］.中国金融，2015（14）.

［30］牛锡明.完善中国特色大型商业银行公司治理机制［N］.人民日报，2015-09-30.

［31］牛锡明.在利率市场化环境中防控金融风险［N］.第一财经日报，2015-11-20.

［32］彭纯.金融业对外开放重大举措既有机遇也有挑战［N］.第一财经日报，2018-06-25.

［33］彭纯.优化资产负债管理 推动银行转型发展［N］.金融时报，2014-04-25.

［34］侯维栋.增长的力量——中国商业银行产品创新管理［M］.北京：中国金融出版社，2011.

［35］交通银行金融研究中心.金融危机中的思考［M］.上海：上海远东出版社，2010.

［36］连平.10问中国金融—改革 开放 问题 风险［M］.北京：中国经济出版社，2015.

［37］连平等.利率市场化：谁主沉浮［M］.北京：中国经济出版社，2014.

［38］连平、周昆平.科技金融驱动国家创新的力量［M］.北京：中信出版集团，2017.

［39］连平.跨越与转型——从货币银行视角看宏观经济金融［M］.北京：中国经济出版社，2012.

［40］交通银行金融研究中心.转型求变——中国经济与商业银行的转型发展研究［M］.上海：上海远东出版社，2013.

［41］陈金融.浅析我国金融控股公司主要问题及监管建议［J］.上海金融，2007（1）.

［42］葛兆强.我国金融控股公司的构建：制度基础与途径选择［J］.当代经济科学，2001（2）.

［43］孔令学.中国金融控股公司制度研究［M］.北京：经济日报出版社，2005.

［44］霍爱英.金融控股公司的风险传递及其控制［J］.企业经济，2007（11）.

［45］刘翠兰：美国混业经营六年实践［J］.银行家，2006（4）.

［46］美国金融危机调查委员会著，俞利军、丁志杰等译.美国金融危机调查报告［M］.北京：中信出版社，2012.

［47］宋建明.金融控股公司理论与实践研究［M］.北京：人民出版社，2007.

［48］田志明.高盛、摩根士丹利转为银行控股公司：五大投行尽没［N］.南方日报，2008-09-23.

［49］王鸿.以金融控股公司作为国内商业银行混业经营的阶段性战略选择［J］.北京工商大学学报（社会科学版），2004（3）.

［50］王鹤立.我国金融混业经营前景研究［J］.金融研究，2008（9）.

［51］谢平等.金融的变革［M］.北京：中国经济出版社，2011.

［52］杨勇.金融集团法律问题研究［M］.北京：北京大学出版社，2004.

［53］姚宁、郝鹏.我国银行业金融控股公司风险影响因素研究［J］.现代管理科学，2009（9）.

［54］张春子.后金融危机时代金融控股集团的发展趋势［N］.金融时报，2010-01-05.

［55］周小川.稳步推进金融业综合经营试点［J］.银行家，2006（7）.

［56］周庆维.我国商业银行混业经营模式的现实选择：金融控股公司［J］.冶金经济与管理，2000（2）:22-24.

［57］安志达.金融控股公司——法律、制度与实务［M］.北京：机械工业出版社，2002.

［58］方洁、漆腊应.地方金融控股公司发展模式研究［J］.财贸经济，2004（2）.

［59］曹毅.金融控股公司的整合研究［D］.复旦大学博士学位论文，2005.

［60］谢俊.金融控股公司之风险管理与资本配置［D］.台湾国立政治大学，2003.

［61］肖振宇、胡挺.金融控股公司的风险度量［J］.统计与决策，2007（7）.

［62］Barbara Casu, Claudia Girardone. Financial conglomeration: efficiency, productivity and strategic drive［J］. Applied Financial Economics, 2004, 14(10):687-696.

［63］Barth J R, Caprio Jr G, Levine R. Banking systems around the globe: Do regulation and ownership affect performance and stability?［M］//Prudential supervision: What works and what doesn't. University of Chicago Press, 2001: 31-96.

［64］Berger A N, Hasan I, Zhou M. The effects of focus versus diversification on bank performance: Evidence from Chinese banks［J］. Journal of Banking & Finance, 2010, 34(7):1417-1435.

［65］Boyd J H, Graham S L, Hewitt R S. Bank holding company mergers with nonbank financial firms: Effects on the risk of failure［J］. Journal of Banking & Finance, 1993, 17(1):43-63.

［66］Casu，Barbara and Philip Molyneux. "A comparative study of efficiency in European banking"，Working Papers，Financial Institutions Center at the Wharton School，2001.

［67］Clark，J. "Economic cost. Scale efficiency and competitive viability in banking"［J］. Journal of Money，Credit & Banking，1996(28):342–364.

［68］Das T K，Teng B S. A risk perception model of alliance structuring［J］.Journal of International Management，2001(7):1–19.

［69］Dyer J H，Singh H. The relational view: cooperative strategy and sources of interorganiztional competitive advantage［J］. Academy of Management Review，1998(4):660–679.

［70］Ellul A，Yerramilli V. Stronger risk controls，lower risk: Evidence from US bank holding companies［J］. The Journal of Finance，2013，68(5): 1757–1803.

［71］Federal Reserve System. Revised bank holding company rating system［J］. Federal Reserve Bulletin，2005.

［72］Fama，E.F. and K.R. French. Value versus Grwoth: The International Evidence［J］. Journal of Finance，1998(53):1975–1999.

［73］Mishkin F S. Financial consolidation: Dangers and opportunities［J］. Journal of Banking & Finance，1999，23(2—4):675–691.

［74］Stiroh K J，Rumble A. The dark side of diversification: The case of US financial holding companies［J］. Journal of Banking & Finance，2006，30(8):2131–2161.

［75］Ting H I. Financial development，role of government，and bank profitability: evidence from the 2008 financial crisis［J］. Journal of Economics & Finance，2017，41(2):1–22.

［76］Verweire，K.. Performance consequences of financial conglomeration with an empirical analysis in Belgium and the Netherlands［D］. University of Ghent，1999.

255

附录 1　我国部分企业集团产融结合案例分析

一、"资产配置"模式：以复星集团为例

（一）复星集团介绍

复星集团是一个涉足医疗、房地产、零售等产业领域及保险、资管、银行、券商等金融全牌照的综合性金融控股企业集团。目前，复星集团主要平台是在香港上市的复星国际。复兴国际旗下主要有两个板块：综合金融板块和产业运营板块。综合金融板块下分为保险、投资、资本管理，银行及其他金融业务。产业运营则包括健康、快乐生活、钢铁、房地产开发和销售，资源等。复星集团的股权结构和旗下复星国际具体产业布局见图附 1-1 和图附 1-2。

（二）现有组织结构特点

事业型金融控股模式。 子公司业务板块和母公司分别上市。集团公司复星国际在香港上市，旗下控股子公司复星医药、上海钢联、豫园商城、汉南矿业等在国内上市。

两大板块收入贡献相当，发展均衡。 以 2016 年复星国际的年报来看，综合金融板块总收入 304.69 亿元人民币，其中以保险板块贡献最多，

收入为 276.4 亿元人民币；产业运营板块收入为 439.68 亿元人民币，板块中各行业收入占比均匀。

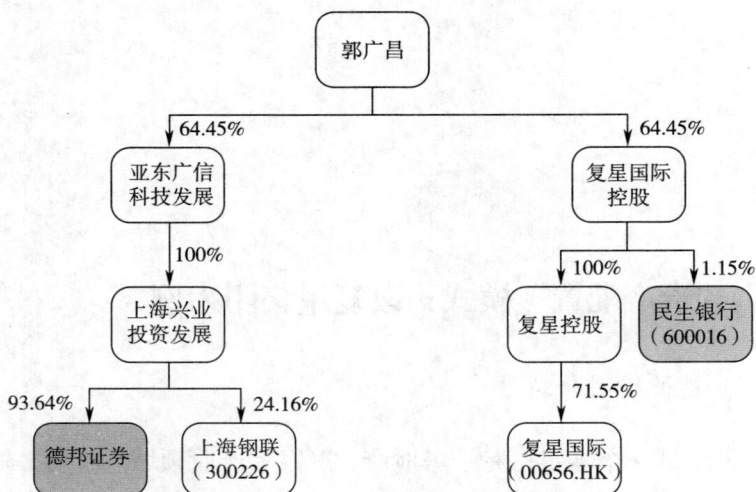

图附 1-1　复星集团股权结构

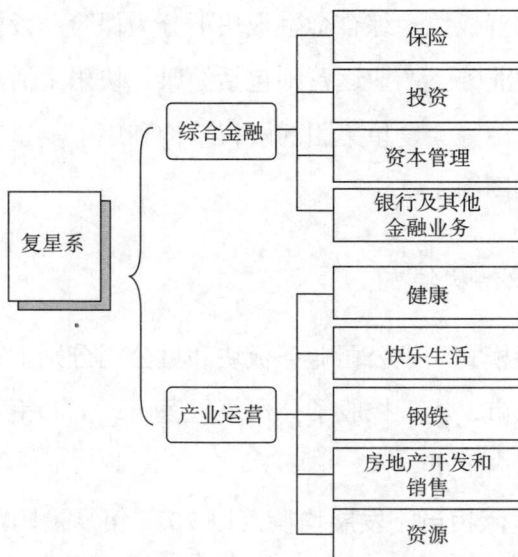

图附 1-2　复星国际的产业布局

（三）复星"产融结合"之路

第一阶段：快速扩张规模，缓解融资约束。1998 年，子公司复星实业上市后就控股、参股了 32 家企业，除了传统的医药及房地产企业外，还大举进入钢铁领域和商贸流通领域。复星集团积极利用旗下控股的四家上市公司复星实业、复地集团、南钢股份、豫园商城的上市平台，通过 IPO、增发、可转债等方式获得的资金进行规模扩张。这个阶段，以实体为主的复星集团通过持股金融机构，开启早期的产融结合模式。其在 2000 年前后陆续间接参股了兴业证券、兴业银行、上海银行、招商银行等金融机构。2003 年，注册成立德邦证券，为复星集团进一步开拓金融领域迈出了重要的一步。通过参股金融机构，为复星集团融资及资金流通提供了便利。如通过兴业证券席位进行国债交易，以托管资金的担保向兴业银行进行融资等。总体来说，这个阶段的产融结合程度很低，利用的金融资本也主要以银行证券为主。

第二阶段：以资本手段促进战略产业发展壮大。随着复星母公司复星集团 2007 年在香港联交所主板整体上市，其融资约束得到很大的缓解，金融资产的稀缺性和高盈利开始受到复星集团的关注，2007 年，复星集团入股永安保险，其可观的保费对复星集团在金融领域的发展有着重要意义。德隆系的倒塌，也使复星集团对于使用自有资金进行扩张的模式有了新的反思，开始主动把握现金流较好的消费及服务领域。与此同时，复星集团先后建立了复星创富、复星创业投资管理有限公司和上海复星谱润股权投资企业三个私募股权平台，尽可能地利用社会资本进行投资扩张。例如，与凯雷集团合作使其投资市场扩展到全球范围；其在 2015 年投资分众传媒，22 个月后投资退出部分实现了投资资金 2.6 倍的增值收益。这个阶段，其产融模式更多地采用一种以金融手段促进产业投资收益的模式。通过对相关行业发展前景良好的企业进行股权投资以寻求被投资企业的财务回报最大化。

第三阶段：海外扩张，寻求全球资产配置。2011 年开始，随着复星集团的不断发展壮大，其投资活动需要的现金流已经无法再靠以往的分红和直接投资获得满足。复星集团开始建立资产管理平台，通过资产管理业务对地方资金进行募集管理以获得管理费和投资收益，发挥投资能力。在集团内部创建财务公司来整合集团内部的资金使用和资金效率。收购恒力证券以及部分杭州金投租赁股权，在互联网金融方面也有布局。同时复星集团大力发展保险业，借助保险资金长期稳定的特点来对接长期优质资本，为集团带来更多收益。复星集团在原有的永安保险基础上成立了上海航运保险运营中心开展航运保险业务，利用中国开放程度的加大投资海外保险资产。复星集团通过与美国保德信金融集团共同持股创立的复星保德信人寿为客户提供个人保险产品与相关服务，并取得了鼎瑞再保险、复星葡萄牙保险、Ironshore 以及 MIG 的股份。在业务板块方面，复星集团开始布局全球娱乐、时尚、大健康、大养老等优质标的产业，以中国动力嫁接全球资源。其在 2010 年收购 Club Med 旅游，以帮助中国人全球旅游。在 2011 年成为 Folli Follie 的第二大股东，以实现珠宝在中国的销售。这个阶段，通过在全球范围内寻找稳定低廉的资金同时匹配相应期限的优质资产，其产业板块和金融板块开始平行协调发展。产融结合也更多地表现出一种资产配置的产融模式。

（四）"资产配置模式"下的优势和潜在风险

复星集团的产融结合模式是一条产融不断深化，并最终达到相互融合、平行发展的道路。这一模式将投融资紧密结合起来，形成可以自我运行的封闭系统。一方面，其能够利用全球的金融资本优化负债结构，获得稳定低廉的融资成本；另一方面，可以在全球范围内寻找优质资产进行配置，最大化利用社会资本进行外延式扩张。

但是这种模式在现实中也会遇到一些挑战：**首先，资产配置模式对于**

资金管理的要求严格。 资产配置模式要求对于资产和负债进行完美配置，因此对于资金的分配和投放有着极高的要求，需要保持动态的现金额度流量，以预防特殊冲击造成资金缺口，进而引发财务风险。**其次，资产配置模式对于投资能力要求较高。** 需要专业的人才和管理团队，对于未来有比较好的预判能力，很多企业无法满足。**再次，资产配置模式受到系统风险影响更大。** 由于企业集团的金融业务板块与整个金融系统的稳定密切相连，一旦企业集团的金融业务出现风险，很可能带来整个金融系统的动荡。**最后，资产配置模式本身面临多种不确定风险。** 这种风险包括不同国家之间的政策差异和文化差异。同时各国之间的政治因素也会使得海内外资产的投资存在风险。

二、"地产金融模式"：以绿地集团为例

（一）绿地集团介绍

绿地集团是一个以房地产开发为主，多元产业并举的世界500强综合性企业集团。旗下共有三个板块：大基建、大金融和大消费。大基建板块主要包括房地产开发和工程施工。大金融板块包括集团下设的绿地金融投资控股集团和香港上市的绿地香港。大消费板块主要包括进口商品直销、酒店旅游等。其在金融板块方面，已经拥有或参股银行、信托、证券等金融机构并谋求海内外金融全牌照。绿地控股具体产业布局见图附1-3。

（二）现有组织结构特点

类似事业型金融控股模式。 母公司上市，子公司金融板块部分上市。母公司绿地集团在2015年上海证券交易所借壳上市，主营房地产业务。子公司绿地香港在香港上市，子公司绿地金融控股投资公司不上市。

```
                        ┌──────────┐
                        │  绿地控股  │
                        └──────────┘
              ┌──────────────┼──────────────┐
              ▼              ▼              ▼
        ┌─────────┐   ┌─────────┐   ┌─────────┐
        │  大金融  │   │  大基建  │   │  大消费  │
        └─────────┘   └─────────┘   └─────────┘
          ┌─────┴─────┐
          ▼           ▼
    ┌─────────┐ ┌──────────────┐
    │ 绿地香港 │ │  绿地金融控股  │
    └─────────┘ └──────────────┘
```

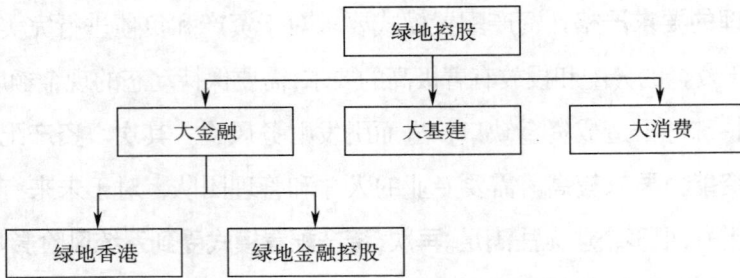

图附 1-3　绿地控股产业布局

金融板块收入突飞猛进。2015 年绿地集团金融板块利润为 30 亿元人民币，达到绿地集团利润总额的 30%，2016 年实现净利润 39 亿元人民币，超过绿地集团利润总额的 30%。

（三）绿地集团"产融结合"之路

绿地集团的产融结合之路是从 2011 年成立全资子公司绿地金融控股公司开始的，主要围绕其房地产业务，在境内和境外同时展开

在国内市场，通过绿地金融控股集团，形成"资金＋资管"的金融产业链。绿地金融控股集团成立以后，成功持有锦州银行、东方证券和上海农村商业银行等多家金融机构的股权，布局国内金融牌照。2015 年收购杭州工商信托 20% 的股权，进而获得信托牌照。同时成立多家小额贷款公司，用于其供应链上下的资金融通和协调。在贵州和黑龙江设立绿地金融资产交易中心和股权交易中心，通过构建交易平台来加快其资产管理业务。绿地金融计划优先收购人寿保险公司，通过在银行、证券、信托、小贷等金融行业的布局，更好地增加房地产资金来源，缓解融资约束。

在境外市场，绿地集团的布局更多的是一种"投资＋投行"的形式。2013 年通过增资扩股，绿地集团正式成为"绿地香港"的大股东，打通

了其国际资本市场的融资平台，通过这一平台，以实现轻资产运行模式，最大程度获得外延式扩张。一方面，其深耕房地产互联网金融。设立线上财富管理业务板块"绿地广财"平台，发行"地产宝""融通宝""置业宝"等产品，更好地用于绿地集团旗下的项目融资，如地产宝首期上线产品以绿地集团位于江西南昌的棚户区改造项目为基础资产，首期发行总规模为2亿元人民币，约定年化收益率为6.4%，产品期限为一年。该产品除拥有绿地品牌优势外，还由安邦财险提供保证保险、保障本金及收益的到期兑付。另一方面，通过设立PPP产业基金更多地参与国内基础设施建设，设立私募基金，以积极参与新兴产业、国企混改等方面的投资。

2016年，绿地金融投资集团有限公司设立绿地（亚洲）证券，以更好地开展境外房地产基金业务，打造全球股权投资基金。其在2016年与新加坡荣耀基金合作设立210亿元的房地产基金（Reits），将旗下的商办物业打包放到海外集资，以最大程度提高固定类资产的流动性。同时利用股权投资基金对全球房地产股权资产进行并购。

（四）地产金融模式的优势和潜在风险

目前来看，绿地集团的地产金融模式，更多的是围绕其房地产主业展开。一方面，金融行业的布局有利于其享受超额收益，使得其在房地产行业发展日渐饱和的情况下，能够获得其他业务增长来平衡收益；另一方面，通过金融牌照的布局，更好地获得稳定的融资渠道，利用资产证券化手段，推动其轻资产运行模式，加快存量资产的流通和运转，有效地匹配资金收入和支出，减少风险。

但是这种模式在现实中也会面临多种挑战：**首先，过度融资的风险**。通过理财产品、信托平台融资会产生过量的表外融资，最终使得房地产企业资产负债率过高而出现财务风险。**其次，技术和监管的风险。**互联网金融无论是技术上还是监管上都还不够成熟，通过推出理财产品进行项目融资容易受到政策波动的影响。**最后，风险传导的风险。**由于其金融板块的资金更多地投入到房地产板块中去，房地产行业的波动容易传染到其金融子公司。如房地产价格的波动会影响到旗下银行、信托、小贷等金融机构的运行，引发挤兑。

三、"立足产业"的投资模式：以联想控股为例

（一）联想控股介绍

联想控股创办于 1984 年，起步于 IT 产业，在大型化发展过程中，其凭借充裕资金流和融资能力积极拓展多元化经营，逐步涉及 IT、投资、地产三大行业。

联想控股的业务主要包含两个版块：财务投资和战略投资。其中财务投资包括联想之星、君联资本、弘毅投资等专门从事高成长潜力的创业型风险投资业务和资产管理业务；战略投资业务聚焦于 IT 产业的联想集团、金融服务、创新消费与服务、农业与食品、新材料等五大领域。联想控股的股权结构和具体产业布局如图附 1-4 和图附 1-5 所示。

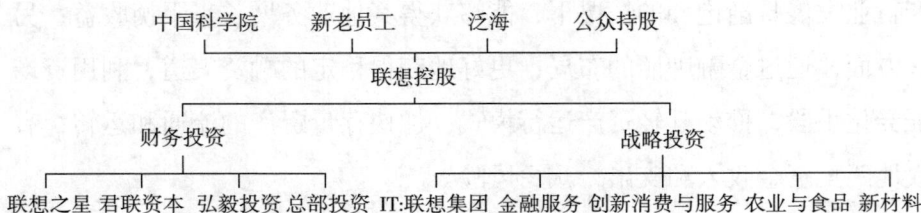

图附 1-4　联想控股的股权结构

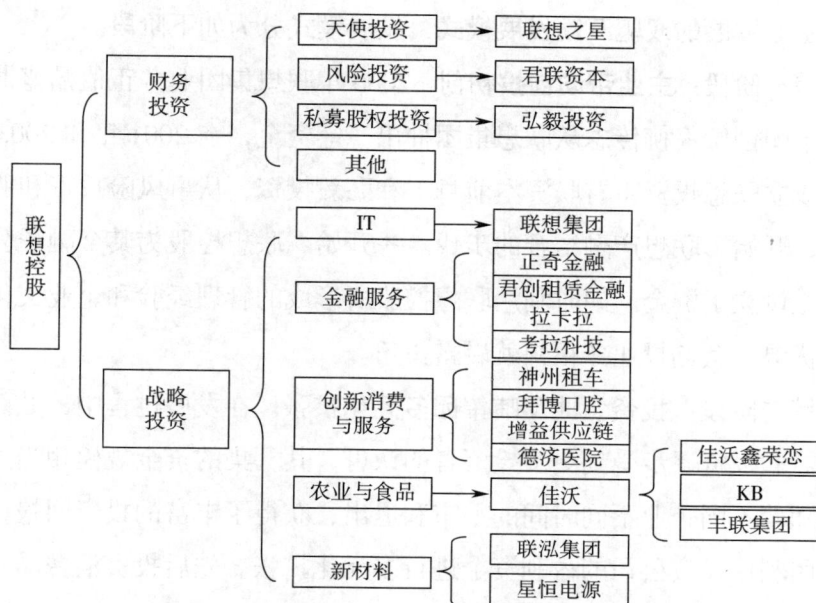

图附 1-5　联想控股的产业布局

（二）现有组织结构特点

纯粹型金融控股模式。母公司联想控股在香港上市，战略投资板块中联想集团在香港单独上市，财务投资板块没有上市。

总体金融板块利润已经占大头。从 2016 年联想控股的财务报表来看，其营业收入为 2 826 亿元，大部分由 IT 业务部门的联想集团提供。净利润 49 亿元中，联想集团仅仅贡献 13 亿元，且有继续下滑的趋势。金融板块的利润为 36 亿元，其中战略核心板块中的金融利润为 16 亿元，大部分来自正奇金融。而财务投资板块利润为 20 亿元。

（三）联想控股的"产融结合"之路

联想控股的产融结合模式是一种"以主业带动关联产业"，以投资

驱动主业发展的双驱互动发展模式。发展模式分为如下阶段。

第一阶段：主业带动创投初创。2000 年联想集团业务正值鼎盛期，联想集团创始人柳传志从联想集团抽出一笔资金，在 2001 年和 2003 年分别成立联想投资（君联资本前身）和弘毅投资，从事风险投资和股权管理，开始了联想产融结合的步伐。一开始，联想控股为其金融子公司的创立设立了资金。同时利用联想控股所形成的管理经验和企业文化等品牌优势，其创投业务很快就崭露头角。

第二阶段：投资企业反哺集团多元化扩张。在发展过程中，弘毅投资和君联投资逐步受到更多投资者的认可，其募集的资金规模相当大，同时随着不同企业不同时间的上市和退出，获得了丰富的投资回报。联想集团利用投资公司的盈利资金进行多元化扩张。先后投资消费品、现代服务业、化工新材料和农业，建立了联想集团在内的 70 多家联想控股成员企业。其旗下手机业务在 2009 年的重新收回，以及 2014 年收购摩托罗拉，都得益于投资公司的资金支持。在这一阶段，联想集团产融结合多元化格局初步形成。

第三阶段：双轮驱动，齐头并进。联想控股在国内和国外继续完善其金融布局。就国内而言，最先在 2008 年入股苏州信托公司 10% 的股权。2012 年成立正奇金融用于小额贷款和信用担保。2015 年又在上海设立君创国际融资租赁公司，同时在互联网金融板块布局考拉科技，获得第三方支付牌照。而在国际金融领域，2016 年联想控股战略投资英国养老保险集团 PIC，进军英国保险公司。2017 年联想控股进一步投资卢森堡国际银行。其国内的金融牌照布局以及国外金融资本的布局开始变得完善。其"战略投资＋财务投资"的产融结合模式变得更加清晰。最具代表性的是其 2012 年收购神州租车的案例。联想控股最初只是利用旗下财务投资进行天使投资，但由于神州租车一直亏损，且其业务有进一步扩展的需要；如果进一步进行股权融资会稀释现有股权，而且君联资本也无法提供进一步的资金支持。于是联想控股利用旗下的战略投资板块进行"股＋债"的投资形式。一方面联想控股进一步投入一部分的股本金，同时以债的形式借给神州一部分现金。另一方面，联想控股还给神州租车提供 10 亿元的担保，帮助其向银行借款。最终将神州租车纳入了其战略投资板块。

（四）投资驱动产融模式的优势和潜在的风险

联想的产融结合模式，有如下几个优势。

首先，为核心业务发展提供了充足的资金。这部分资金既包括参股传统金融行业带来的融资便利，也包括财务投资收益及通过基金募集更多的资金，为集团战略投资提供充足的资金和支持。**其次，增加新的盈利点，保持利润稳定。**联想控股金融板块的盈利能力也很好地弥补了传统 PC 业务利润的下滑，使得集团利润保持稳定发展。**最后，有利于子公司之间的风险隔离。**将战略投资和财务投资分开，财务投资以创投、资产管理为主，以获得资本增值收益为目的；而战略投资则进入集团主营业务范围，两者之间的风险不会进行传导。

但这种模式在现实中依然存在一些挑战。**一是金融控股不足。**联想控股虽然入股了几乎所有的金融机构，但是没有实现有效的控股，因此无法持续稳定地使用低成本资金，这会对其兼并收购造成影响。**二是主业不够突出。**联想控股最初的战略板块是希望围绕 IT 产业进行进一步的科技创新。但是其目前投资标的与其传统的 IT 主业相关程度不高，业务协同需要进一步加强。**三是文化协调存在挑战。**财务投资更多的是 PE/VC 投资，这块具有很高的风险和不确定性，其团队文化可能在某种程度上更为激进和冒险；而其在战略行业，则更加注重盈利的稳健和持续发展。两者在集团层面如何持续有效协调是未来潜在的挑战。

四、产融结合模式的梳理与小结

目前来看，传统企业的产融结合模式有三个层次：第一个层次是企业利用自身优势引入基金，或是参与发起设立，或是和外部进行合作，支持主业快速扩张，但并不同步增加其负债，这可以称为融资表外化、资产轻量化，其更多的是产业资本向金融领域的自然延伸。第二个层次则是企业向相关的金融领域进行业务拓展，利用金融资源来整合产业资源，追求的是保持稳定的现金流，促进产业和金融协同发展。第三个层次则是利用金融资本，将国内市场和国际金融市场对接起来进行匹配，通过主动的风险管理来获得收益。

绿地金融模式偏向于第一种产融结合模式。其利用金融资产来促进融资，同时进行轻资产运作；而联想控股的产融模式，则比较接近于第二种融资模式，通过财务投资来支持战略产业的发展；复星集团的产融模式则接近于第三种模式，其最大的特点在于在全球范围内寻找合适的投资项目，同时相应地在全球范围进行低成本资金募集。其战略投资的保险资金，为其在全球范围内的资产配置奠定了良好基础。

产融模式并没有固定的成功模式，更多地需要因地制宜，与企业的行业属性、发展阶段相适宜。不同的产融模式受到很多因素的影响。

宏观上，产融模式容易受到国家监管政策的影响。无论是资金在全球范围的流动融通还是在全球范围内的兼并重组，都会受到标的国家政策法律的影响。

中观上，产融模式容易受到行业自身特点的影响。比如资产密集型行业更多的需要运用金融手段来增加其资产证券化水平，进而降低其固定资产过多导致的现金流不足，互联网等高科技企业需要利用金融资本去做产业深化和扩展，以进一步增加企业协同优势，构建完整产业链。

微观上，产融模式容易受到企业自身资源禀赋的影响。不同的产融模式，对于企业的资金管理能力、风险控制能力、团队建设和人才培养等方面都有着不同的要求，企业自身的风险偏好也影响着其产融结合的模式。产融结合层次越高，其对于企业的各项能力要求越大，且其风险偏好也更高。

追求单一的产融结合模式，既不科学，也不现实。扩张金融牌照，以构建完整的金融产业链条亦无必要。金融优势的合理利用，会减少由于投资过度产生的财务风险。企业集团的多元化布局，往往涉及子公司之间的关联交易，适合企业集团自身发展的产融模式有利于避免过度的关联交易，加强公司治理，提高集团绩效。

附录2　产融结合的国际案例分析

　　早在19世纪末20世纪初美国就形成了"由融而产型"的产融结合，即金融业向工商业渗透。如摩根财团，凭借其金融资本的雄厚力量，成为垄断的代名词。后来随着反垄断法的颁布和金融市场的不断发展，直接融资取代间接融资成为主导市场，以金融为主导的产融结合时代消失，随之而来的是以产业为主导的产融结合时代，即实业资本选择性地把部分资本由实业转移到金融业，使得金融业与产业互补形成强大的金融核心，最典型的模式为通用电气公司（General Electric Company， GE）、沃尔玛、UPS等。

　　GE作为全球的产融结合楷模，被全球许多企业学习和效仿。GE是全球最大的多元化服务性公司，在100多个国家开展业务，其产品从飞机到发动机、发电设备到金融服务，甚至包括医疗造影等。GE的历史可追溯到1878年，爱迪生创立了爱迪生电灯公司，1892年该公司与汤姆森休斯敦电气合并成立了GE。1981年至2001年，杰克·韦尔奇以"全球化、服务、质量"的发展理念，逐步扩大金融与实业的结合，通过大胆运用多元化经营、跨国并购、金融杠杆等手段，使得GE一度成为美国股票市值最高的公司，并且形成了由七大类业务的工业事业集团和金融事业集团组成的庞大帝国。

纵观 GE 的产融结合史，1981 年开始 GE 的金融业务被纳入企业的主营业务，产业和金融两部分在 GE 的发展中形成了良性的互动。这一过程分为两个阶段：第一阶段主要是 GE 以金融业务支撑产业资本的市场拓展。最初 GE 的金融业务服务于零星的商业信贷，此后，GE 的金融业务逐步涉足消费信贷，消费融资业务促进其生产的电器产品的销售，而随后 GE 金融开始从事设备租赁，并使其拓展到商业地产、工业贷款等领域，并逐步发展成为可承办除个人存款业务之外的所有其他金融业务的非银行金融机构。由于 GE 推出的金融产品与其主业产品有着对应关系，例如，GE 会为产业顾客提供商业设备融资，由于融资的便利将会提升消费者的购买欲望，进而带动主业产品的销量提升，扩大市场份额，且由于对产业板块的产品和服务的了解也使得 GE 金融业务的风险降低。

随着 GE 市场份额的领先，产品市场竞争加剧，市场占有率已经无法保证产品利润的来源，产品利润转向售后服务，因此 GE 产融结合达到第二阶段，即通过金融业务价值附加形成新的利润增长点。GE 提出为客户提供全套解决方案的口号，即为客户提供产品以外的服务，包括多种设备管理企业，从卡车、到飞机，并跨入私人信用卡、房地产等领域。GE 金融资本在满足 GE 自身金融需求的同时，实现了自身的市场化发展，从 2011—2015 年，GE 金融资本在 GE 集团中的营收和利润占有重要的地位，占比维持在 30% 左右。GE 产融结合的模式是充分利用客户信息资源，销售更多种类产品与服务给同一客户，通过售后、租赁、消费信贷等服务获取产业链末端的更多利润。在产融结合战略运行期间，如果

GE 产业板块在某一领域遇到融资困难，GE 金融板块对该产业将提供资金支持；同时，GE 产业板块的良好运营保证了 GE 的 AAA 信用评级，使得金融板块能够从低成本中获益。

尽管如此，2015 年 GE 宣布将剥离旗下 90% 的金融资产，回归制造业。具体措施包括：一是拆分了 GE 金融资本，除了与 GE 相关的金融业务外，其他金融业务全部剥离，GE 只保留航空金融服务、能源金融服务和医疗设备金融，将继续为实体服务的金融业务，分别并入 GE 集团相关业务板块。二是剥离了信用卡业务，通过 IPO 新股上市和换股，以缩减金融业务。三是出售房地产业务，将旗下的房地产业务以 265 亿美元的价格出售给黑石和富国银行。四是减少对 GE 金融资本的投资额度。五是将国际业务并入到新的国际控股公司，申请撤销"非银行系统重要性金融机构"的资格。一方面，2008 年金融危机后，美国加强非银行系统重要性金融机构的监管，GE 无法进行各种高杠杆的金融操作，金融业反而成为负担，同时 GE 金融的评级降为 AA 导致其融资成本升高和利润萎缩；另一方面，GE 出于对宏观环境的判断，提出由"产融结合"到回归"实业制造"的战略转型，把握"工业 4.0"的机遇，从传统制造业厂商向工业数据和服务提供商转移，并面向制造业提供工业互联网系统化的服务。

综观 GE 前后的产融结合战略，其核心在于产业，产业基础必须与产融战略相匹配。GE 产融结合的优势表现在战略协同，实现业务互补。例如，多元投资形成了新的利润点，满足集团战略转型的需要；同时实现业务互补，平滑周期波动。财务协同，例如，拓展融资渠道，降低融资成本等。管理协同，例如，在专业技能，甚至人员方面进行内部共享，进行由产品到解决方案、综合优势的构建。此外，还包括信息平台、行业分析等资源共享。在发展过程中，企业需要明确金融和实业在战略发展中的定位、主辅地位及价值创造方式，实现金融与实业优势互补，发挥各方面的协同效应，才能有效达到产融结合的目的。

产融结合也是一把"双刃剑"，运用不好可能会加大企业的风险。如果企业盲目追求高回报而进入金融行业，则会出现资本由实业部门向金融部门转移、过分追求企业规模的行为。一旦个别风险通过资本流动链条扩散，最终也许会演变成系统性风险。因此，企业要避免过高的金融杠杆对经营产生消极影响。此外，产融结合战略也需要因时而变，根据宏观环境和企业自身情况而调整。在国内，真正基于经营协同考虑的产融战略并不多，集团的产业板块和金融板块很多仍处在相对分割的地位，因此并没有形成真正的有效结合。实际上，石油、电力、有色等高周期性行业目前进入产业低谷，低成本资金和流动性支持都无法有效支持产融结合战略。

附录 3 金融控股公司协同效应及其绩效的实证分析

　　金融控股公司具有较高的协同效应，这是金融控股公司实现规模经济和范围经济的重要基础，也是金融控股公司提高经营效率的重要原因。本部分对金融控股公司的协同效应进行案例分析，并对中国金融控股公司的风险和效率进行实证分析。

一、国际大型金融控股公司协同效应的案例分析

　　金融控股公司协同效应是有限度的和动态变化的，协同效应随价值链中的不同点出现且随时间而不断变化，甚至由于产品／市场内容已经发生变化，可能变成负协同效应。在金融控股公司成立初期，集团开发通用技术、交叉销售、使用共同的销售队伍对多样化产品开展市场营销等手段来获取协同效应，创造这种相互联系的成本要高于所获得的收益，综合表现为负协同效应。经过一段时间后，市场和技术发生重大变化或者特定事业（行业）生命周期发生了变化，管理协调成本增加而收入减少，整体上又表现为负协同效应。正如产品生命周期一样，金融控股公司运营也存在特定的生命周期。金融控股公司发展的目的就是要适时"调整产品"——金融控股公司运营生命周期的形态，持续不断地延长协同效应的时间。金融控股公司运营生命周期见图附 3-1。

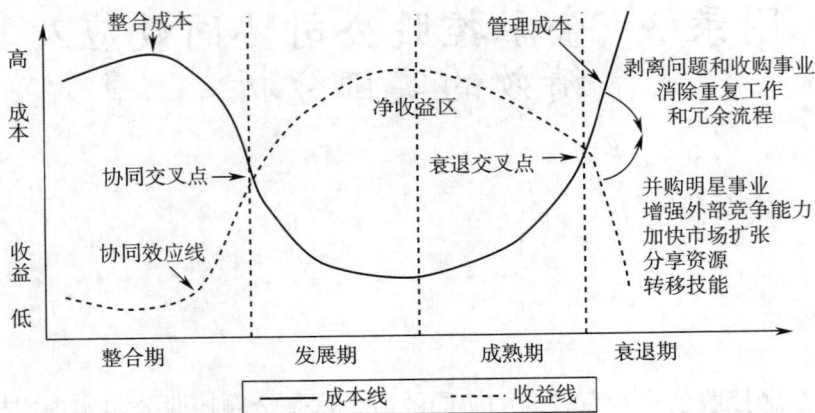

资料来源：作者绘制。

图附 3-1　金融控股公司运营生命周期

（一）样本选取

在此，选取花旗集团、摩根大通、瑞银集团、瑞士信贷、德意志银行、美国银行和汇丰控股七家国际大型金融控股公司为样本，分析金融控股公司的协同效应。

总体来看，大力发展投资银行和财富管理事业，提高其综合贡献度是全部样本集团的两项核心战略。样本集团与绝大多数美国金融集团一样，对保险风险承保和理赔活动参与较少，至多参与分销活动（作为大零售金融或发展资产管理业务策略一部分，以及在新兴市场进行市场扩张除外）。这涉及银行到底与何种业务配合是较佳的组合。金融控股公司事业组合的选择是股东价值最大化目标函数，是在管理技能和合规约束条件下自然选择的结果。从协同效应角度看，管理技能和资源稀缺性限制了银行保险的协同效应的充分发挥，或者说这种协同不及银行与其他业务。金融控股公司通过设计相互增强的事业组合能够创造运营协同，但是集团所参与的事业种类与整体绩效成倒 U 形关系，如果多元化过度可能导致分享和整合资源的协作成本超过所创造的协同效应，陷入负协同效应。

表附 3—4 样本集团的基本特征比较

名称	组织模式	事业组合	总部所在国	国际化程度
花旗集团	纯粹型金融控股公司	银行、投行、财富管理	美国	非常高
摩根大通	纯粹型金融控股公司	银行、投行、财富管理、资产管理	美国	高
瑞银集团	事业型金融控股公司	银行、投行、财富管理、资产管理	瑞士	高
瑞士信贷	纯粹型金融控股公司	银行、投行、财富管理、资产管理	瑞士	高
德意志银行	德式全能银行	银行、投行、财富管理、资产管理	德国	高
美国银行	纯粹型金融控股公司	银行、投行、财富管理、资产管理	美国	一般
汇丰控股	纯粹型金融控股公司	银行、投行、财富管理、资产管理、保险	英国	非常高

资料来源：作者整理。

（二）评价方法及结果

对样本集团协同效应度量采用三种评价方法：一是市值标准。金融控股公司协同效应的竞争优势最终反映在市值上，七家样本集团市值都在全球金融业中位居前十五名，说明样本集团综合经营创造了协同效应。二是各项事业相对实力排名等横向评价方法。如果投行等各项业务排名高，反映银行带动相关事业又好又快地发展，说明具有协同效应；反之，各项业务实力平平，说明没有协同效应或者较少。1999—2006 年全球股票及股票挂钩票据承销金额排名（股票承销是投行的品牌业务，最能反映投行业务专业化程度和竞争实力的高低），除美国银行和汇丰结果差强人意外，其他五家样本公司都位列全球十强；样本集团都是全球十大财富管理人。三是分析是否存在相关的重组事宜。如果有重大剥离活动，便说明整体协同效果不好。尽管样本集团一直不断进行小规模并购和剥离重组活动，但是总体趋向采取一种有限多元化战略，对核心事业的追求始终未变。

十亿欧元

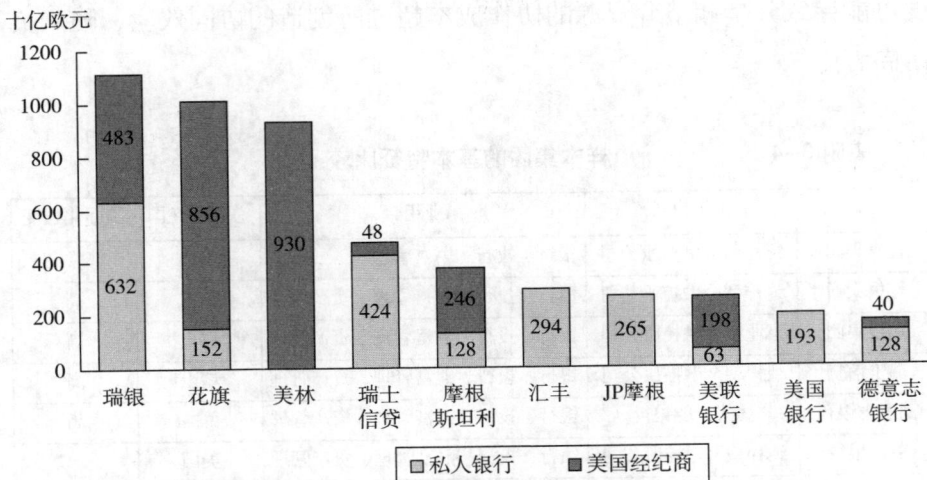

注：摩根斯坦利投资资产是根据德意志银行的估计。
资料来源：Scorpio Consulting。

图附 3-2　全球主要财富管理人的投资资产

表附 3-5　　　　　全球股票及股票挂钩票据承销金额排名

单位：亿美元

承销商 \ 年份	1999	2000	2001	2002	2003	2004	2005	2006	2007
花旗集团	5	5	3	2	2	3	1	2	2
瑞银集团	7	7	6	7	4	5	4	3	3
摩根大通	9	9	9	8	3	6	6	6	1
瑞士信贷	4	4	5	5	6	8	8	7	7
德意志银行	6	6	8	6	8	7	7	8	8
美国银行	25	16	11	10	10	13	15	13	11
汇丰银行	17	29	31	23	23	21	14	19	14

数据来源：Bloomberg。

按上述评价方法，花旗、瑞银的协同效应最大，投行业务以及整体竞争优势进步明显。摩根大通的投行业务竞争优势上升，协同优势下的财富发展尚可。德意志银行和瑞士信贷次之，前者转型为投行比较彻底，但是协同优势带动零售银行、财富管理和资产管理业务发展的作用不强；

后者的投行地位近年略有下降，其他相关业务也增长缓慢。汇丰控股和美国银行的协同效应还没有充分发挥，主要评判依据在于投行业务排名长期摇摆不前，困难较多。

（三）创造协同效应的举措

通过分析样本集团所取得的协同效应，我们认为业务线事业部制主导的组织结构、交叉销售、共享资源、技能转移、金融创新、品牌管理、风险和资本管理、信息技术、地域扩张和人力资源管理是创造协同效应的具体举措，具体如下。[①]

一是业务线事业部制主导的组织结构。在制度上保证综合经营创造协同效应，需要高效的资源配置行动、灵活的市场开拓能力以及集约经营的控制管理，样本对象普遍建立了业务线（或产品线）事业部主导的管理体制（汇丰控股组织结构的地区色彩更强一些）。例如，花旗集团采用了业务和控制全球化的矩阵式组织结构。[②]

业务线事业部制主导的组织结构以优化业务和区域经营为最终目的，在结构上按核心业务为纵向构架，组织延伸和扩张，以区域（或地区）为横向构架，进行协作支持。这种组织结构方便以产品线为利润中心，以区域为成本中心，以综合性服务团队有效组织管理并有效整合业务和区域资源，同时能够做到借助公司总部职能中心的支持，依靠与客户结成伙伴关系，由事业部门、地区部门、职能（或流程）部门形成的核心支柱，坚定地支持着操作层。从自上而下的沟通和自上而下的控制上来看，某一业务在某一地区的负责人必须同时向两个上层领导负责，即专业技术和经营利润向产品线领导负责，经营和财务活动向地区领导

[①]文化冲突是制约协同效应发挥的重要原因，但文化冲突管理也包含在前述因素中，所以没有单列。
[②]花旗集团成立至今进行了五次大的管理结构调整。

负责的双向负责制。这样不仅优化了管理链条过长、横向不交叉的状况，也能够取得制度优势，有助于实现跨事业协同，获得更大的增长潜力。

二是注重交叉销售。近年来金融控股公司各种业务日益一体化，这意味着集团的每一个平台都能以自己的产品为另一平台的客户服务，以取得协同效应。样本集团都努力实现前台分销一体化，以交叉销售增加收入，提高客户保持率和削减成本。例如，瑞银集团为了发现更好的客户解决方案而跨事业工作，加强事业组合之间的联系，使其作为一个整体而运作，在2005年瑞银启动了"一个公司"计划：发挥财富管理的咨询优势，使其作为产品提供通道，投行、资产管理以及外部第三方则是产品的生产者，通过提供财富管理咨询的方式，瑞银达到了增加向财富管理客户销售其产品的目的。这种一体化商业模式具有强大的竞争优势，在有效满足私人客户与公司和机构需求的同时，能够释放跨事业部的潜在协同效应，即生产协同、分销协同、客户协同和价值链协同。同时，以市场营销部门为主体，客户经理、产品经理和风险经理密切配合的统一营销模式，有助于组建综合性团队，全面提升交叉销售能力和服务质量。

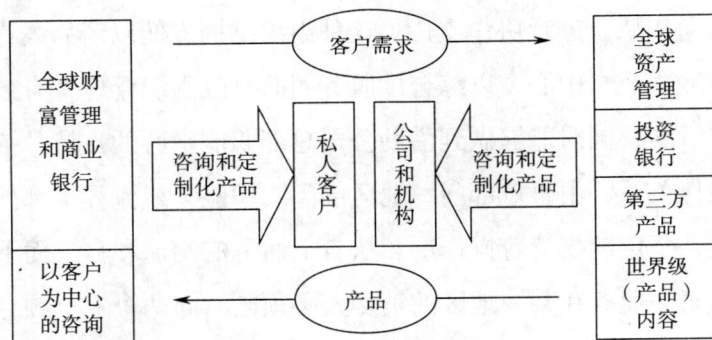

资料来源：作者绘制。

图附 3-3　瑞银集团的"一个公司"计划

　　三是共享资源。除了加强了跨业务部门的协作之外，样本集团还在公司治理、风险管理、财务管理、人力资源管理与信息技术等基础设施领域，保持尽可能集中，以降低成本。在集团总部都设置了功能强大的协调和共享中心，有助于公司分享技术、基础设施以及后勤支持服务，以削减成本，协助各事业部门开发新产品，为客户提供更有效的服务，并分散风险。

　　四是技能转移。技能转移是创造协同效应的较高层级要求。样本集团都能在集团范围内宣传特定部门或机构的先进技能和最佳实践。2003 年收购美国家庭融资公司（Household）后，汇丰控股迅速将其核心技术在集团范围内全面推广，尤其在信用评分与数据开发技术方面，取得协同效应。除了在集团内转移专业技能外，汇丰控股还加强管理技能传播。汇丰控股通过国际经理人的培训及其领导团队的连续性来保证管理技能在集团内的广泛传播，并将这种优势作为向新业务和新市场进行扩张的基础条件。汇丰控股启动了一项人力资源计划，目的是创造具有一种强大团队精神的汇丰控股精英银行家。这些国际经理人构成公司的"组织黏合剂"，组成全球处理团队（Global Processing Team），在全球基础上执行公司治理以完成战略和战术目标。同时，前 35 位执行董事和高管人员具有多年的银行从业经验，反映了管理层的连续性，保证了公司先进技能和文化的继承。

　　五是金融创新。金融控股公司创新活动的成功依靠的是众多员工和职能部门的协作。综合经营本身就是金融机构组织创新的产物，其产生与存在的生命力在于金融创新。样本集团的实践表明，创新与协同效应之间存在着紧密联系。所有七家样本集团都在引进新产品、提供新服务以及创造新商业模式方面居于领先地位。从某种意义上讲，协同效应正是创新的产物，通过开发新产品和服务，不断创造出新的协同效应；同时协同效应反过来提供激励机制为进一步创新提供了有利条件，使金融控股公司较单一化经营的银行具有明显的竞争优势。首先，样本集团注重集成创新，非传统投资是金融服务业中范围最广泛、整合度最高的投资业务。花旗集团是非传统投资领域的传统领导者和创新者：20 世纪 60 年代是私募证券的早期参与者；70 年代首创了最早的管理期货计划之一；80 年代后期率先推出结构化信用产品，并在 90 年代初期推出第一个对冲基金平台。其次，样本集团也非常重视商业模式的创新。例如，花旗集团创造的公司和投行一体化模式（将投行业务与公司银行业务融合在一起，以商业银行的客户关系管理和融资优势支持投行业务发展），瑞银和德意志银行倡导的"私人银行＋投行"的财富管理融合模式等。这些商业模式创新本质上是一种集成创新，通过协同效应的发挥，构造了集体合力，取得了强大的市场竞争优势。

六是品牌管理。品牌是金融控股公司竞争优势的最有价值部分。品牌管理的效益主要是通过统一新的分支机构和部门的名称，在同一品牌下开展新金融业务的方式来实现。2001 年 5 月，花旗集团宣布整合品牌，在下属金融服务企业的名称前面都加上"Citi"的字样，确立"Citigroup"作为主导品牌，以强化构建一体化金融控股公司所需的共同文化。2006 年为了使品牌更贴切大众和"焕发"新生命力，汇丰控股推出品牌重塑计划。汇丰控股在 1998 年 11 月统一集团品牌和建立品牌标识，对所有业务地区均采用汇丰品牌和六角形标识，以加深世界各地客户、股东和员工对集团及其信念的认识。统一的品牌帮助汇丰控股在全球范围内以同一集团形象推出新产品与服务，促进业务增长。2002 年以差异化定位塑造品牌标识，汇丰控股推出唯一的宣传口号"环球金融，地方智慧"，强调汇丰控股与竞争对手的差异在于拥有地方市场的独特专长，而其环球网络和共享最佳作业方式，能创造协同效应。2005 年汇丰控股运用品牌推动业务增长，创立了 HSBC Amanah、HSBC Direct USA、HSBC

France。2006 年国际品牌顾问机构 Interbrand 将汇丰控股评为全球最有价值品牌第 28 位（其在 2002 年尚在全球 100 强外，是发展最快的金融服务品牌），成为继花旗集团和美国运通之后金融业为数不多的国际品牌。

七是风险和资本管理。金融机构的风险管理和资本管理是辩证统一的，资本管理是风险管理的高级阶段，经济资本又是资本管理的高级阶段。金融控股公司是共同所有权结构下多样化事业的组合，其中每种事业具有截然不同的风险状态。金融控股公司的风险和资本管理问题是，确定在单个事业中以及跨事业之间需要多少资本支持风险承担。所有相关利益者对此都非常关注，且侧重点各不相同。金融控股公司风险和资本管理的重大挑战在于：在内部，经理层要求保持风险、资本和收益的综合平衡；在外部，监管者关注金融机构的安全和稳定。金融控股公司的风险状况见图附 3-4。

为了评估多样化金融控股公司的资本要求，需要一种共同标准，以便能够对不同事业线或业务线的风险承担进行比较。样本集团都采用经济资本（EC）作为风险度量的"一般等价物"。按照 EC 方法，金融控股公司或其中某个事业线的风险分为资产风险、负债风险和操作风险三种基本成分，基本成分还可进一步分解。虽然这些风险都具有不同的统计特性，但是经济资本为测量风险承担的程度设定了共同标准。这种标准是根据在累计损失分布中的置信区间，在相同时间期限中评估。由于 EC 模型通常是构建于单个风险因素的特定分析方法，不同风险因素的分析工具不同，EC 框架中一般采用概率论术语来描述风险分布，且在共同的置信区间下设定资本。从而不同风险因素和业务类型的经济资本要求可直接进行比较，评估集团的风险才有意义。应该注意，尽管共同所有权结构一般是以控股公司的形式存在，但并非必要条件，整个集团的经济资本计算和运用通常与特定法律结构无关。

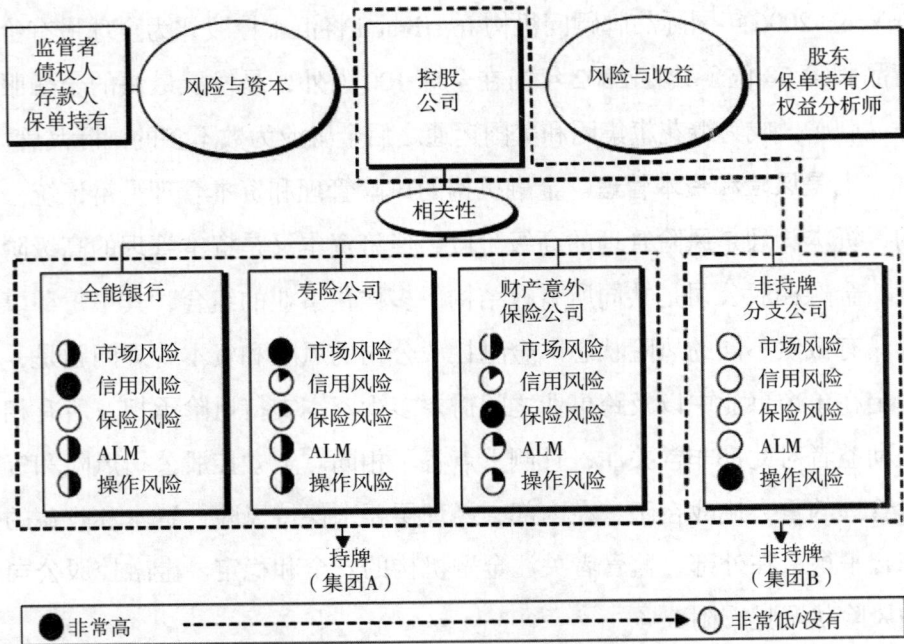

注：ALM(Asset&Liability Management)是资产负债管理简称。
资料来源：作者绘制。

图附 3-4 金融控股公司的风险状况

此外，样本集团普遍建立了集团首席风险官负责集团风险原则的开发、实施和执行职责的制度。同时，集团首席风险官得到集团首席信贷官（Group CCO）、市场风险集团主管和操作风险集团主管的辅助支持。他们共同建立风险控制框架，阐明风险政策与确定风险度量和评估的方法。负责监控金融控股公司的风险及其风险收益状况，且有权根据市场环境和集团财务资源要求降低风险。

八是强大的信息技术。金融业从本质上说是信息处理系统，信息技术进步已经完全改变了当代金融业的规模、范围和经济状态。综合经营的技术基础是对信息技术的充分利用，信息技术能够连接跨集团的职能部门，并提供从辅助基础设施、产品设计到最终分销的价值链联系。样本集团对 IT 在综合经营中的作用非常重视，投入大量资源加强 IT 基础平台建设和信息化产品、管理系统的开发应用，通过善用信息技术，在为客户提供全方位金融服务时深入挖掘集团内的各种资源，降低成本，改善运营效果，提供一致、高质量的服务，为综合经营的管理体制、经营模式、服务体系的建立和各项业务的创新发展提供了强有力的技术支持。汇丰控股是先进 IT 的主要使用者，其每年对 IT 的投资达 50 亿美元，拥有世界最大规模的电讯网络之一，可为遍布全球的客户和员工提供 IT 服务。例如，汇丰控股有效运用 IT 支持各种业务类型下的潜在商业过程，使多元化的产品供给成为可能，方便客户随时随地交易；改善 IT 与业务的结合并推动产品创新，简化产品种类和采用自动化处理程序，力求提升运营效率；促进集团内部知识基础资源的交流，为客户提供世界级的解决方案从而支持业务发展；建立了可供整个集团共享的核心系统，由各机构分担开发和支持系统的成本，同时取缔旧系统，并互相交流提升销售和服务质量的最佳方法。

　　九是持续的地域扩张。样本集团几乎都是跨地域综合经营的先驱者（美国银行稍欠缺）。花旗集团和摩根大通的成功转型得益于早期在海外市场做大做强证券业务的战略决策；汇丰控股正是经过多年在欧美收购和内部增长，才脱离新兴市场和殖民地银行的概念，跻身于国际一流金融企业。瑞银集团、瑞士信贷和德意志银行的发展战略十分相似，都大规模并购美资投行，加强在美国资本市场的地位，推动银行转型，为全球一流批发金融服务提供者。瑞银集团由瑞士银行与瑞士联合银行在 1997 年合并组成，先后并购了英国著名商人银行华宝银行、美国投行德威和普惠集团。瑞士信贷在 1996 年完全控股了瑞士信贷第一波士顿公司（CSFB），这是其成为国际一流投行的关键，它还收购了巴克莱银行的股票业务和美国帝杰投行（DLJ）。德意志银行在 1989 年收购了英国著名商人银行摩根建富（是美国摩根财团的三支柱公司之一），1993 年将其投行业务中心转移到伦敦；1998 年收购了美国银行家信托，借此进军美国资本市场，奠定了其在全球成功的基础。同时，一种商业模式在新的市场上复制，地域因素放大了金融控股公司的多元化产品优势，在数量上增加了协同效应，也巩固了协同机制。尤其当从发达市场向新兴市场拓展时，竞争优势转化为比较优势获得的累加协同效益更明显。

十是完善的人力资源管理。决定金融服务业中成败的差异是员工素质。不同事业之间实现协同效应的战略要想获得成功，关键在于细微之处。要使用有效的程序来挑选、培训、控制并激励员工，这是金融控股公司取得协同效应的必要条件；反之，即使并购几乎完全相同的业务，如果没有完善的人力资源管理，这种常见的规模经济也可能得不到实现。花旗集团具有金融服务业中单一最大的人力库，其持续强调对员工的长期培训和培养。为了更有效果地管理人力资源，花旗集团专门任命了首席人才官（Chief Talent Officer），授权发掘、跟踪和配置最佳的人才，将合适的人放在合适的位置。目的是促使花旗集团能够成为行业领导者且创造一种更高要求的绩效管理系统，从而在所有层次上逐步培育一种精英文化。通过鼓励尊重、团队工作和一种驱动业绩卓越的支持文化，使花旗集团成为员工成就伟业的地方，成为金融服务业的最佳雇主。在《财富》杂志最受 MBA 欢迎的公司调查中，花旗集团持续名列第二。

二、中国金融控股公司风险和效率的实证分析

目前，学术界对"金融控股公司在经营效率与风险防控方面是否

更为有效"有两种截然不同的观点。一少部分学者研究认为，金融控股公司并不能提高银行的经营绩效和风险管控。Stiroh 和 Rumble（2006）基于美国金融控股公司 1997 年至 2002 年的数据分析发现，虽然金融控股公司之间存在潜在的多元化收益，但这些收益受到高风险的非利息活动以及多元化活动成本增加的侵蚀，因此多元化的金融控股公司未必更为有效。Berger 等（2010）利用 1996 年至 2006 年中国银行业的数据，基于多元化经济指标与传统重点指标的对比分析发现，多元化经营会导致利润减少和成本增加，但外资股权参与以及集团子公司有助于缓冲多元化经营的劣势。张睿光（2006）年以中国台湾地区 11 家金融控股公司下子银行与 16 家未加入金融控股公司的银行为研究样本，通过比较经营效率及跨期成长率发现，在成立金融控股公司前后，银行的技术效率值和规模效率均呈现下降趋势，但成立后第 2 年两个指标均开始回升，说明银行转型为金融控股公司会经历阵痛。大部分学者研究认为，金融控股公司相对独立银行而言，在经营绩效和风险控制方面更为有效。Verweire（1999）基于 1992 年至 1996 年比利时及荷兰的商业银行数据分析发现，在市场竞争中以商业银行为依托的金融机构在利润获取和风险防控方面更为有效。Barbara 和 Claudia（2004）基于 1996 年至 1999 年意大利银行业集团的实证分析发现，多元化战略有助于银行集团取得显著的利润效率而非成本效率，原因是银行混业经营更有助于发挥范围经济而非规模经济。熊鹏（2008）利用随机边界生产模型比较分析了我国金融控股公司背景银行与非金融控股公司背景银行的总要素生产力 (TFP)，研究发现，金融控股公司背景银行的 TFP 增长率呈上升趋势，而非金融控股公司背景银行的 TFP 大多为负增长，说明金融控股公司背景银行的盈利能力明显优于非金融控股公司背景的银行。唐建新等（2010）以 2005 年至 2007 年我国主要商业银行为样本研究发现，我国金融控股公司背景银行的经营绩效要好于非金融控股公司背景银行，且手续费及佣金收入对金融控股公司背景的银行的绩效有更高的贡献率，商业银行向金融控股公司转型更为有效。张涤新和邓斌（2013）基于控制权分配理论和不完全合约理论进行的定性和定量分析都表明，在内部和外部风险冲击下，金融控股公司能够通过分权或集权的风险控制权配置，分散和转移风险，提高其风险控制能力，从而提高收益，独立银行在盈利水平和风险水平方面都低于金融控股公司。封世蓝等（2015）以2007年至2013年我国13家银行的季度数据为样本，采用混合随机效应回归模型实证分析发现，与独立银行相比，金融控股公司可以通过委托代理的模式，更灵活地配置和利用集团资源，对产出和风险控制权进行最优化配置，成本控制能力更强，成本使用效率更高，公司获利能力也越强，金融控股公司可以通过成本管理来提高盈利水平，从而提高公司的整体收益水平收益；此外，与独立银行规模扩张会导致外部风险增大的效果不同，金融控股公司由于主动化解风险，规模扩张有助于降低外部风险水平，提高风险管理水平，增强金融控股公司抵抗风险的能力；特别是当面临金融危机等风险冲击时，以银行为主导的金融控股公司在整体收益水平上比独立银行更高，且风险控制能力更强。

接下来，本章将构建理论模型对金融控股公司的风险和效率进行理论分析，并运用中国金融机构数据，对金融控股公司的风险和效率进行实证分析，探讨金融控股公司的风险和效率的内在关系。

（一）理论模型的构建

本章借鉴张涤新和邓斌（2013）的模型，在组织设计与控制权分配理论基础上，利用不完全合约理论，构建了金融控股公司与子公司之间风险控制权优化配置的委托代理模型。

　　模型考虑金融控股公司与子公司的委托代理问题，委托人为金融控股公司，代理人为子公司。假定金融控股公司不参与具体业务，负责集团管理、项目规划和任务分配，子公司负责业务实施。变量 m、n 分别代表个体为增加项目产出付出的努力和控制风险付出的努力。假定项目风险由金融控股公司和子公司同时承担，母公司承担风险意味集权，子公司承担风险意味分权。金融控股公司集权还是分权，取决于两权配置下的收益高低和风险的相对成本。假定子公司完成项目所付出的努力为 m，控制风险努力为 n，成本为 $c(n)$，假定都是凸函数。假设项目实施成功后收益为 $x(m)$，成功概率为 $p(n)$，失败的概率为 $1-p(n)$。假设存在一个由金融控股公司对子公司所作努力 m 的激励支付 $s[x(m)]$。

　　考虑子公司有用风险控制权的情况。此时它和金融控股公司的收益分别为

$$U=P(n)s[x(m)]-m-c(n)$$
$$V=P(n)(x(m)-s[x(m)]) \tag{1}$$

　　在它的努力水平不可观测时，由于存在激励成本，金融控股公司面临的次优问题为

$$Max\ p(n)\ (x(m)-s[x(m)])$$
$$s.t.\ p(n)s'[x(m)]\ x'(m)=1$$
$$p'(n)s[x(m)]=c'(n)$$
$$p(n)s[x(m)]\geqslant m+c(n) \tag{2}$$

　　金融控股公司首先根据自己的收益最大化选择如下问题的最优解

$$Max\ p(n)\ [x(m)-c'(n)/p'(n)]$$
$$p'(n)/p(n)\leqslant c'(n)/[m+c(n)] \tag{3}$$

　　假设最有努力水平为 (m_l^*, n_l^*)，只考虑金融控股公司的收益

$$V_l^* = p(n_l^*)[x(m_l^*) - c'(n_l^*)/p'(n_l^*)] \tag{4}$$

考虑金融控股公司拥有风险控制权的情况。此时，子公司和金融控股公司的收益分别为

$$
\begin{aligned}
&U = p(n)s[x(m)] - m,\\
&V = p(n)(x(m) - s[x(m)]) - c(n)
\end{aligned}
\tag{5}
$$

假设最有努力水平(m_h^*, n_h^*)，此时金融控股公司的收益为

$$V_h^* = \frac{p(n_h^*)c'(n_h^*)}{p'(n_h^*)} - c(n_h^*) \tag{6}$$

根据以上模型，得到几个推论。

推论 1 不论采取何种风险控制权配置方式，随着风险控制成本的上升，金融控股公司所能获得的最优收益都会下降。

推论 2 当金融控股公司面临外部风险时，金融控股公司控制风险的成本小于子公司。当后者成本与前者成本之比大于临界水平时，集权条件下金融控制集团的收益水平高于其分权条件下的收益水平。当金融控股公司面临内部风险时，金融控股公司控制风险的成本大于子公司。当后者成本与前者成本之比小于临界水平时，分权条件下金融控股公司的收益水平高于其集权条件下的收益水平。

推论 3 当金融控股公司面临外部风险时，金融控股公司风险控制成本小于子公司。当后者成本与前者成本之比大于临界水平时，集权条件下金融控股公司的风险努力水平高于分权条件下子公司的风险控制水平，故集权条件下金融控股公司的外部风险水平低于其分权条件下的外部风险水平；当金融控股公司面临内部风险时，金融控股公司风险控制成本大于子公司。当后者成本与前者成本之比小于临界水平时，分权条件下子公司的风险控制努力水平高于集权水平下金融控股公司的风险控

制努力水平，从而分权条件下金融控股公司内部风险水平低于集权条件下的内部风险水平。

（二）实证分析

在模型分析的基础上，接下来，对金融控股公司的绩效进行实证分析。参考张涤新和邓斌（2013）年的模型，实证模型如下：

$$Y_i = \alpha + \beta_i \times X_i + \gamma_i C_i + \varepsilon_i \tag{7}$$

其中，Y_i 为被解释变量，为银行为主导的金融控制公司与独立银行盈利和风险水平；X_i 为解释变量；C_i 为控制变量。

表附 3-6　　　　　　　　　　主要变量指数及含义

	指标		变量	定义
被解释变量	收益	总资产收益率	*ROA*	净利润 / 总资产
		净资产收益率	*ROE*	净利润 / 净资产
	风险	贝塔系数	β	季度区间内 β 系数
		不良贷款增长率	*INCNPL*	（本期不良贷款余额 – 上期不良贷款余额）/ 上期贷款余额
解释变量	以银行为主导的金融控股公司 -		*FHC*	变量取 1 代表以银行为主导的金融控股公司
控制变量	收益多元化		*NONINT*	（营业收入 – 净利息收入）/ 营业收入
	规模		*InSCA*	总资产对数
	公司治理		*COPGOV*	股权集中度（前十大股东比例）
	资本充足率		*CAP*	资本 / 风险加权总资产
	权益比率		*E/A*	所有者权益 / 总资产
	营运效率		*COSTINC*	成本收入比（管理费用 / 营业收入）

在此以 25 家上市公司作为研究对象，招商银行、中信银行、工商银行、建设银行、中国银行、交通银行是以银行为主导的金融控股公司（*FHC*=1），其余银行为独立银行（*FHC*=0）。样本区间为 2007 年第

1 季度至 2015 年第 4 季度，共计 36 个季度数据。[①]

表附 3-7   描述性统计

变量	全样本	FHC=1	FHC=0	T 值
ROA	0.22（0.12）	0.25（0.08）	0.20（0.14）	3.05***
ROE	5.45（2.73）	4.74（1.49）	5.77（3.34）	−1.90**
β	0.95(0.21)	0.90(0.16)	1.02(0.23)	−4.86***
INCNPL	−0.07(0.07)	−0.07(0.05)	−0.06(0.14)	−4.05***
lnSCA	15.06(1.23)	16.35(0.70)	14.59(0.50)	8.69***
COPGOV	70.67(15.03)	85.43(10.78)	50.63(5.68)	5.89***
E/A	4.81(1.38)	5.35(1.07)	4.39(0.76)	10.27***
COSTING	30.15(4.23)	33.36(2.89)	35.28(3.55)	−5.6***
NONINT	0.22(0.07)	0.27(0.08)	0.20(0.06)	1.79**
CAP	12.63(1.75)	13.26(1.26)	11.63(1.04)	12.00***

注：第一行数字代表均值，第二行为标准差。*、** 和 *** 分别代表 FHC=1 和 FHC=0 在 10%、5% 和 1% 的水平上存在差异。

从描述性统计来看，银行金融控股公司和非银金融控股公司在风险和收益上都存在明显的差异。从收益率上来看，独立银行的收益率显著低于金融控股公司的收益率。从 β 系数看，金融控股公司的风险显著低于独立银行的风险。

以样本公司的收益指标和风险指标作为解释变量进行回归分析，结果见表附 3-8。

表附 3-8   样本公司回归结果

变量	收益		风险	
	ROA	ROE	β	INCNPL
FHC	0.038*** (0.02)	0.29 (0.27)	−0.15*** (0.02)'	−0.002 (0.03)
NONINT	−0.063 (0.078)	−0.76* (1.78)	−0.14 (0.15)	

---

① 本文的数据来源于 Wind 数据库。

续表

变量	收益		风险	
	ROA	*ROE*	*β*	*INCNPL*
CAP	0.008*** (0.018)	0.28*** (0.038)	−0.009*** (0.002)	0.02*** (0.001)
COSTINC	−0.0017*** (0.001)	−0.079*** (0.023)	−0.007 (0.004)	0.45** （0.20）
LnSCA	0.24*** (0.001)	1.12 (2.39)	0.001 (0.004)	3.94* (3.4)
Year	Yes	Yes	Yes	Yes
Obs.	760	760	738	328
Ajusted-R^2	0.62	0.34	0.12	0.05

从回归结果来看，金融控股公司的收益率要高于独立银行。从总资产收益率上看，独立银行的财务杠杆比例大于金融控股公司，财务风险大于后者。金融控股公司外部风险水平低于独立银行，内部风险水平也低于独立银行。

附录 4   UBS 对金融协同的反思[①]

UBS 是次贷危机中遭受重创的一个金融控股公司，其整体损失超过了 500 亿瑞士法郎，但是，这次危机也使其开始重新审视其架构、内部运作和原先风险管理的有效性，并积极出售资产（2011 年的总资产比 2008 年下降了 30%），降低杠杆水平，（从 2008 年末的 51% 降低到 2011 年的 24%）。危机发生以后，UBS 开始了内部架构重组和风险管理体系的重塑，其组织架构由紧密型的联邦制向松散型的邦联制转变。即改革以后，各业务组合在一个品牌下运营，但各自独立核算业绩，并独立承担风险，拨备资本。

一、重新审视原先的内部资金定价机制

UBS 原先的内部资金定价机制存在固有的缺陷，主要是对集团内部的资金定价过低，没有参照市场资金成本，以至于形成了内部和外部的套利机制。导致部分交易是为了获得内部资金与市场资金之间的价差。另外，在对资金成本定价时，没有充分考虑流动性的因素，尤其对流动性差的资产没有惩罚措施。这也是后来 UBS 遭受重创的原因，因为一

①本案例根据杜丽虹，姜昧军. 金融长尾战略［M］. 北京：清华大学出版社，2011 年改编.

方面持有的大量资产价格被高估，另一方面这些资产又缺乏流动性。所以，UBS 开始理顺内部定价机制，重新审视各部门之间的交叉交易和关联安排，尤其是投资银行部门的产品。其基本理念在于必须充分考虑如发生金融危机等黑天鹅事件情况下，那些证券化产品或结构性产品丧失流动性的可能，从而在内部定价时给予它们更高的资金成本和风险溢价。

二、完善公司治理

很多金融机构（包括金融控股公司）都是因为过于激进的文化而导致危机，这时需要有完善的公司治理实现对激进行为的制衡。危机发生后，为了防止业务部门过于激进的策略损害集团的安全，UBS 对原有的董事会制度进行完善，建立双董事会制度，将执行权和决策权有效分离，即以 CEO 为首的执行董事会负责日常运营，而非执行董事会负责战略制定和风险监控，在非执行董事会内部重建风险委员会，监督部门协作过程中的风险转移、风险定价和可能的风险传染。这样可以减少执行层在执行公司战略过程中的承诺升级行为（即明知有错误，但是为了掩盖错误继续在错误的道路上前进，以至于酿成大的灾难性后果），及时纠正已经暴露的风险或可能发生的问题，防止由于单个部门的高风险行为而把整个公司置于危险状况的行为。

三、重视资本充足率的同时强化业务部门的独立风险管理

充足的资本金是金融机构的重要安全支柱，资本金不足也是机构陷入危机的重要原因。次贷危机发生以前，UBS 为了强调协同效应，由总

部集中管理集团公司的流动性资产和资本配置。但根据信息经济学原理，只要存在委托代理关系，就可能引发道德风险。由于道德风险的存在，各个业务部门考虑到在危机时能获得总部救援，在上报资本需求时倾向于降低本部门的资本充足率，提高杠杆率，借以提升本部门的绩效，而在集团层面，由于信息不对称（集团总部无法精确掌握各业务单元的风险状况）和科层机构的内生博弈，不同业务混合的风险使它难以准确判断合理的资本拨备水平。从金融危机的历史来看，长期资本管理公司危机的教训之一就是，应当把各个业务的所有共同风险敞口加总。很多银行不同业务部门都在 1998 年俄罗斯债券危机中陷入危机，但只是在长期资本管理公司危机曝光之后才意识到这些危机的共性。

2008 年初，UBS 重新计算了最低资本需求，根据各个业务部门的风险头寸、总资产规模和法定资本金要求，独立计算各个部门的最低资本需求，然后将各个部门的资本需求加总来计算集团整体的资本需求，结果资本缺口达到 200 多亿瑞士法郎，最后通过大量融资来弥补，到 2011 年末，核心资本充足率达到 18%。另外，集团强化旗下各业务部门的风险约束机制，UBS 要求每个业务部门的资金成本和负债结构向对应领域专业化运营的竞争对手看齐，借助市场的力量来衡量内部的风险状况。在这次危机的重要部门——投资银行部，任命了独立的首席风险官，处理该业务部门的所有风险。同时弱化总部职能，减少各业务部门在资本方面对总部的过度依赖。

从 2011 年 UBS 因为一个交易员的滥用职权、欺诈和伪造账目导致 UBS 损失 20 多亿美元，并导致时任 CEO 下台的情况来看，一方面，UBS 在次贷危机后所做的反思和风险管理体系的改革取得了一定的成效，另一方面，也说明 UBS 对协同以及风险管理方面的认识和行动还需要更加完善。此后，UBS 将分配给投资银行部门的资本从 220 亿瑞士法郎，减少到 70 亿瑞士法郎，希望借此控制投资银行部门的风险。

后 记

从国际金融业发展历史来看，金融业综合经营是大势所趋，金融控股公司的出现是必然的。金融控股公司可以实现规模经济和协同效应，有助于推动资源集中、平台整合和渠道共享，为企业和居民客户提供综合化、一体化、多样化的金融服务，更好地服务和支持实体经济发展。金融控股公司多元化的业务结构有利于其长期稳健经营，抵御经营风险。作为一种应运而生的微观金融组织形式，金融控股公司本身并不必然加大风险。但在相关法律法规不健全、有效监管尚未确立的情况下，缺乏规范监管的金融控股公司的发展有加大金融风险的可能。

在我国，金融控股公司的实践已经大踏步地走在政策和监管的前面。近年来，在金融控股公司立法与监管推进十分缓慢的情况下，我国各类金融控股公司却快速发展，一大批中小型金融控股公司如雨后春笋般成长起来。我国金融控股公司业务种类庞杂，普遍跨市场经营，部分金融控股公司在公司治理、内控机制、风险管控上存在不少问题，尤其是产融结合领域。若不尽早加以治理整顿和监管规范而任其"野蛮"生长，则整个金融体系安全有可能受到威胁。当前对金融控股公司的政策应该双管齐下，既要尽快加以治理整顿，防范和化解风险，也更要着手在其总体方向、运行模式、监管架构、监管立法等方面进行整体性和制度化的顶层设计,推动和促进我国金融控股公司走上规范有序发展之路,使其既能充分发挥支持实体经济发展的功能,又能为整个金融体系安全提供更好的保障。

本书是国家金融与发展实验室(NIFD)重大课题研究的成果。2016年8月,由交通银行首席经济学家连平教授和交通银行金融研究中心仇高擎副总经理牵头,成立了课题组,专门开展针对性的研究。课题组先后多次召开课题研讨会,对课题框架和具体内容进行反复讨论、完善,课题最终于2018年5月定稿。课题以客观、专业、系统的视角,全面深刻地分析了中国金融控股公司的发展,并提出了政策建议。

2018年3月底,国家金融与发展实验室(NIFD)组织评审会,对课题进行了评审。中国银行业协会专职副会长潘光伟、上海市经济学会会长周振华、人民银行上海总部金融稳定部主任杜要忠、国家金融与发展实验室三位副主任张平、殷剑峰和曾刚,以及国家金融与发展实验室学术委员会秘书长程炼对课题进行了深入点评,并提出了重要的修改建议。他们的指导使课题更具专业性、前瞻性和系统性,在此一并表示衷心感谢!

本书是在课题的基础上,经过补充、修改而形成。连平审定了全书的整体框架、逻辑结构和主要观点。仇高擎参与并组织了课题调研。各章写作分工如下:第一章由邓志超撰写,第二、第四章和附录4由王振宇撰写,第三章、附录3由尹义华、徐为山撰写、第五章由刘涛撰写,第六章、附录2由武雯撰写,第七章由刘健撰写,第八、第九章由鄂永健撰写,附录1由阮刚铭撰写,鄂永健、武雯、刘健负责全书的统稿工作。

交通银行董事长彭纯先生、国家金融与发展实验室理事长李扬先生拨冗为本书写了序言,给予交通银行金融研究中心研究团队鼓励和鞭策,在此表示衷心感谢!

中国金融出版社教材一部王效端主任、王君编辑对本书的出版给予了大力支持，在此表示感谢！

虽然经多次修改，但由于自身水平所限，缺点和错误在所难免，我们真诚地欢迎各位领导、专家和社会各界读者朋友不吝赐教、批评指正。

作者

2018 年 9 月 10 日

交通银行金融研究中心简介

交通银行金融研究中心（BFRC）主要从事交通银行改革发展研究和经济金融研究，编辑《新金融》期刊，并管理博士后工作站，拥有一支以交通银行首席经济学家为首的专业研究队伍。中心内设5个二级部，分别为：经济研究部、规划研究部、产业研究部、业务研究部、《新金融》编辑部；并设有交通银行评级工作办公室、博士后科研工作站和金融科技研究室三个办事机构。功能定位是"服务战略、支持业务、建设品牌"。主要任务是通过对国内外经济金融信息和本行经营管理情况的系统分析，为全行发展战略、机制改革、重要业务和金融创新决策提供专业、前瞻的咨询研究服务，支持业务运行与发展，并在市场上打造研究品牌。具体职责：一是提出交通银行中长期改革与发展的战略构想。二是提出交通银行经营管理和机制改革的建议。三是起草交通银行中长期发展规划。四是开展重点行业的研究。五是加强对宏观经济金融热点问题的研究，向中央高层报送相关成果，并在目标媒体上发表，扩大交通银行研究团队的对外影响。六是以研究观点和研究成果支持一线营销，提高交通银行营销活动的智力含量。七是编辑并公开出版《新金融》（全国中文核心期刊、社科核心期刊、南大核心期刊扩展版）；编辑内部期刊《新观点》，为各级管理者提供决策参考资料。八是管理博士后科研工作站，发挥高层次人才的决策咨询研究作用。九是负责交通银行国际评级应对工作。十是为行领导起草综合性、学术性的对外发言材料和署名文章。

交通银行金融研究中心"产品线"较为丰富、结构合理、质量较高，现有期次类研究产品30种，每年发表各类研究报告数百份，以机构和个人名义在专业权威报刊和主流网络媒体公开发表了数百篇文章，出版专著十多部。以前瞻、深度的研究供各级政府决策咨询，助力上海"两个中心"建设，承担了国务院研究室、原银监会、国家外管局、中国社科基金、中国发展研究基金会、国家金融与发展实验室、中国金融四十人论坛、中国银行业协会和上海市有关方面一批重大外部课题的研究任务。

中心不少研究报告受到有关政府部门、监管机构、财经媒体和社会公众的广泛好评，交通银行连续第8年获得《银行家》杂志颁发的"最具研究能力全国性商业银行"奖项，并于2012年在中国银行业协会的行业性评选中获得"行业发展研究委员会卓越贡献奖（集体和个人）"。荣获中国银行业发展研究优秀成果评选特等奖一次（《利率市场化：谁主沉浮》，2014年），一等奖、二等奖、三等奖若干次。在由中国银行业协会举办的权威学术大奖"中国银行业发展研究优秀成果评选（2017）"中，交通银行再获12项优秀成果奖（其中发研部获奖4项）及组织奖，特等奖和一等奖、二等奖获奖总数位列各参评机构榜首。获"2016年上海金融业改革发展优秀研究成果"一等奖、二等奖各一项。

中心一些研究成果得到了政府决策层的关注。本中心首席经济学家连平先生五次出席总理座谈会，经常参加国务院研究室、发展改革委、人民银行、原银监会、人大财经委等中央部委主持召开的专家会议，为政府高层决策提供咨询意见。近年来，本中心的多项研究成果报国务院并被领导批示、批转。金融研究中心以研究工作为交通银行赢得了良好声誉和业界肯定，获得近 50 个外部奖项。中心（代表交通银行）连续八年荣获《银行家》杂志的"最具研究能力大型商业银行"奖项以及"第一财经金融价值榜""年度预测金融机构"等权威奖项。本中心首席经济学家连平先生和研究团队也多次荣获奖项。如获第一财经 2009 年"年度中国分析师"称号，2010 年"最佳预言家"（排名榜首）称号和 2011 年、2012 年、2013 年、2014 年"年度机构首席经济学家"称号，《国际金融报》和陆家嘴人才金港联合主办的"2010 上海滩国际金融菁英人物"评选的"学术奖"（排名榜首），"亚洲财富论坛评选的最具财富经济学家"，新浪财经 2015 年银行业"年度领袖经济学家"称号。学术职务方面，交通银行已连续四届担任中国银行业协会行业发展研究委员会主任单位，连平总经理和周昆平副总经理分别担任该委员会的主任委员和副主任委员。